MW01410235

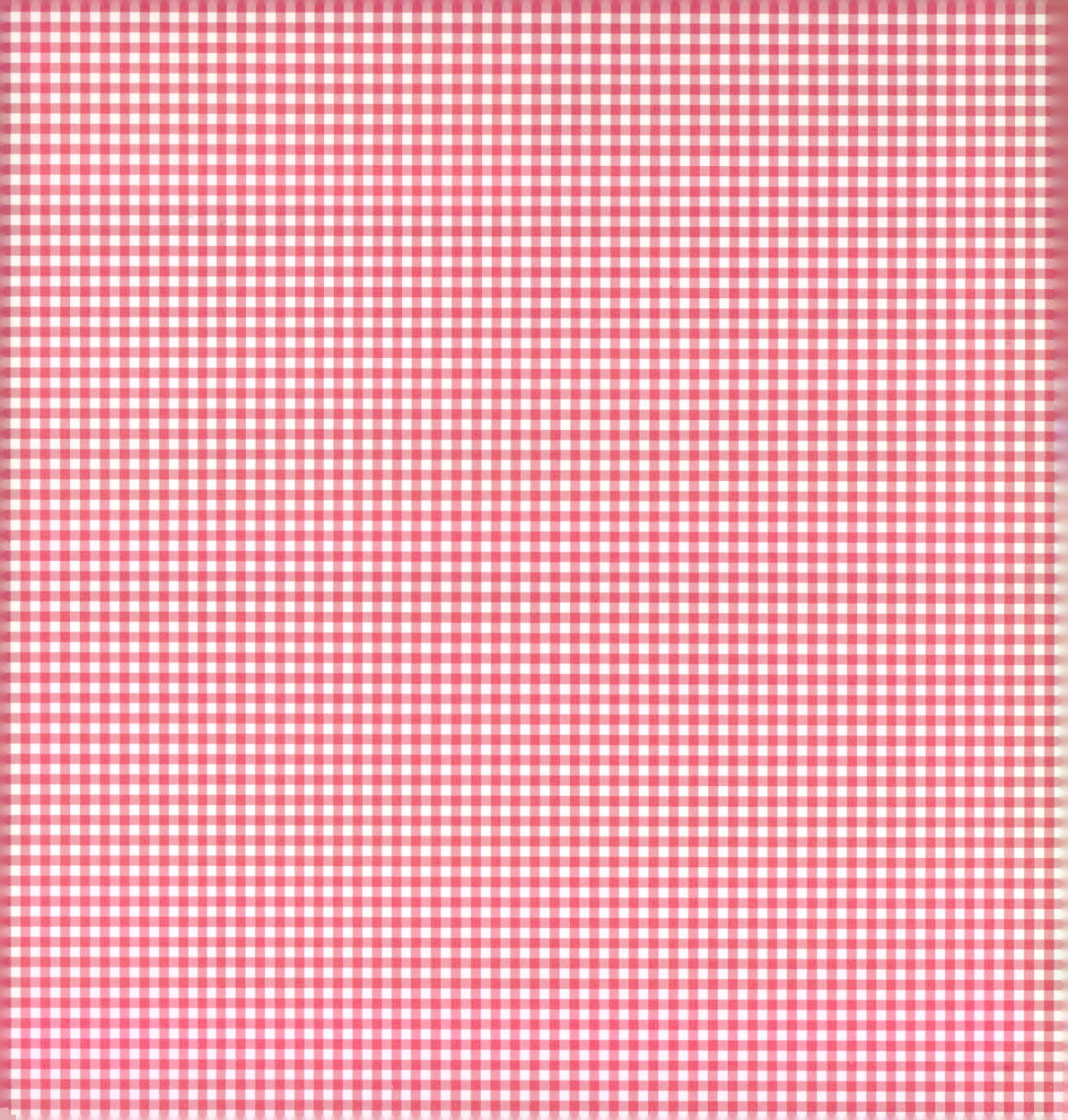

Les 100 meilleures tapas
de la cuisine espagnole

Index thématique

Les 100 meilleures tapas de la cuisine espagnole

en cassolette, 8

Boulettes de viande, 44

Cassolette de pois chiches, d'épinards et de morue, 26

Chistorra au fromage gratinée, 28

Clovisses à la marinière, 54

Crème froide à l'ail et aux raisins, 10

Crevettes à l'ail, 42

Fèves à la catalane, 14

Fideuá, 36

Gaspacho, 12

Joues de morue, 56

Marmitako, 30

Miettes au jambon et au chorizo, 52

Oeufs brisés aux pommes de terre, 38

Paella aux légumes, 18

Paella, 16

Petits calmars dans leur encre, 40

Poivrons farcis à la morcilla, 58

Poulet à l'aïoli, 48

Queue de boeuf, 50

Ragoût d'agneau, 46

Ratatouille, 22

Salade glacée cordouane, 20

Salmorejo, 24

Salpicón de fruits de mer, 32

Tripes à la madrilène, 34

sur l'assiette, 60

Anchois farcis aux poivrons, 82

Assiette de Jabugo, 90

Aubergines au fromage, 62

Chausson galicien, 96

Chipirons aux oignons, 84

Crêpes fourrées à la salade de poulet, 94

Crêpes fourrées de sauce béchamel aux champignons, 64

Crêpes garnies d'oeufs brouillés aux poivrons, 74

Escalibada, 66

Index thématique

Friture mixte andalouse, 86
Omelette de poivrons piquillo et de morue, 78
Omelette de pommes de terre, 76
Omelette multicolore, 80
Poivrons piquillo farcis à la morue, 72
Pommes de terre à l'aïoli, 70
Pommes de terre à la brava, 68
Poulpe à la galicienne, 88
Tarte à la soubressade, 92

sur le pain, 98
Anchois frais au vinaigre et sardines, 116
Anchois marinés, 110
Assortiment d'escabèches, 154
Bonite marinée à l'huile d'olive, 114
Canapé de chorizo de Pamplona, 134
Echine de porc marinée aux pommes caramélisées, 138
Filet mignon de porc ibérique au fromage bleu, 148
Filet mignon de porc ibérique sauce aux poivrons, 146
Foie de canard au confit d'oignons, 136
Foie de morue aux oeufs de saumon, 120
Foie gras, d'avocat et de magret de canard, 152
Friture de colin, 122
Fromage de chèvre frit, 158
Fromage de chèvre sur lit d'oignons, 156
Fromage, figues et jambon de bellota, 160
Gratin de champignons et de crevettes, 126
Gratin de soubressade et torta del Casar, 162
Morcilla de Burgos au poivron vert, 142
Morcilla de Burgos aux pommes, 140
Morue fumée farcie à la piperade, 112
OEufs farcis au thon, 106
Omelette aux courgettes, 108
Pain à la tomate, ail et persil, 100
Petits oignons glacés à la mousse de foies de volaille, 150
Poivrons farcis au crabe et aux gambons, 102
Poivrons rouges et ventrèche, 104
Rosbif à la moutarde verte, 144
Salade de fruits de mer sauce rose, 124
Salade de fruits de mer, 118
Tapa de brie, 164

Les 100 meilleures tapas de la cuisine espagnole

Tapa de fromage aux noix, 166
Tapa de pommes de terre et de saumon fumé, 128
Tapa de sardines et de moules, 132
Tapa de saumon et d'asperges sauvages, 130

à votre façon, 168
Barquettes fourrées aux asperges, 196
Beignets au fromage, 208
Beignets de morue, 194
Bouchées de sardine à l'huile d'olive, 198
Brochette de filet de porc ibérique mariné, 178
Canapés de chorizo émietté, 206
Champignons de Paris farcis aux crevettes et au jambon, 170
Côtelettes d'agneau à la béchamel, 180
Crevettes à la gabardina, 176
Croquettes au poulet et au jambon, 190
Feuilletés à la saucisse, 186
Friands à la viande, 182
Melon au jambon, 214
Moules farcies frites (Tigres), 174

OEufs brouillés aux pousses d'ail, 184
OEufs durs farcis en beignet, 172
Petites flûtes au jambon et au fromage, 188
Tapa au fromage en friture, 192
Tartelettes aux civelles, 204
Tartelettes aux olives noires et aux sardines, 210
Tartelettes de champignons à la crème, 200
Tartelettes de salade russe, 202
Vol-au-vent chaud au torta del Casar, 212

sauces et pâtes, 216
Aïoli, 218
Mayonnaise, 223
Pâte à beignets, 225
Pâte à chausson, 226
Pâte à crêpes, 224
Pâte brisée, 227
Sauce béchamel, 219
Sauce pour poisson fumé, 221
Sauce rose, 222
Sauce tomate espagnole, 220

Autrefois, à l'heure de l'apéritif, la coutume exigeait que l'on prenne un petit verre de vin rouge dans plusieurs établissements successifs.

Par prudence, pour ne pas boire le ventre vide, on eut l'idée de les accompagner de tapas très simples consistant en une tranche de pain sur laquelle on plaçait des ingrédients crus combinés avec de la charcuterie, du fromage ou du poisson en conserve, parfois assaisonnés avec de la mayonnaise ou de l'huile.

Peu à peu, le pays s'est développé et le temps de travail s'est prolongé, limitant les loisirs et les promenades. Remplacer un déjeuner complet par des tapas est devenu une habitude courante il y a quelques années. En particulier grâce à la qualité et à la diversité de la cuisine espagnole, les tapas se sont généralisées dans tout le pays.

Selon les régions, des noms différents – tels que *pinchos* ou *banderillas* – sont employés pour désigner ces hors d'oeuvres servis sous forme de petites portions. Les tapas originelles élaborées sur une base solide ont été complétées ultérieurement par de petits ramequins contenant des plats typiques du pays.

Nous avons calculé les quantités d'ingrédients pour six personnes, sauf indication contraire.

Finalement, nous remercions Soni Herreros de Tejada pour sa collaboration à la rédaction de ce livre, qui n'est qu'une simple introduction à l'art des tapas, car une encyclopédie ne suffirait pas à décrire les innombrables combinaisons créées par le cuisinier dans sa quête de l'harmonie des saveurs, tel le musicien qui assemble des notes pour créer une mélodielivre n'est qu'une simple introduction à l'art des tapas, car une encyclopédie ne suffirait pas à décrire les innombrables combinaisons créées par le cuisinier dans sa quête de l'harmonie des saveurs, tel le musicien qui assemble des notes pour créer une mélodie.

Introduction

Les 100 meilleures tapas de la cuisine espagnole

Un support différent basé sur le repas traditionnel.
Approprié pour vos soupes froides, les ragoûts,
les viandes hachées et toutes les variétés de tapas
impliquant l'utilisation d'une cuillère ou une
fourchette.

Une présentation exquise pour les amants du goût
maison qui poursuivent des arômes intenses.

Les 100 meilleures tapas

en cassolette

Préparation [10–15 minutes]

Faire tremper la mie de pain pendant une heure, puis l'égoutter.

Mixer tous les ingrédients pendant 5 minutes et les passer ensuite au chinois.

Mettre le tout à refroidir au réfrigérateur. Si ce mélange devient trop épais, ajouter de la glace ou un peu d'eau.

Présentation : servir accompagné d'une garniture de raisins frais et de raisins secs.

Ingrédients

Mie de pain 250 g
Amandes en poudre 150 g
Gousse d'ail sans germe 1
OEuf 1
Vinaigre 2 cuillerées à soupe
Huile d'olive à 0,4º 1 verre
Eau 50 cl

Garnitura :
Raisins 100 g
Rraisins de Corinthe 50 g
Sel

Crème froide à l'ail et aux raisins

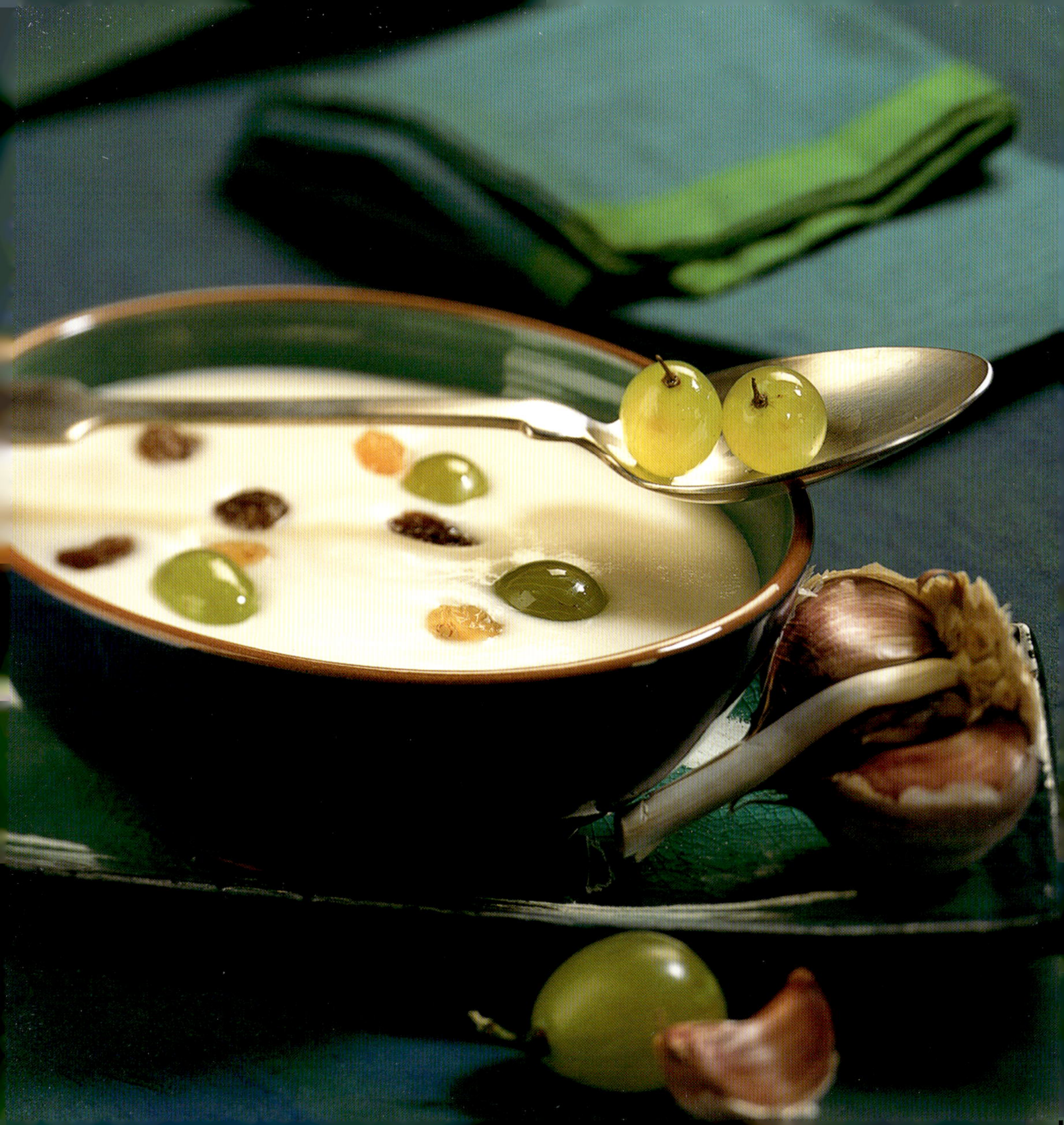

Gaspacho

Préparation [10–15 minutes]

Mettre la mie de pain à tremper pendant quelques heures.

Introduire dans le récipient du mixeur le pain préalablement égoutté, les tomates, le poivron, le concombre, l'ail, l'huile et un petit verre d'eau.

Mixer pendant quelques minutes jusqu'à ce que l'émulsion soit consistante.

Passer au presse-purée et verser dans une jatte. Si la crème est trop épaisse, l'étendre avec un peu d'eau.

Présentation : servir avec des glaçons. Les légumes et l'oeuf doivent être hachés séparément.

Présenter la garniture tout autour ou à part, sur un plateau.

Ingrédients

Pain 250 g
Tomates rouges mûres 1 kg
Morceau de poivron vert 1
Gousse d'ail 1
Concombre 50 g
Huile 10 cl
Vinaigre 1 cuillerée
Sel et 1 pincée de sucre
Eau et glace

Garniture:
Concombre 1/2
Poivron vert 1/2
Poivron rouge piquillo en conserve 1
Oignon 1/2
OEuf dur 1
Petits croûtons rissolés en forme de dés

En cassolette

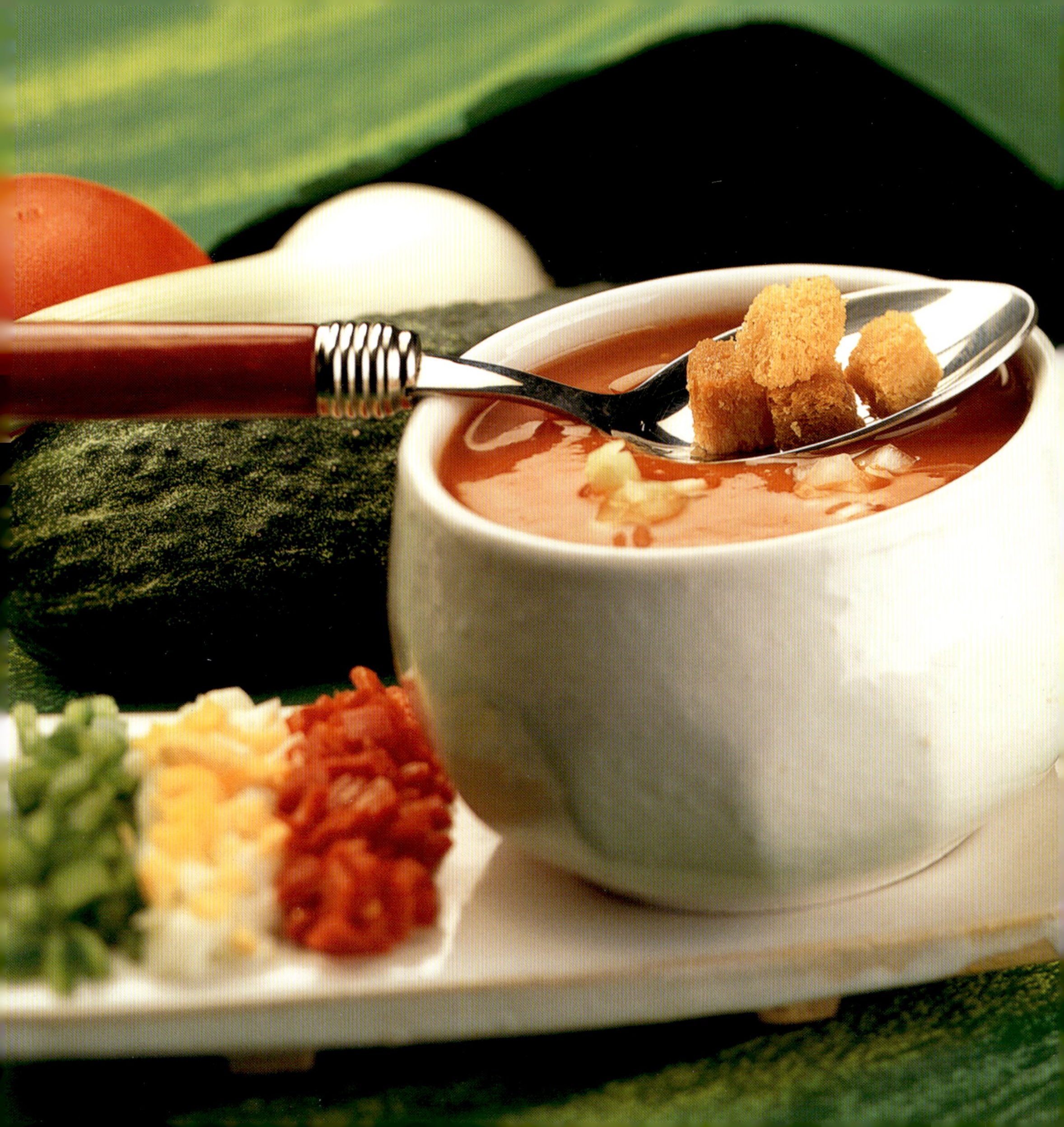

Fèves à la catalane

Préparation [45–50 minutes]

Ecosser les fèves. Il est également préférable d'enlever la peau. Réserver.

Faire revenir l'oignon et les gousses d'ail dans une cocotte en terre cuite, ajouter le bacon et lorsque l'ensemble devient transparent, ajouter les fèves.

Couvrir d'eau. Mouiller avec le xérès, ajouter deux brins de menthe ciselée, saler et couvrir d'eau.

Laisser cuire jusqu'à ce que les fèves soient tendres.

Ajouter la butifarra en rondelles.

Présentation : servir dans le plat de cuisson, décoré avec le reste de la menthe.

Ingrédients

Fèves 1 kg
Butifarra blanchex (sorte de saucisse sèche) 200 g
Bacon hachées 2 tranches
Gousses d'ail 2
Oignon haché 1
Xérès oloroso 1 petit verre
Huile d'olive 1 petit verre
Menthe ciselée 8 brins
Sel

En cassolette

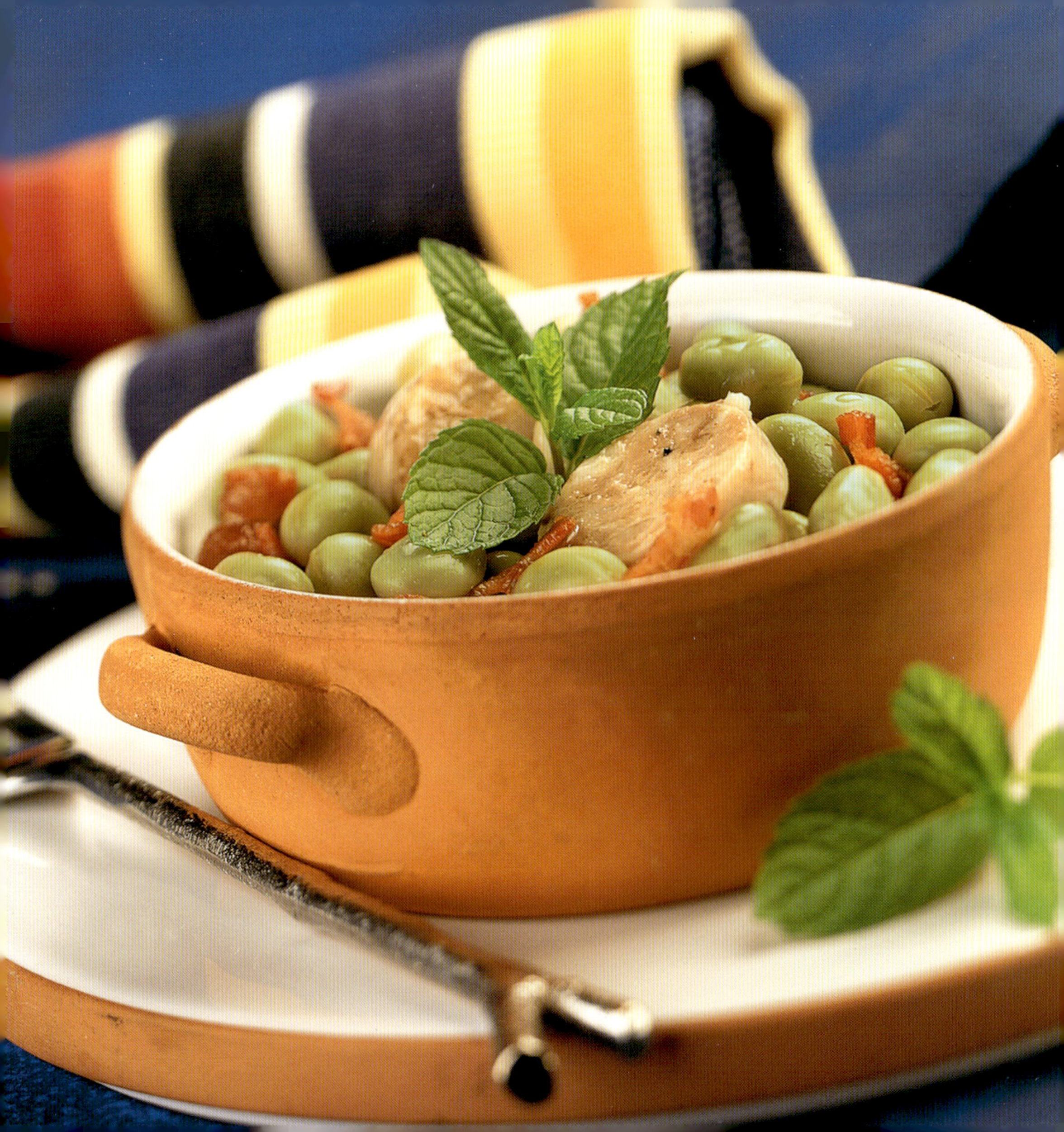

Paella

Préparation [45–50 minutes]

Décortiquer les crevettes, faire revenir les queues pendant quelques minutes et réserver au réfrigérateur. Faire cuire les têtes à l'eau pendant 30 minutes, les broyer et les passer au chinois. Garder le bouillon au chaud. Saler et poivrer la viande. Dans une poêle à paella faire revenir l'ail dans l'huile, ainsi que le poulet et le porc. Verser le riz et remuer pendant 5 minutes.

Ajouter le citron, la tomate, le sel, le poivre et le safran pilé. Arroser du bouillon de crevettes chaud, et compléter avec de l'eau chaude si nécessaire. Lorsque le tout commence à bouillir, mettre au four à 180° pendant 20 minutes et laisser reposer 15 minutes supplémentaires hors du four. Si le riz est encore dur et sec, asperger d'eau avec les doigts, couvrir et mettre à chauffer quelques minutes de plus.

Présentation : décorer avec les queues de crevettes frites, les oeufs durs et les poivrons.

Ingrédients

Riz 2 grandes tasses
Crevettes 300 g
Porc maigre en dés 100 g
Ailes de poulet 10
Huile d'olive 15 cl
Gousses d'ail 3
Tomate pelée et hachée 1
Quelques gouttes de jus de citron
Sel et safran
Bouillon de crevettes 4 grandes tasses
OEufs durs et un poivron en conserve 2

Ustensile :
Poêle à paella

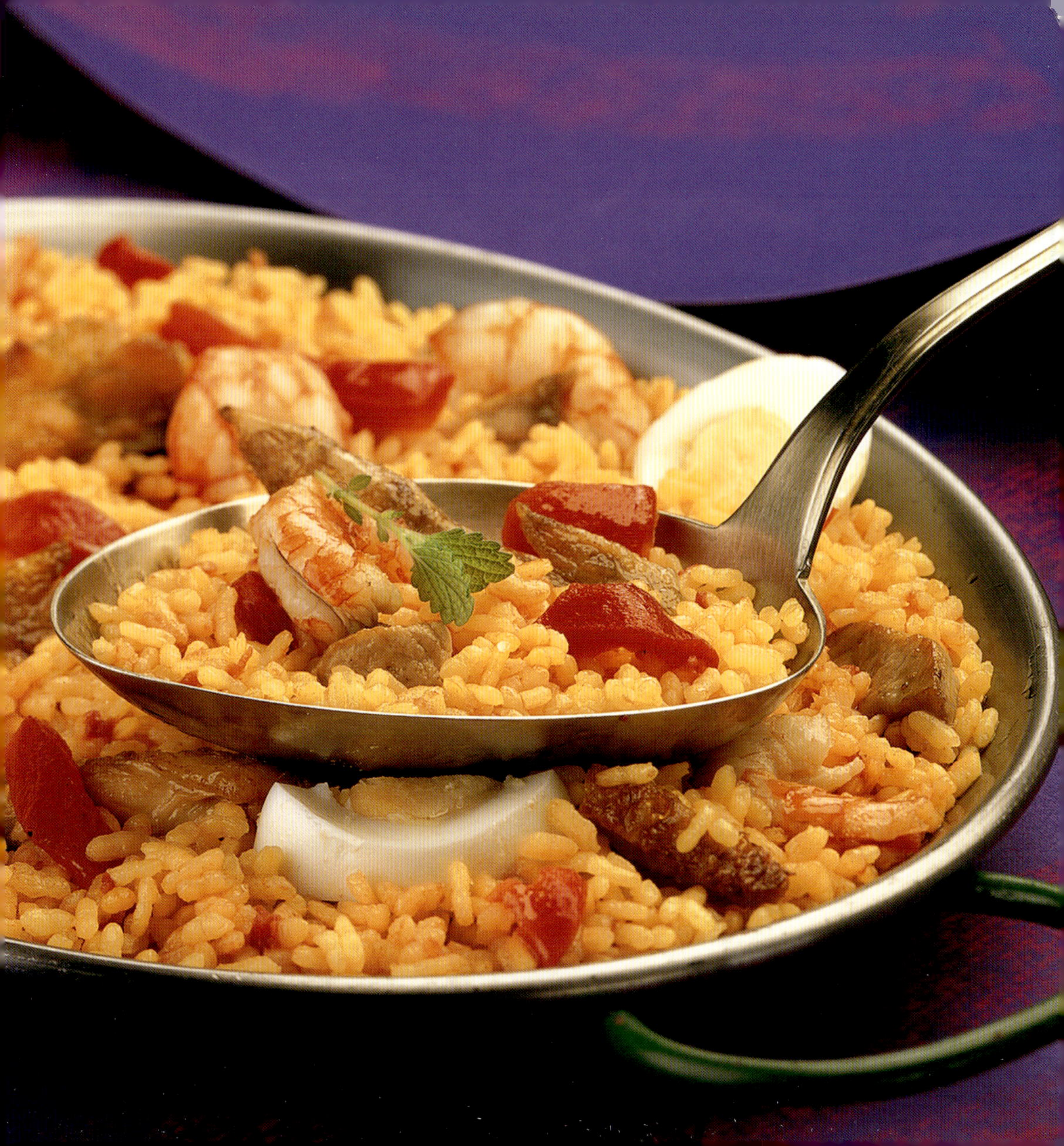

Préparation [40–45 minutes]

Verser 5 cl d'huile dans la poêle à paella avec le poireau, l'oignon et les champignons. Faire revenir jusqu'à évaporation complète du liquide.

Faire cuire le reste de légumes dans une casserole jusqu'à cuisson complète et les ajouter au sauté de champignons.

Verser le riz et le reste d'huile dans la poêle à paella et faire revenir le riz jusqu'à ce qu'il devienne opaque.

Arroser de jus de citron et assaisonner abondamment.

Ajouter 4 grandes tasses d' eau chaude et dès l'ébullition, mettre au four à 180 ° pendant 20 minutes. Vérifier la consistance du riz. S'il est encore dur, couvrir 5 minutes.

Présentation : servir le riz directement dans la poêle ou le répartir dans 6 cassolettes et décorer avec le poivron rouge et 1 rondelle d'oeuf dur.

Ingrédients

Poireaux hachés (partie blanche) 100 g
Oignon haché 100 g
Champignons de Paris propres émincés 150 g
Eau 1 l et 1 pincée de sel
Chou en languettes 150 g
Petits pois surgelés 150 g
Haricots verts coupés en petits dés 150 g
Petites carottes surgelées 150 g
Bouillon de légumes 1 cube
Safran 30 filaments
Sauce tomate (p. 220) 2 cuillerées à soupe
Riz rond de Calasparra (deux tasses) 475 g
Bouillon 4 grandes tasses
Quelques gouttes de **citron**
Huile d'olive à 0,4° 15 cl
Poivron rouge 1 et oeuf dur 1

Paella aux légumes

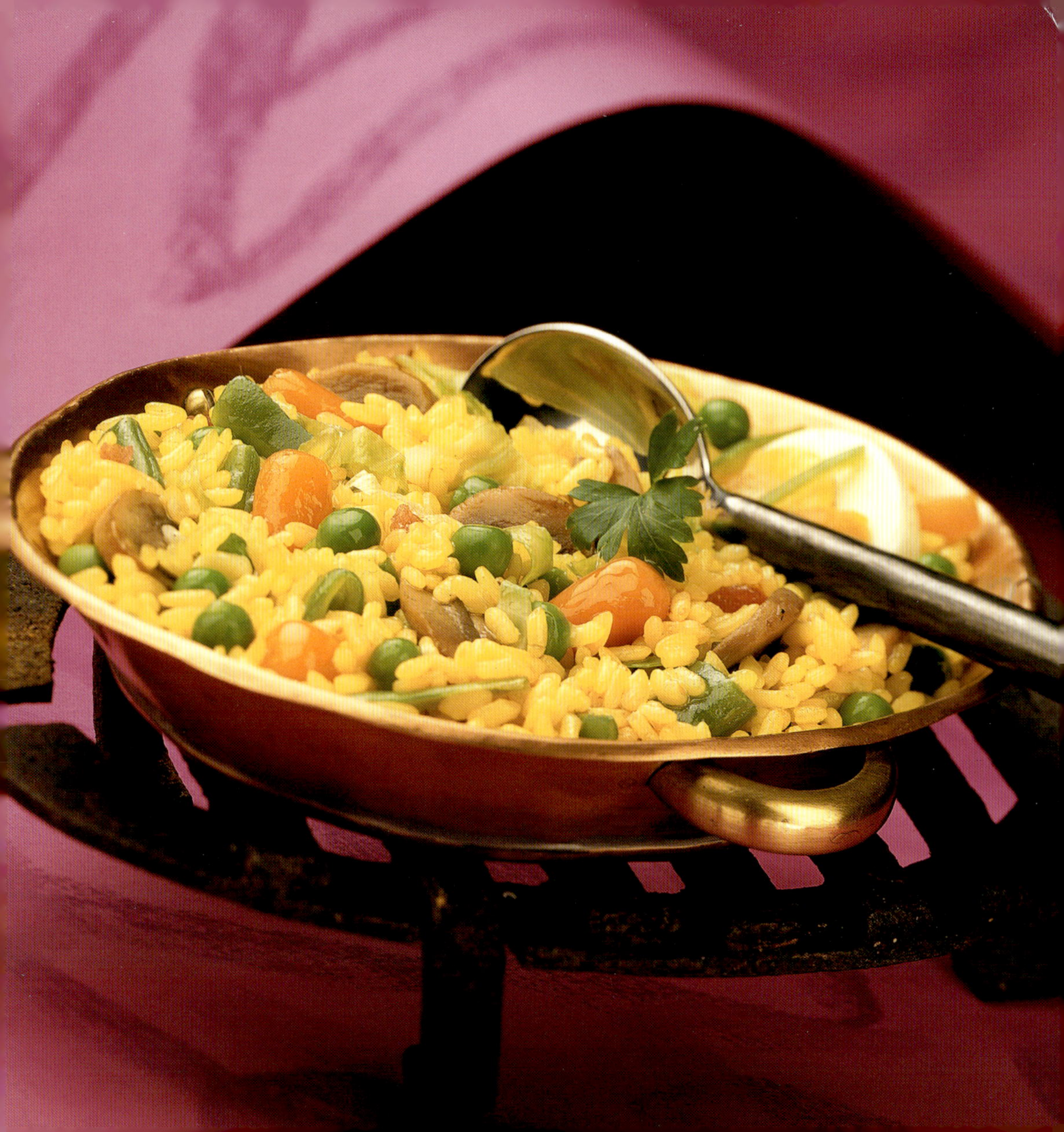

Préparation [5–10 minutes]

Hacher les concombres, la tomate, les poivrons et la civette. Laver la courgette, l'éplucher et hacher sa peau. Réserver.

Vinaigrette : dissoudre le sel, le sucre et le poivre dans une cuillerée à café de vinaigre de xérès et battre énergiquement en ajoutant l'huile.

Présentation : mélanger les légumes avec la vinaigrette et servir très frais avec deux glaçons.

Remarque : les concombres peu mûrs sont plus digestes.

Ingrédients

Tomates mûres mais fermes 2
Concombres 2
Courgette 1
Poivrons verts 2
Civette 1
Huile d'olive
Vinaigre de xérès
Sel et une pincée de sucre

Salade glacée cordouane

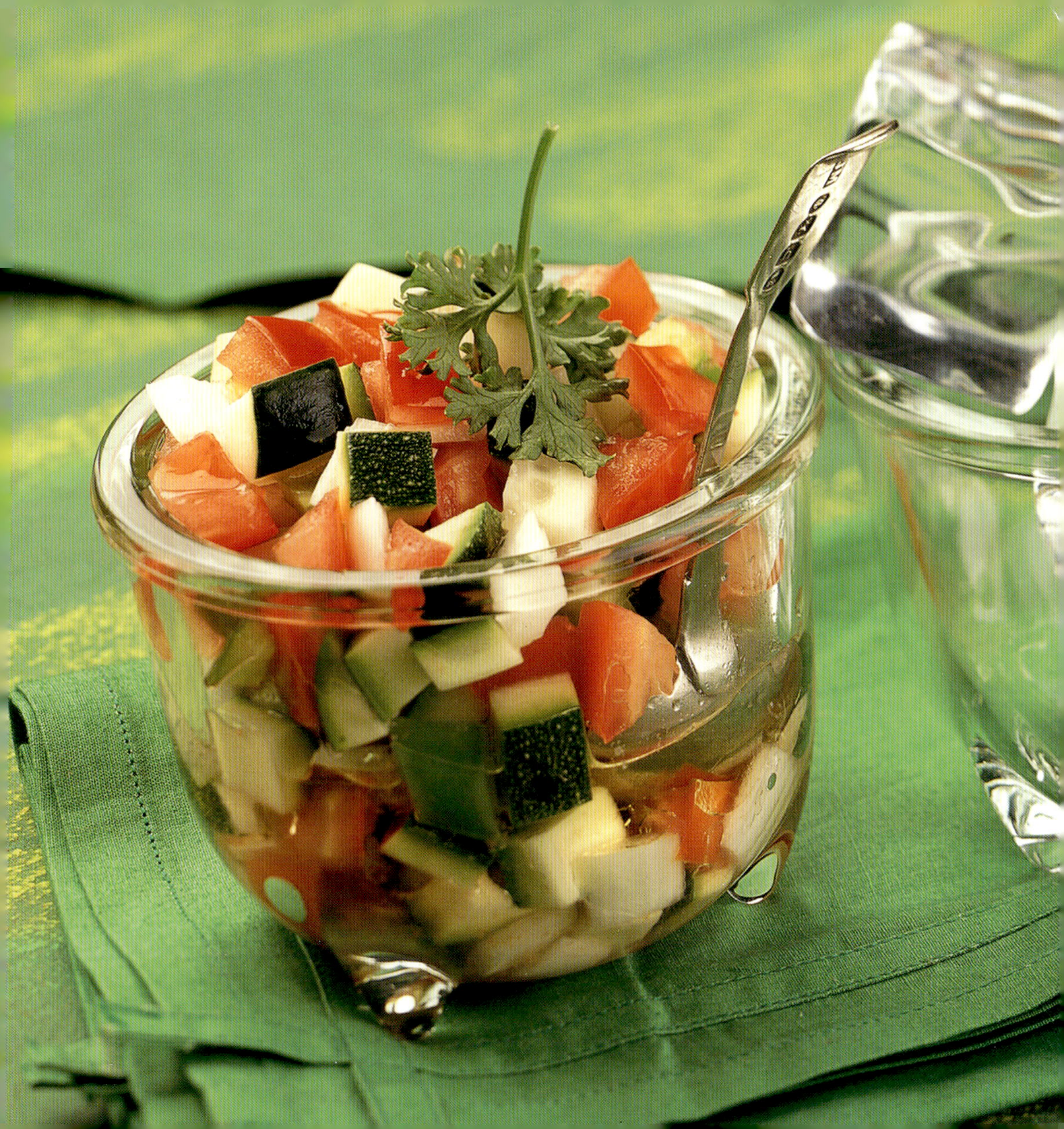

Ratatouille

Préparation [30–40 minutes]

Passer le poivron rouge au four pendant 1 heure, enveloppé de papier d'aluminium.

Le laisser refroidir à couvert, puis le peler et le couper en petits dés.

Faire revenir l'oignon dans 20 cl d' huile. Ajouter les poivrons verts au bout de 5 minutes, puis les courgettes et le poivron rouge 15 minutes plus tard. Assaisonner et laisser mijoter lentement.

Au bout d'une demi-heure, ajouter les tomates et laisser cuire le tout à feu doux pendant 10 minutes de plus.

Laisser reposer et retirer la graisse flottant à la surface.

Si le mélange est trop liquide, prolonger la cuisson, saler et poivrer.

Présentation : servir dans 6 cassolettes et décorer avec les oeufs durs coupés en quartiers.

Ingrédients

Courgettes pelées et coupées en dés 500 g
Poivrons verts hachés 300 g
Oignon haché 100 g
Tomates ébouillantées et pelées 150 g
Poivron rouge 1
Huile d'olive
Sel, poivre et sucre
OEufs durs pour la garniture 2

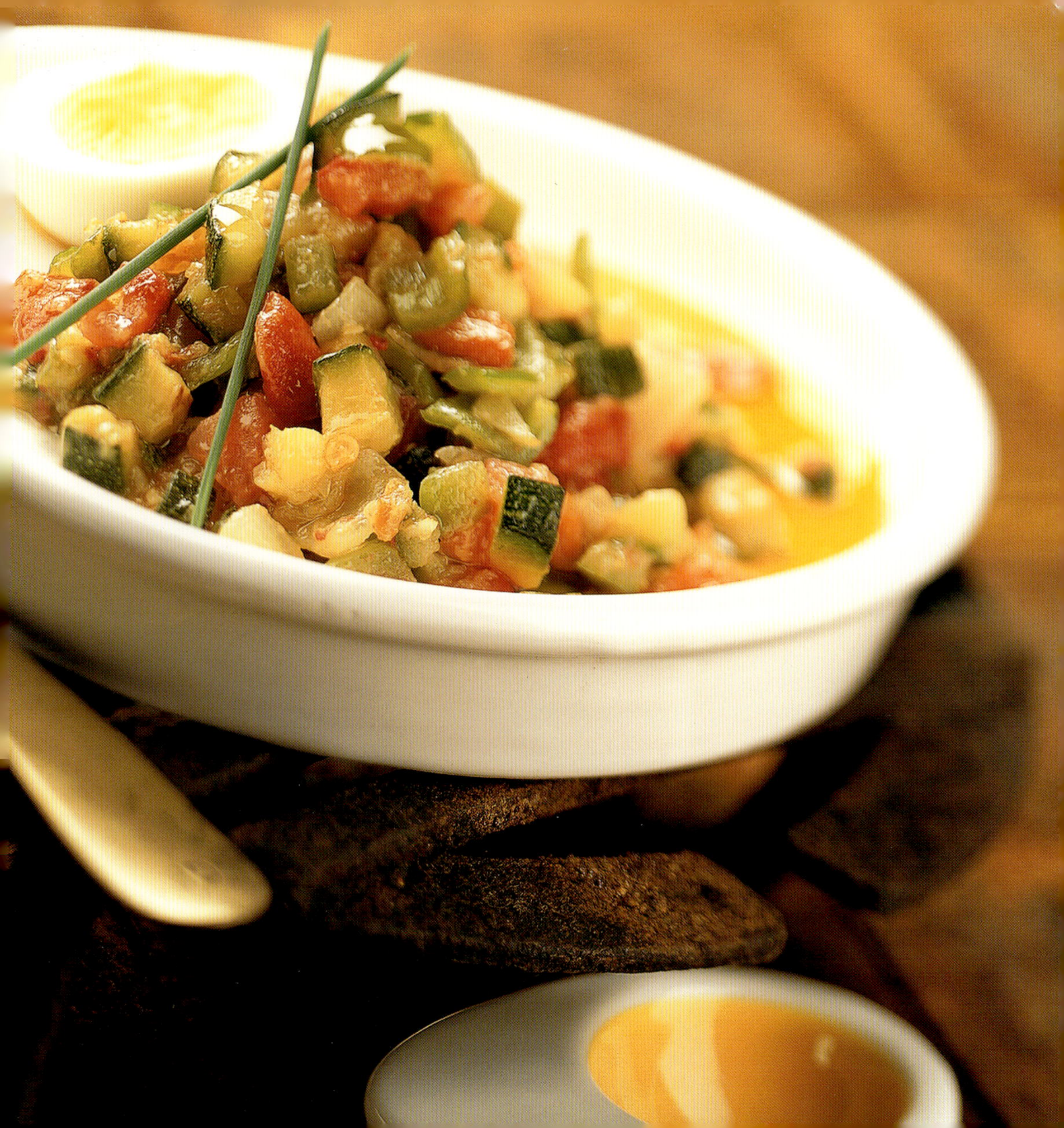

Préparation [20–25 minutes]

Mettre les tomates et les gousses d'ail dans le bol du robot.

Mixer, puis ajouter le pain et mixer à nouveau.

Verser l'huile lentement sans arrêter le robot.

Une fois l'huile versée en totalité, assaisonner et mixer à nouveau à la vitesse maximum pendant 2 minutes pour émulsionner le tout.

Mettre au réfrigérateur.

Présentation : servir très frais dans des ramequins individuels accompagné de lamelles de jambon et d'oeuf dur.

Ingrédients

Tomates mûres 1 kg
Gousse d'ail 1
Mie de pain 1 bol rempli
Huile d'olive 25 cl
Vinaigre (facultatif) 1 cuillerée à café
Une pincée de sucre
Sel
Jambon cru de Jabugo en lamelles 100 g
OEufs durs hachés 2

Salmorejo

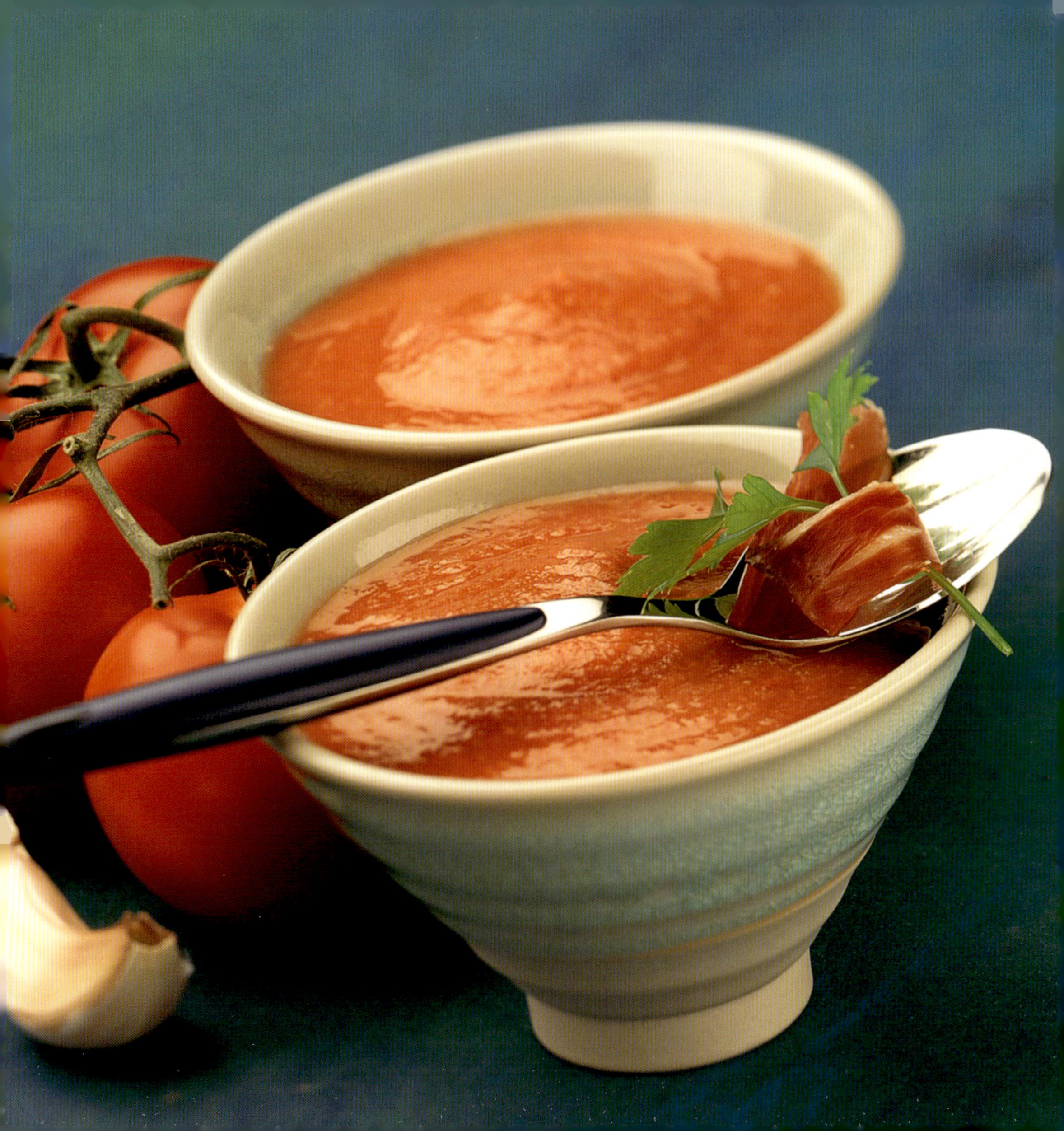

Préparation [40-50 minutes]

Mettre la morue à tremper pendant 24 heures, en changeant l'eau à plusieurs reprises.

Faire tremper les pois chiches dans de l'eau salée depuis la veille. Jeter cette eau et faire cuire les pois chiches dans quatre fois leur volume d'eau ; ajouter l'oignon et la tête d'ail. Lorsque les pois chiches sont presque tendres, sortir l'oignon et la tête d'ail et les passer au presse-purée.

Dans une poêle au fond recouvert d'huile, faire revenir les deux gousses d'ail hachées, ajouter la purée d'oignon et d'ail, les épinards et la morue. Une fois rissolé, remettre l'ensemble dans la marmite contenant les pois chiches avec du sel et laisser cuire jusqu'à ce que les pois chiches soient à point.

Présentation : répartir dans 6 cassolettes en terre cuite.

Remarque : il est impossible de préciser le temps de cuisson en raison de la qualité variable des pois chiches et de l'eau. Si l'on utilise une cocotte-minute, vérifier la cuisson au bout de 20 minutes.

Ingrédients

Pois chiches 250 g
Oignon entier épluché 1
Tête d'ail 1 et deux gousses d'ail hachées 2
Épinards surgelés 200 g
Miettes de morue salée 150 g
Huile d'olive 10 cl
Sel

Cassolette de pois chiches, d'épinards et de morue

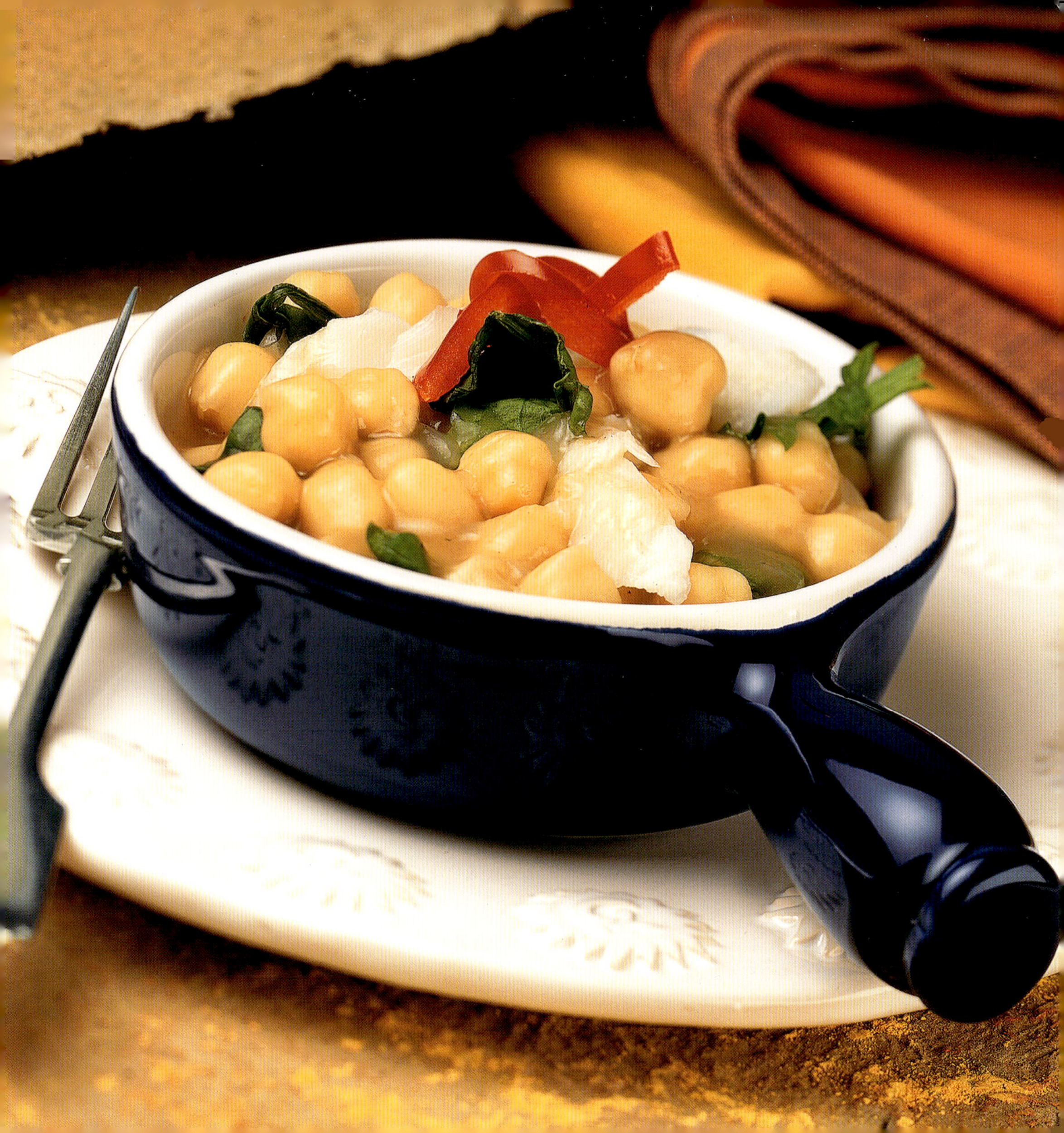

Préparation [10–15 minutes]

Ingrédients

Couper la chistorra en morceaux de 2 cm et les répartir dans 6 ramequins.

Recouvrir la chistorra avec les tranches d'emmental et mettre au four jusqu'à ce que le fromage soit fondu.

Chistorra (sorte de chorizo) 250 g
Emmental 6 tranches

Chistorra au fromage gratinée

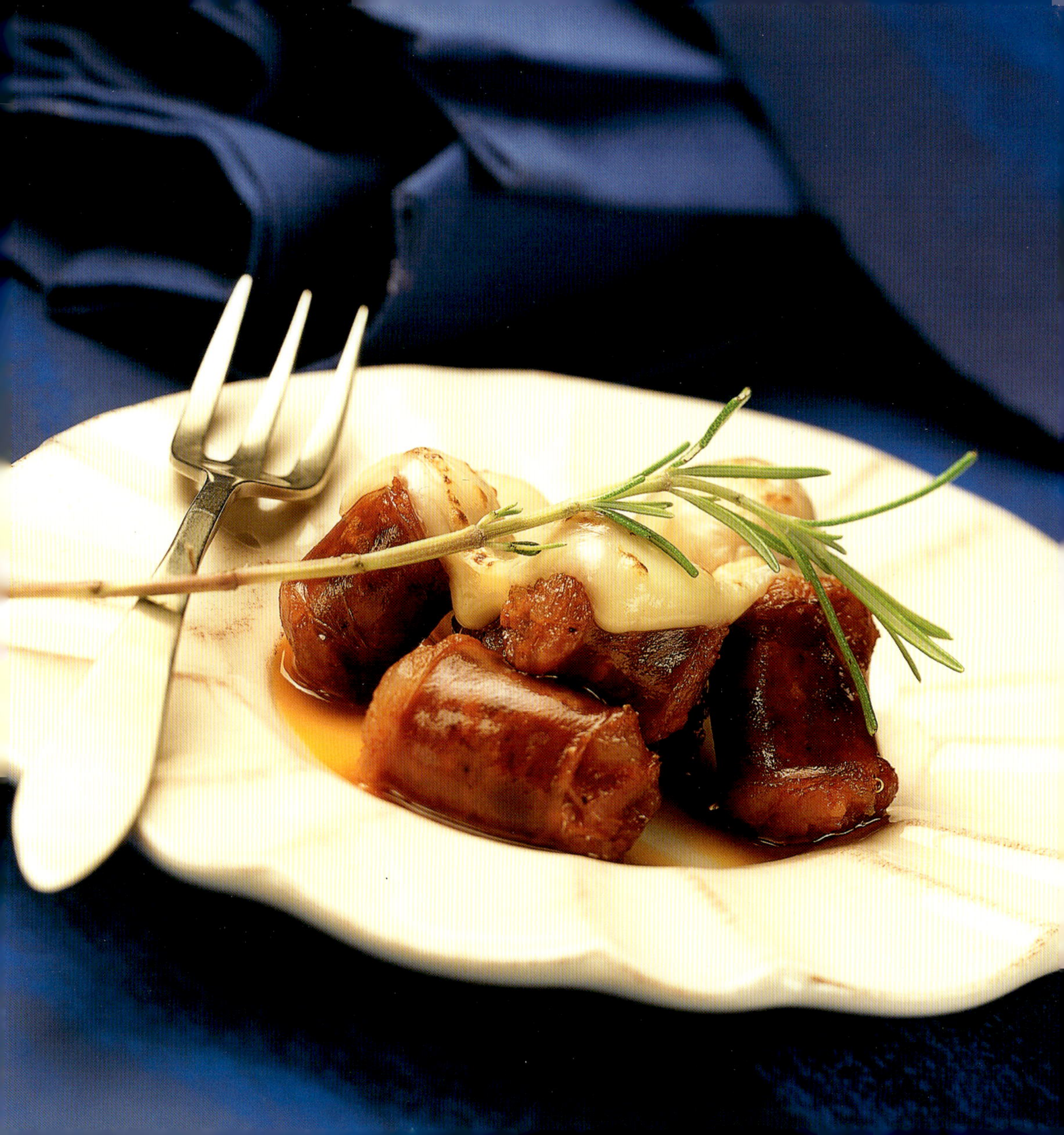

Préparation [70–80 minutes]

Faire revenir les oignons dans l'huile. Saler et ajouter l'ail et les poivrons verts. Lorsqu'ils sont presque cuits, ajouter les poivrons piquillo.

Après avoir préparé cette base, y joindre les pommes de terre coupées en morceaux moyens.

Couvrir d'eau et ajouter la sauce tomate et le laurier, et laisser cuire jusqu'à ce que les pommes de terre soient tendres. Saler de nouveau si nécessaire.

Ajouter les morceaux de thon et laisser mijoter 15 minutes.

Présentation : servir le ragoût dans 6 cassolettes.

Ingrédients

Huile 20 cl
Oignons hachées 2
Poivrons verts coupés en rondelles 3
Poivrons piquillo en conserve coupés en petits morceaux 4
Gousses d'ail hachées 4
Pommes de terre 2 kg
Thon 1 kg
Sauce tomate élaborée selon recette p. 220 15 cl
Sel et poivre
Feuille de laurier 1

Marmitako

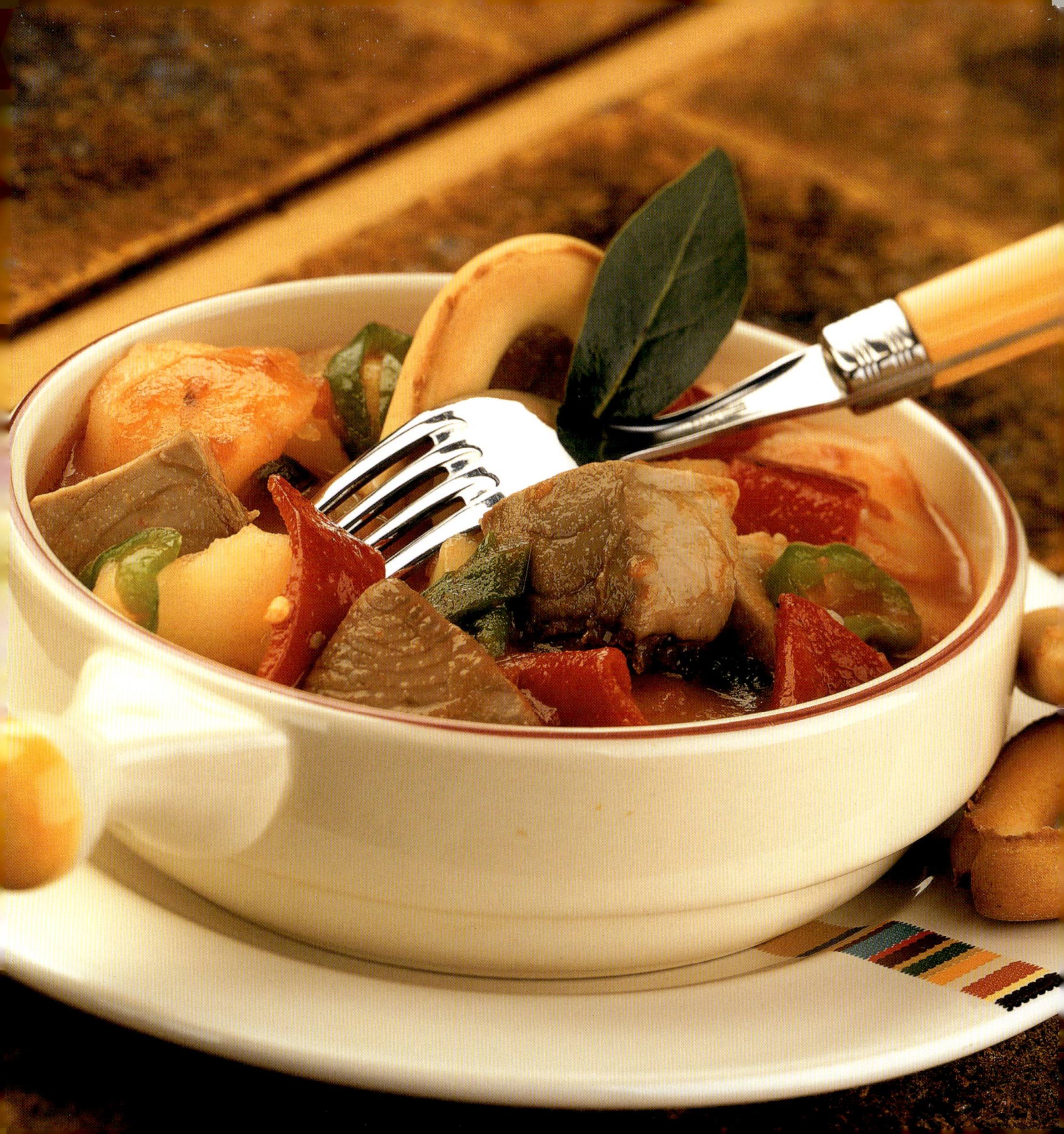

Préparation [20-30 minutes]

Faire bouillir un litre d'eau avec 40 g de sel et deux feuilles de laurier. En pleine ébullition, plonger les crevettes et les gambons. Les crevettes doivent cuire 90 secondes et les gambons 1 ou 2 minutes de plus (selon la taille). Les retirer à mesure qu'ils sont cuits et laisser refroidir.

Lorsqu'ils sont froids, les décortiquer et les couper en petits morceaux.

Laver soigneusement les coquilles des moules et les mettre dans une poêle avec un peu d'eau pour les faire cuire. A mesure qu'elles s'ouvrent, extraire les moules de leur coquille. Confectionner une vinaigrette. Pour cela, délayer le sel dans le vinaigre et battre avec l'huile. Ajouter la civette et les fruits de mer. Il est préférable de laisser reposer quelques heures avant de servir.

Ingrédients

Civette coupée en languettes 1
Petites crevettes du type caramote de 50 g chacune 1,5 kg
Moules 1 kg
Gambons écarlates 3
Huile d'olive vierge 10 cl
Vinaigre de xérès 2 cuillerées à soupe
Sel
Laurier

Salpicón de fruits de mer

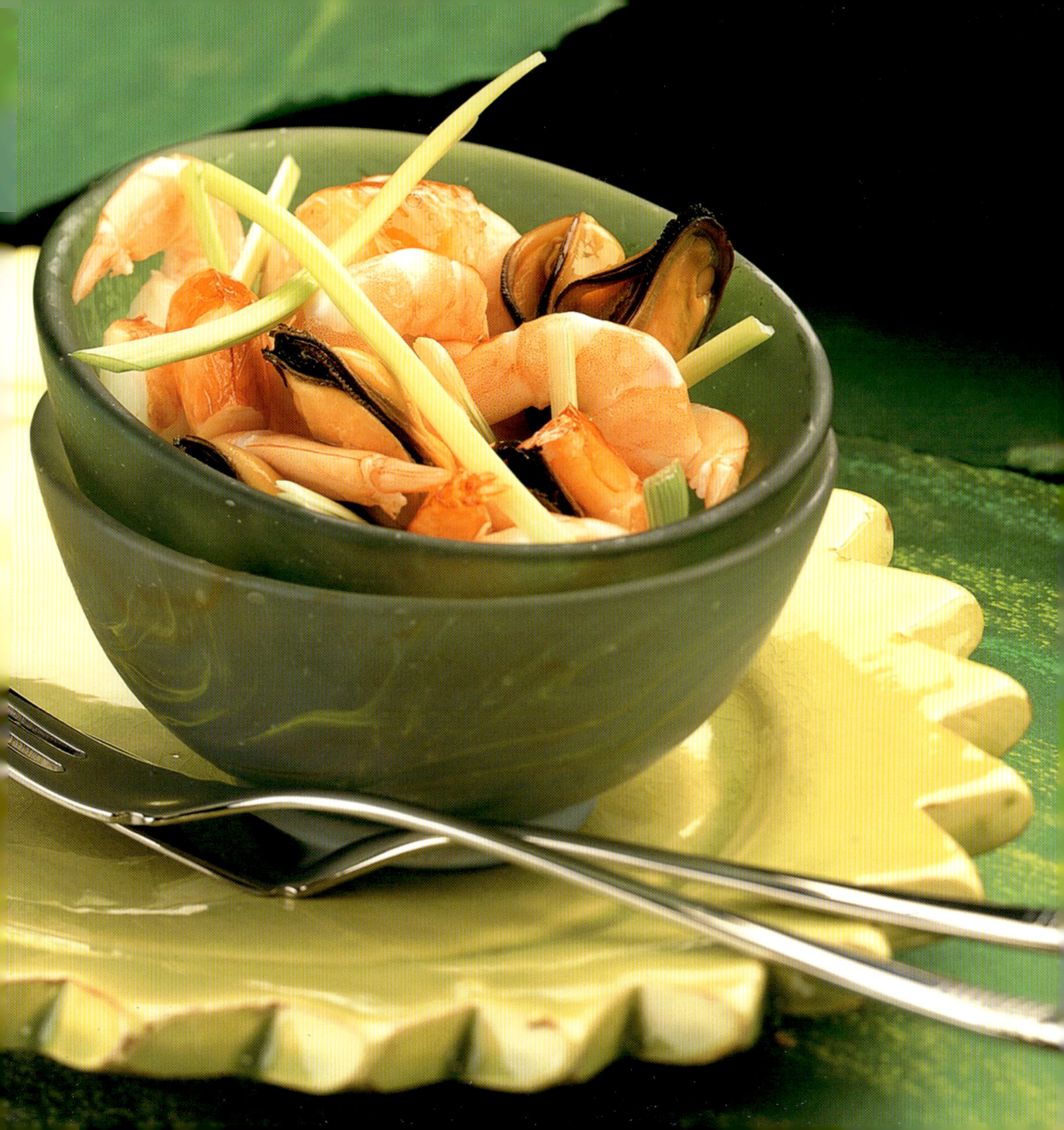

Préparation [70–80 minutes]

Plonger les tripes et le museau dans l'eau additionnée d'une bonne rasade de vinaigre et de sel de mer. Une heure plus tard, les rincer à l'eau froide.

Les mettre à cuire dans l'eau à la cocotte minute, puis ajouter le jambon, les poivrons secs et une quinzaine de grains de poivre gris. Au bout de 45 minutes, vérifier le degré de cuisson et ajouter le chorizo et suivant les goûts, une morcilla. Faire cuire 20 minutes supplémentaires.

Pour la sauce, faire revenir l'oignon et l'ail dans l'huile. Attendre qu'ils deviennent translucides, puis ajouter la sauce tomate, l'eau de cuisson des tripes et le piment. Passer ensuite au presse-purée et verser sur les tripes et le museau. Ajouter le chorizo (et éventuellement la morcilla) coupé en rondelles.

Ingrédients

Tripes 1,5 kg
Museau de porc coupé 500 g
Jambon serrano (jambon cru) 200 g
Poivrons secs 8
Chorizo doux (pas trop sec) 100 g
Morcilla (sorte de boudin noir, facultatif) 1
Sel et poivre en grain
Huile d'olive 10 cl
Oignons, hachés 2
Gousses d'ail, hachées 4
Sauce tomate (voir recette p. 220) 1 tasse
Bouillon des tripes 2 tasse
Petit morceau de piment 1 ou **quelques gouttes de Tabasco**

Tripes à la madrilène

En cassolette

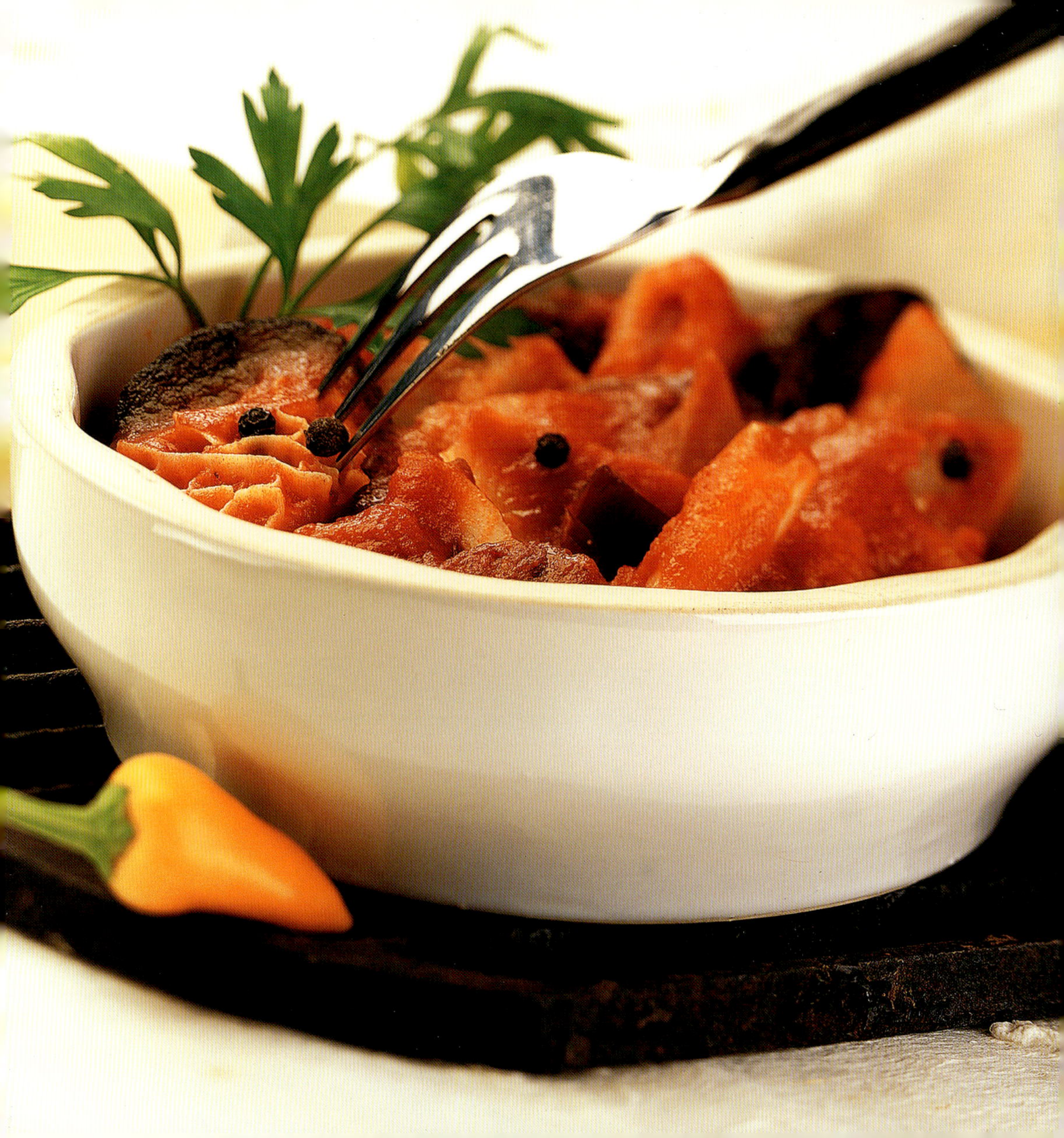

Préparation [30–40 minutes]

Préchauffer le four à 250°. Faire revenir les crevettes à l'huile dans une poêle quelques minutes, puis les décortiquer. Faire cuire les têtes, puis les écraser au presse-purée. Réserver leur eau de cuisson.

Faire revenir l'ail, les poivrons et les calmars dans la poêle à paella ; laisser cuire un moment, puis ajouter les vermicelles et les faire bien revenir tout en remuant.

Y verser le jus bouillant des crevettes et compléter avec de l'eau si nécessaire.

Mettre au four pendant 20 minutes. Ajouter les crevettes en dernier.

Présentation : servir accompagné de l'aïoli.

Ingrédients

Gros vermicelles 250 g
Poivrons verts 2
Gousses d'ail 4
Calmars 500 g
Crevettes 500 g
Huile d'olive 10 cl
Bouillon de poisson 75 cl
Sel
Aïoli selon recette p. 218

Fideuá

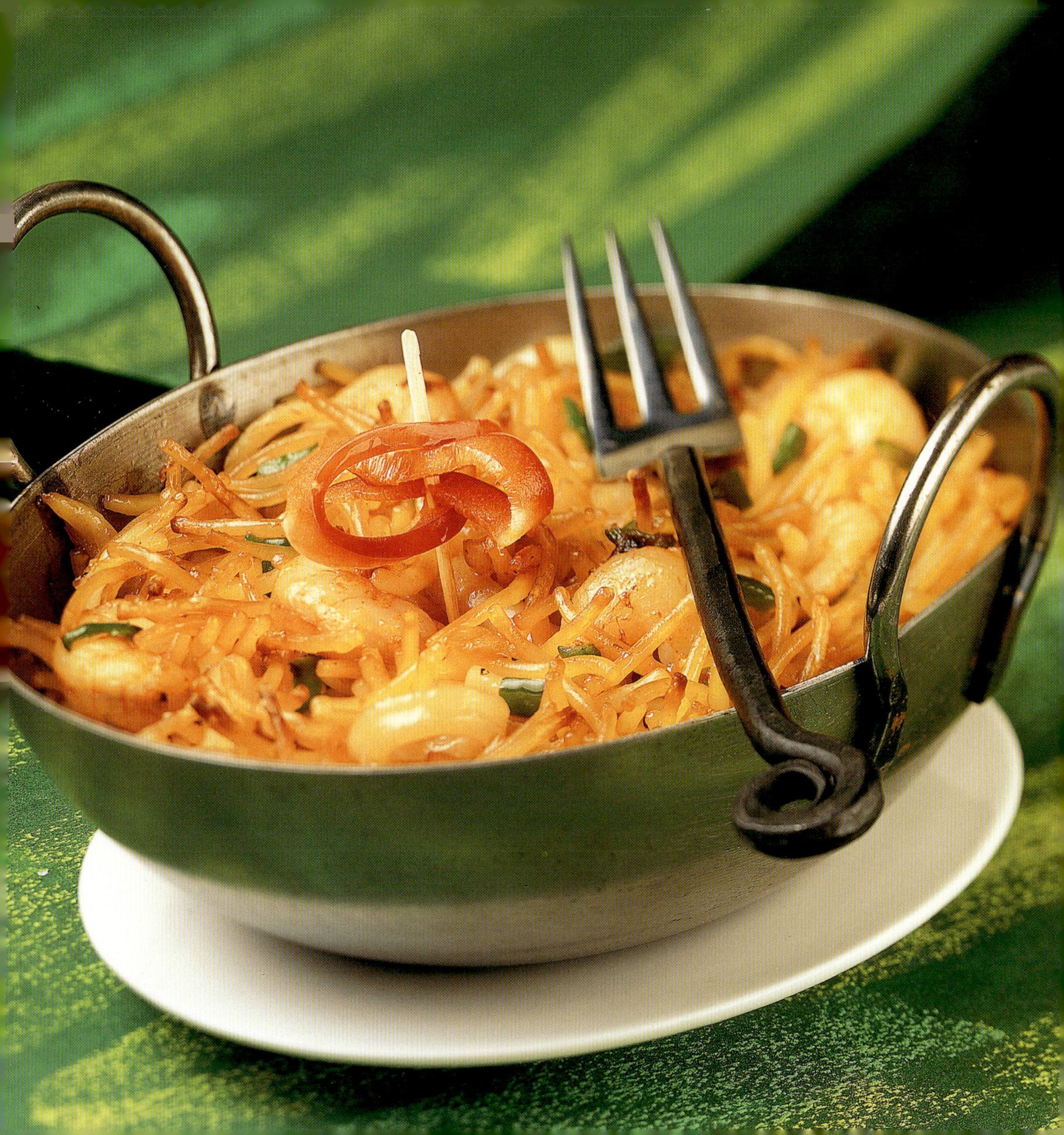

Préparation [15–20 minutes]

Eplucher les pommes de terre et les couper dans le sens de la longueur en tranches de 3/4 centimètres d'épaisseur. Lorsque l'huile atteint une température de 175°, plonger les pommes de terre par poignées successives dans l'huile. Surveiller la température pour que les pommes de terre cuisent à l'intérieur sans dorer. Lorsqu'elles sont à point, les faire égoutter dans une passoire.

Laisser un fond d'huile dans la poêle et y remettre les pommes de terre.

Tandis que les pommes de terre se réchauffent, casser les oeufs un par un par-dessus, puis les remuer de façon à les "" briser "".

Saler.

Ingrédients

Pommes de terre 1,5 kg
Gousses d'ail pelées 2
OEufs de taille moyenne 6
Sel
Huile d'olive en grande quantité

OEufs brisés aux pommes de terre

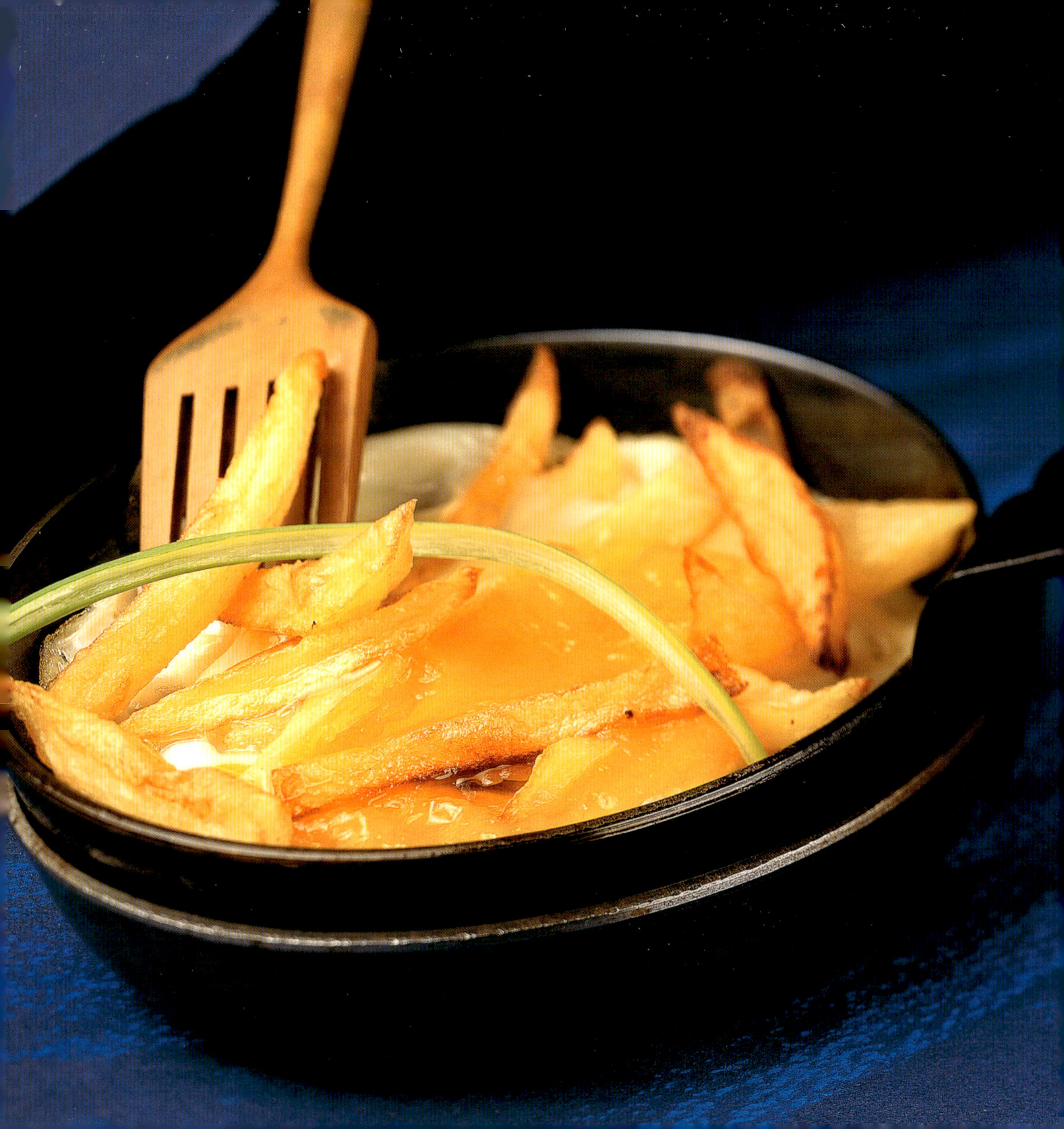

Préparation [15–20 minutes]

Nettoyer soigneusement les calmars en retirant la peau très fine qui les recouvre. Couper les ailerons, vider les calmars et retirer le cartilage osseux tout le long de leur corps. Mettre de côté les tentacules et une poche allongée qui contient l'encre. Laver les calmars à l'extérieur, puis les retourner comme des gants et les laver à l'intérieur. Hacher 6 calmars entiers ainsi que les tentacules et les ailerons des autres calmars. Faire revenir le tout, puis farcir avec cela les 18 autres calmars.

La sauce : étuver dans de l'huile l'oignon, l'ail et le poivron. Lorsque tout est à point, ajouter la sauce tomate. Ecraser les poches d'encre avec du gros sel et ajouter un peu d'eau.

Faire cuire les calmars dans cette sauce jusqu'à ce qu'ils soient tendres.

Saler si nécessaire.

Présentation : répartir les calmars dans les 6 petites cassolettes en terre cuite et servir chaud.

Ingrédients

Calmars 24
Oignon haché 1
Gousses d'ail hachées 2
Poivron vert haché 1
Huile d'olive
Sauce tomate selon recette p.220 20 cl
Encre des calmars ou sachets d'encre 3
Sel

Petits calmars dans leur encre

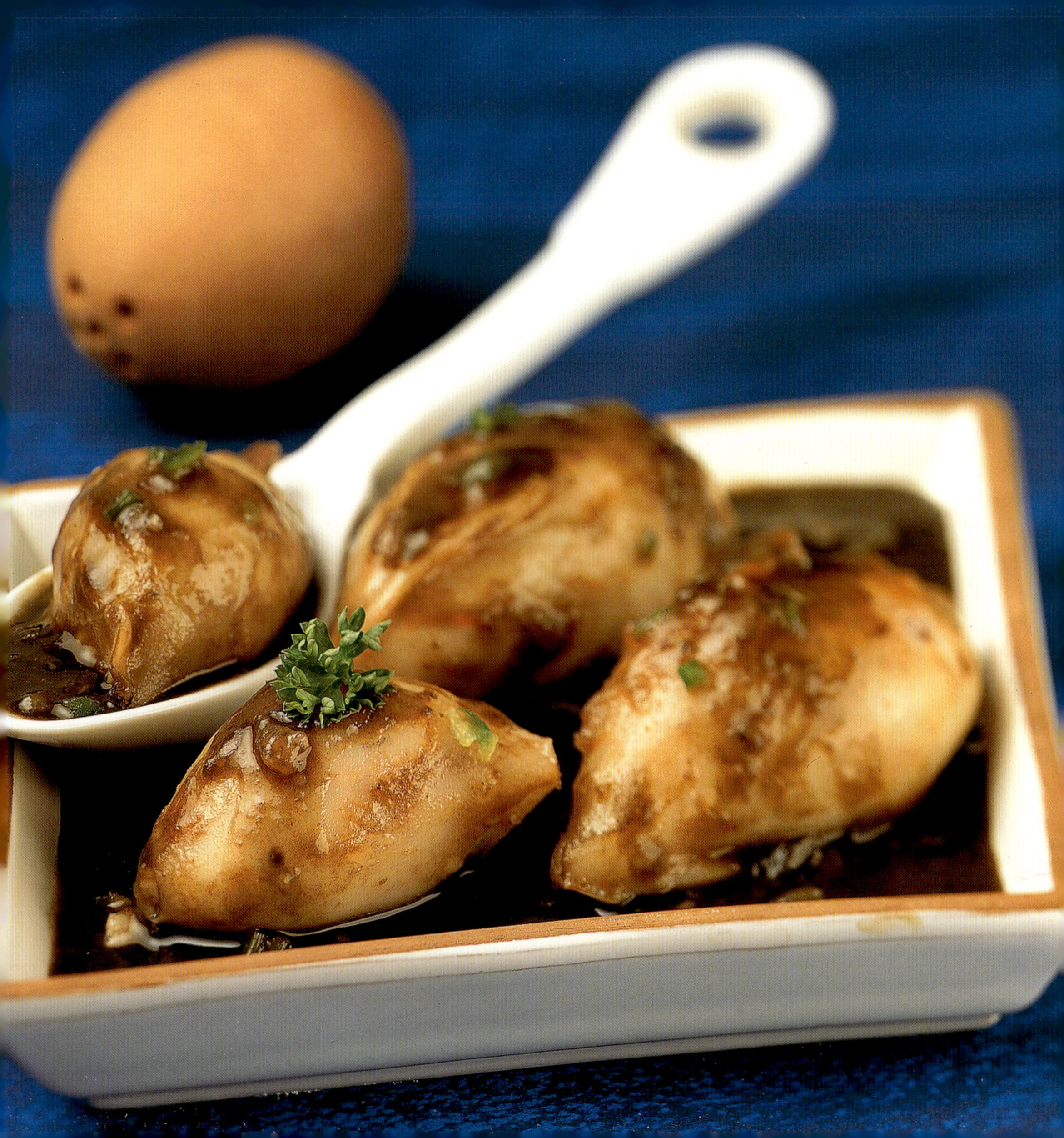

Préparation [20–30 minutes]

Décortiquer les crevettes crues et les réserver.

Verser l'huile, l'ail haché et le piment dans un poêlon. Faire chauffer sans que l'ail ne roussisse, puis ajouter les crevettes et assaisonner modérément en remuant jusqu'à ce qu'elles changent de couleur. Servir très chaud.

Remarque : les quantités indiquées correspondent à une cassolette individuelle.

Ingrédients

Crevettes entières 300 g
Huile 10 cl
Gousses d'ail pelées et hachées 5
Petits morceaux de piment 4
Sel

Crevettes à l'ail

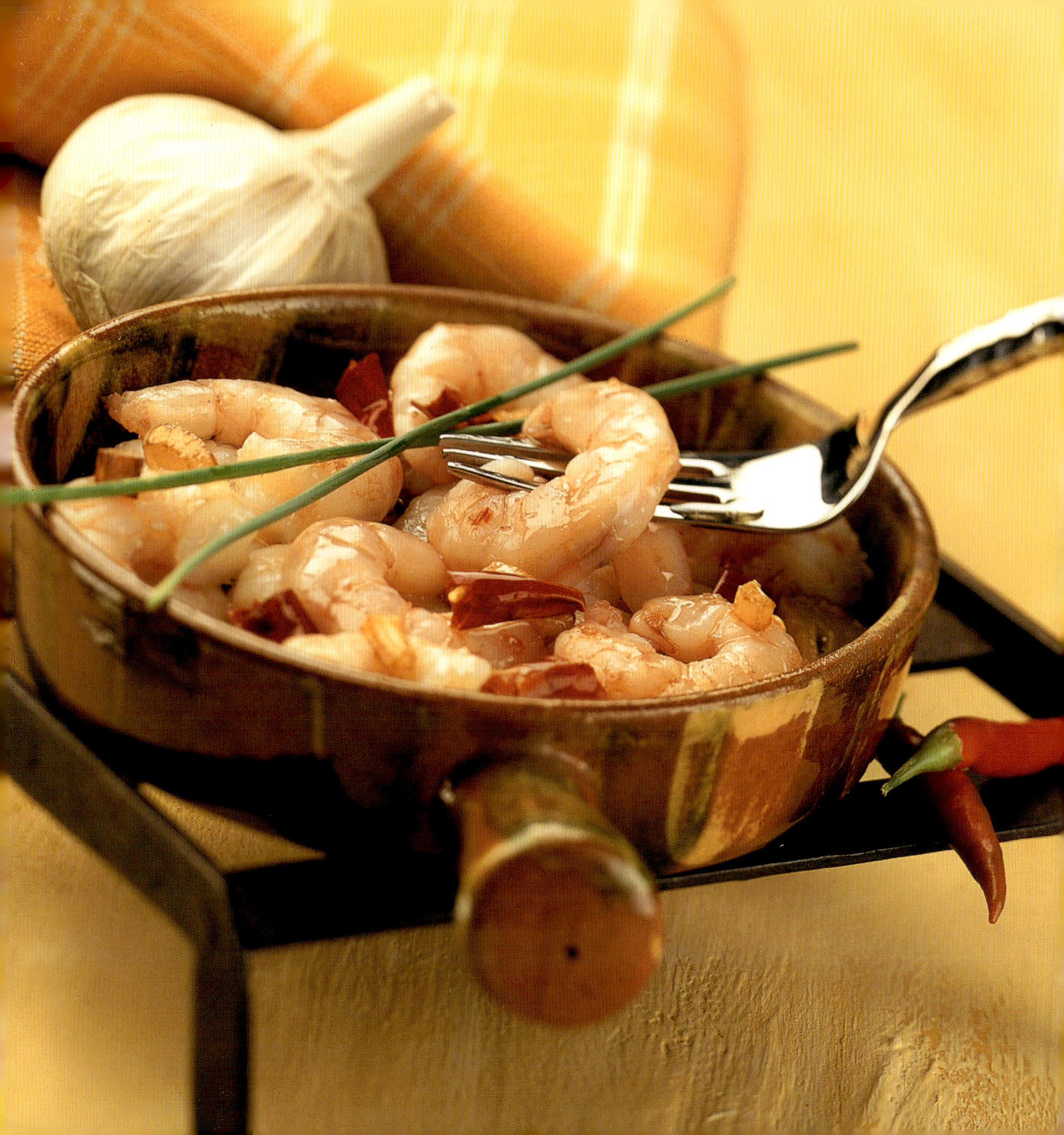

Préparation [50–60 minutes]

Demander au boucher de hacher la poitrine fumée avec la viande. Ajouter la chair des saucisses sortie du boyau.

Tremper le pain dans la crème fraîche et le placer dans le bol du mixeur avec les oeufs, le sel, l'ail haché et le persil. Mixer l'ensemble, puis le mélanger à la viande. Pétrir, former des boulettes et les rouler dans la farine. Plonger ces boulettes dans l'huile très chaude, de sorte que l'enrobage de farine forme une croûte.

Sauce : faire revenir l'oignon jusqu'à le rendre translucide, puis ajouter la carotte, la tomate et le sel. Incorporer la farine grillée, 2 verres d'eau et un cube de concentré de jus de viande. Laisser cuire 30 minutes, puis passer au presse-purée.

Faire chauffer les boulettes dans la sauce pendant 15 à 20 minutes

Ingrédients

Viande de boeuf, hachée 500 g
Saucisses 3
Poitrine fumée 40 g
Pain de mie 4 tranches
Crème fraîche 10 cl
OEufs 2
Gousse d'ail finement, hachée 1
Persil 1 cuillerée à soupe
Farine et sel

Sauce :
Oignon haché 1
Carotte finement hachée 1
Tomate pelée et coupée 1/2
Farine grillée 1 cuillerée à soupe
Huile 20 cl
Bouillon de viande concentré 1 cube
Sel

Boulettes de viande

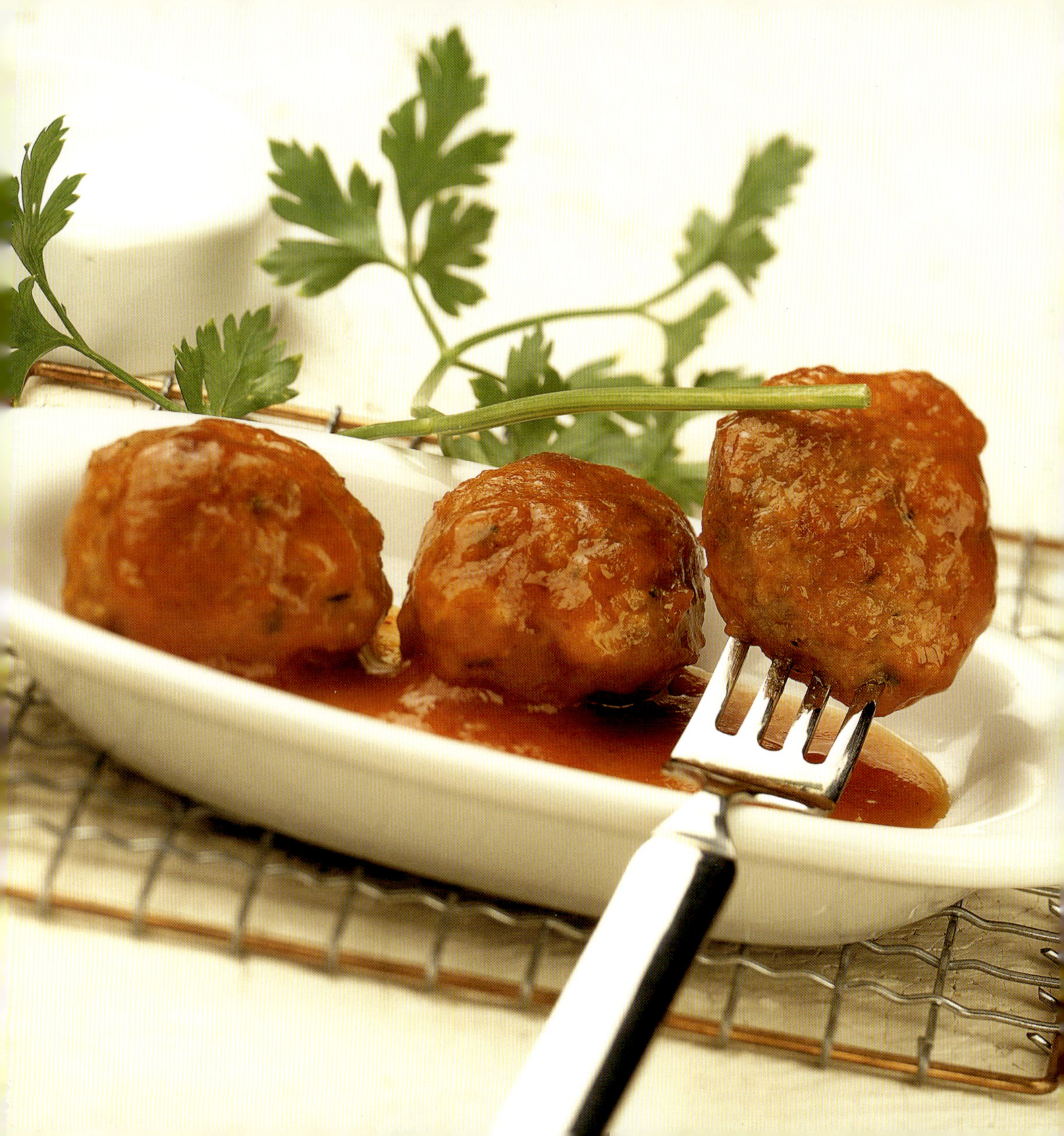

Préparation [80–90 minutes]

Faire revenir les oignons et les poivrons dans l'huile. Ajouter les morceaux d'agneau légèrement salés. Faire sauter l'ensemble quelques secondes.

Piler l'ail, le laurier et le persil, le pimentón, le sel et le poivre et faire dissoudre le tout dans le vinaigre et un peu d'eau. Verser sur le ragoût et couvrir entièrement d'eau.

Une demi-heure plus tard, ajouter les pommes de terre et mettre sur le feu jusqu'à cuisson complète. Incorporer la farine diluée dans un peu d'eau pour lier la sauce et amener à ébullition.

Présentation : répartir dans 6 cassolettes et servir très chaud.

Ingrédients

Viande d'agneau coupée en morceaux 1 kg
Oignons finement, hachés 2
Poivrons verts, hachés 2
Huile d'olive 10 cl
Petites pommes de terre nouvelles pelées 12
Gousses d'ail 4
Laurier 3 feuilles
Persil frais haché 2 cuillerées à soupe
Pimentón (paprika) doux 1 cuillerée à soupe
Sel de mer 1 cuillerée à café
Poivre fraîchement moulu
Vinaigre de vin rouge 1 cuillerée à soupe
Farine 1 cuillerée à soupe rase

Ragoût d'agneau

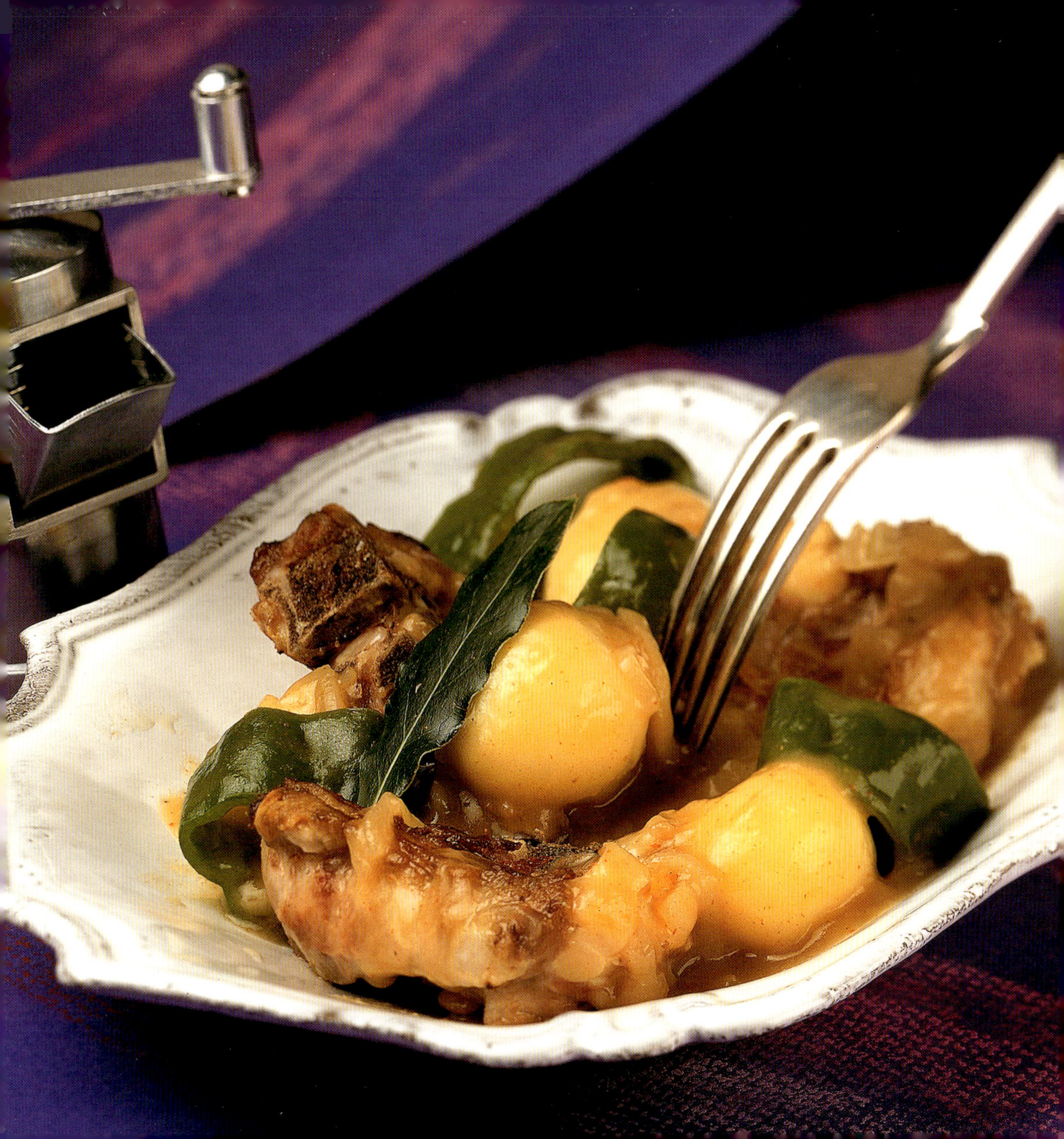

Préparation [30–40 minutes]

Rouler les morceaux de poulet dans l'ail haché et le sel.

Faire chauffer l'huile dans une cocotte en terre cuite, la laisser tiédir, y jeter le poulet et les gousses d'ail en chemise et les faire bien dorer. Mouiller avec le vin et amener à ébullition jusqu'à évaporation complète.

Présentation : servir directement dans la cocotte.

Ingrédients

Poulet coupé en morceaux 1
Gousses d'ail hachées 3
Gousses d'ail en chemise 6
Vin blanc de xérès 5 cl
Huile d'olive 20 cl
Sel

Poulet à l'aïoli

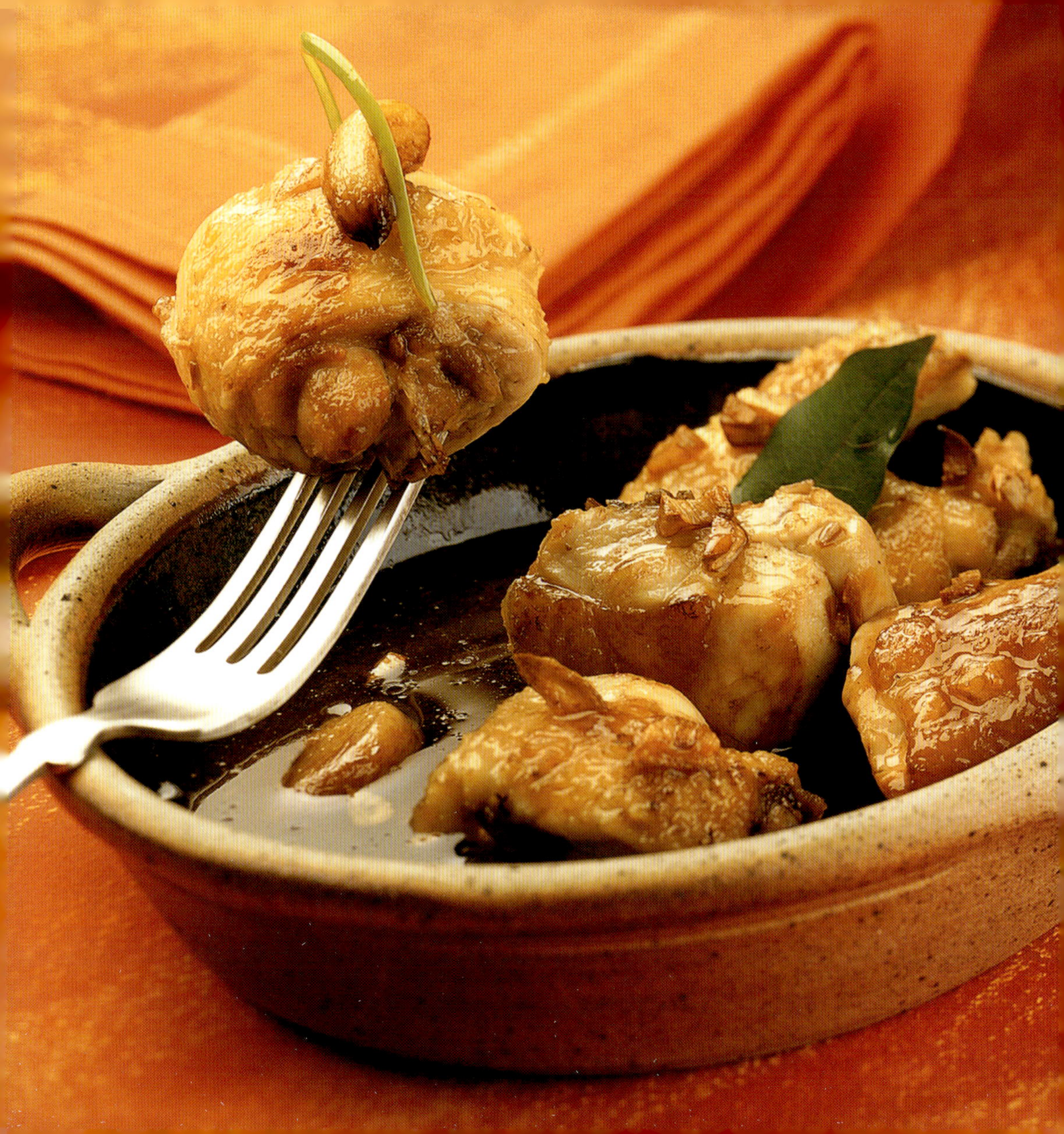

Préparation [240–260 minutes]

Disposer les queues côte à côte dans une cocotte.

Faire revenir les oignons à part dans l'huile jusqu'à les rendre translucides, puis ajouter l'ail et les carottes. Saler, poivrer et verser sur les queues. Ajouter brandy et une quantité suffisante de vin rouge pour recouvrir largement les queues. Couvrir la cocotte.

Porter à forte ébullition, puis enfourner à 100°. Au bout de 4 heures, vérifier si les queues sont bien tendres, les sortir et les ranger dans un plat. Dégraisser le jus de cuisson et le verser sur les queues.

Servir très chaud.

Remarque : ce plat peut être réalisé à la cocotte-minute pendant 40 minutes, mais la cuisson doit être surveillée de près afin de ne pas le laisser trop cuire.

Ingrédients

Queues de boeuf coupées en morceaux 2
Oignons émincés 4
Carottes coupées en morceaux 2
Gousses d'ail écrasées 6
Huile d'olive 20 cl
Brandy 2 cuillerées à soupe
Tours de moulin de poivre gris 3
Vin rouge en quantité suffisante pour couvrir largement les queues
Sel

Queue de boeuf

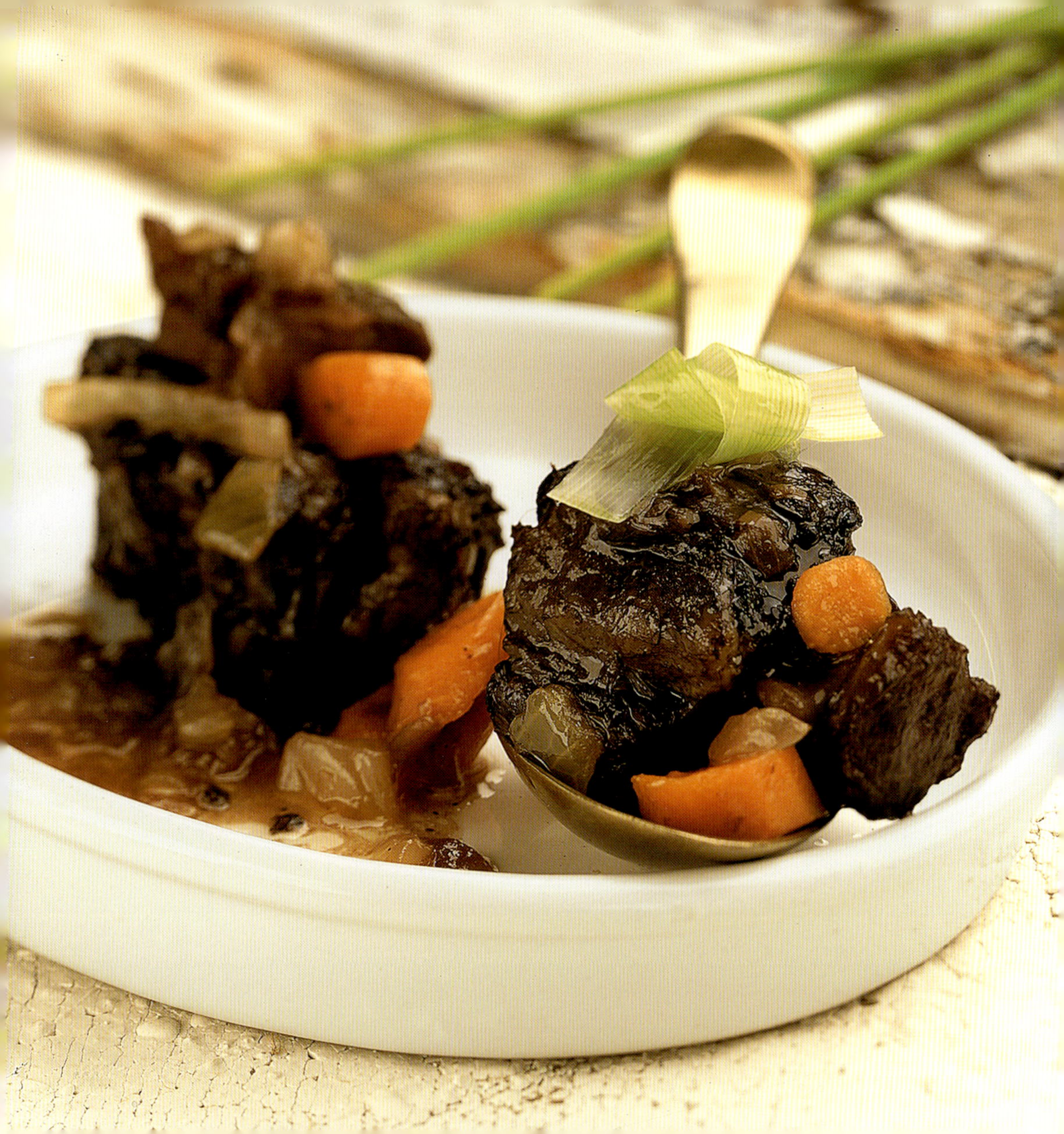

Préparation [20–30 minutes]

Il est préférable de préparer les miettes la veille. Emietter le pain sans utiliser la croûte.

Hacher les gousses d'ail et les mélanger avec l'eau et le pimentón. Tremper la mie de pain dans ce mélange en remuant bien pour l'imprégner de toutes parts. Former des boules, les envelopper dans un linge humide et les laisser reposer 12 heures.

Les plonger ensuite dans très peu d'huile et les faire dorer en prenant soin de ne pas les rendre trop grasses.

Les aplatir, les creuser et les remplir de jambon et de chorizo en les agitant. Consommer aussitôt.

Ingrédients

Pain blanc rond (500 g) 1
Gousses d'ail 3
Pimentón (paprika) 2 cuillerées
Eau 4 cuillerées à soupe
Huile 3 cuillerées à soupe
Dés de jambon serrano 50 g
Chorizo 12 rondelles

Miettes au jambon et au chorizo

En cassolette

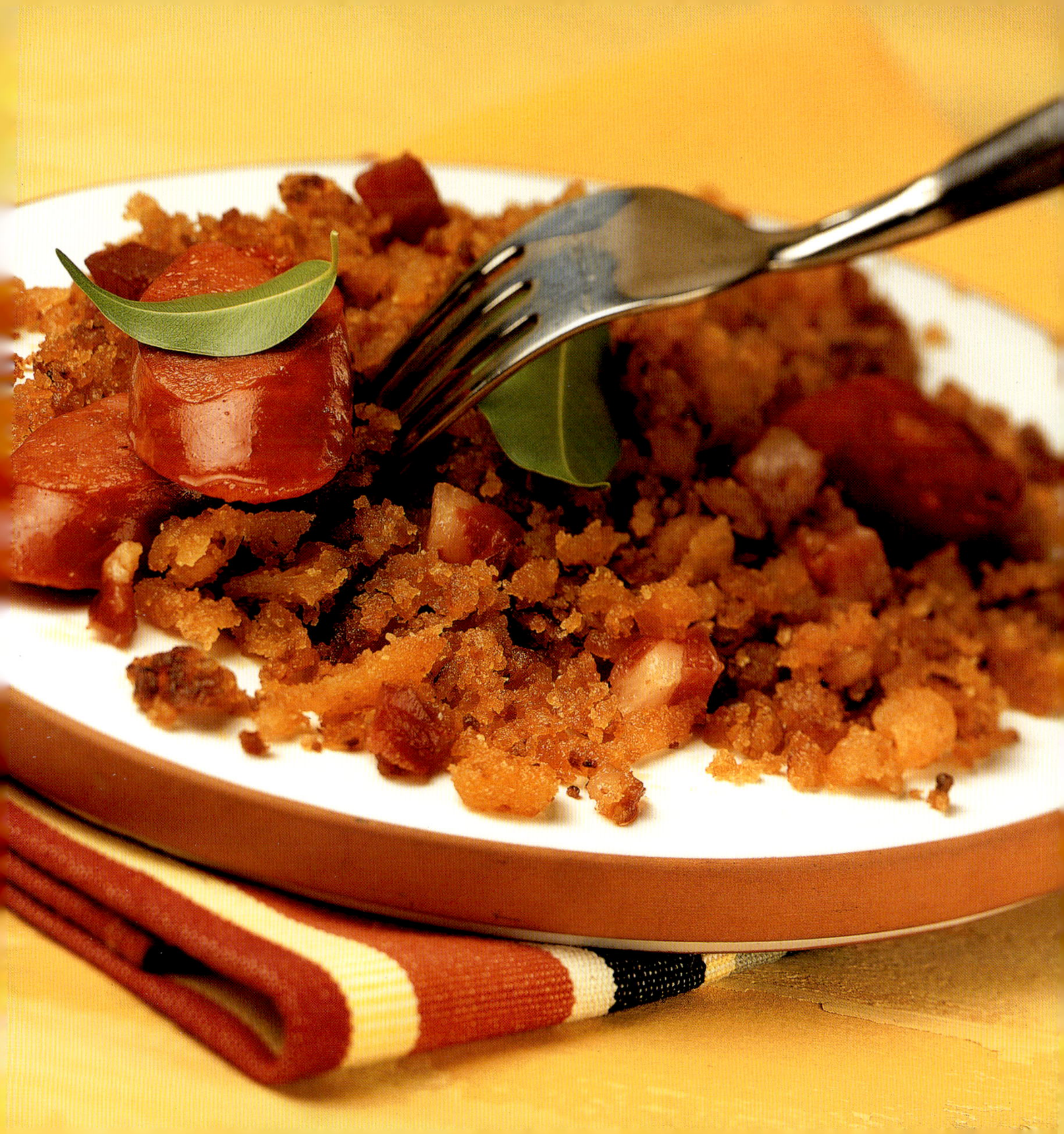

Préparation [10–20 minutes]

Remuer les clovisses en les faisant s'entrechoquer pour éliminer le sable, puis les plonger dans de l'eau salée. Au bout d'une demi-heure, les laver et les faire cuire dans 20 cl d'eau. Sortir les clovisses à mesure qu'elles s'ouvrent. Passer le bouillon et le mettre de côté.

Faire revenir l'ail dans l'huile. Avant qu'il ne commence à dorer, ajouter une cuillerée à soupe de farine délayée dans le vin et le bouillon des clovisses.

Dès le début de l'ébullition, ajouter les clovisses et saupoudrer de persil. Une ou deux minutes de cuisson suffiront.

Présentation : répartir les clovisses dans 6 cassolettes.

Ingrédients

Clovisses 1 kg
Gousses d'ail hachées 4
Huile d'olive 10 cl
Vin blanc 10 cl
Bouillon des clovisses 20 cl
Persil haché 2 cuillerées à soupe
Farine 1 cuillerée à soupe
Sel

Clovisses à la marinière

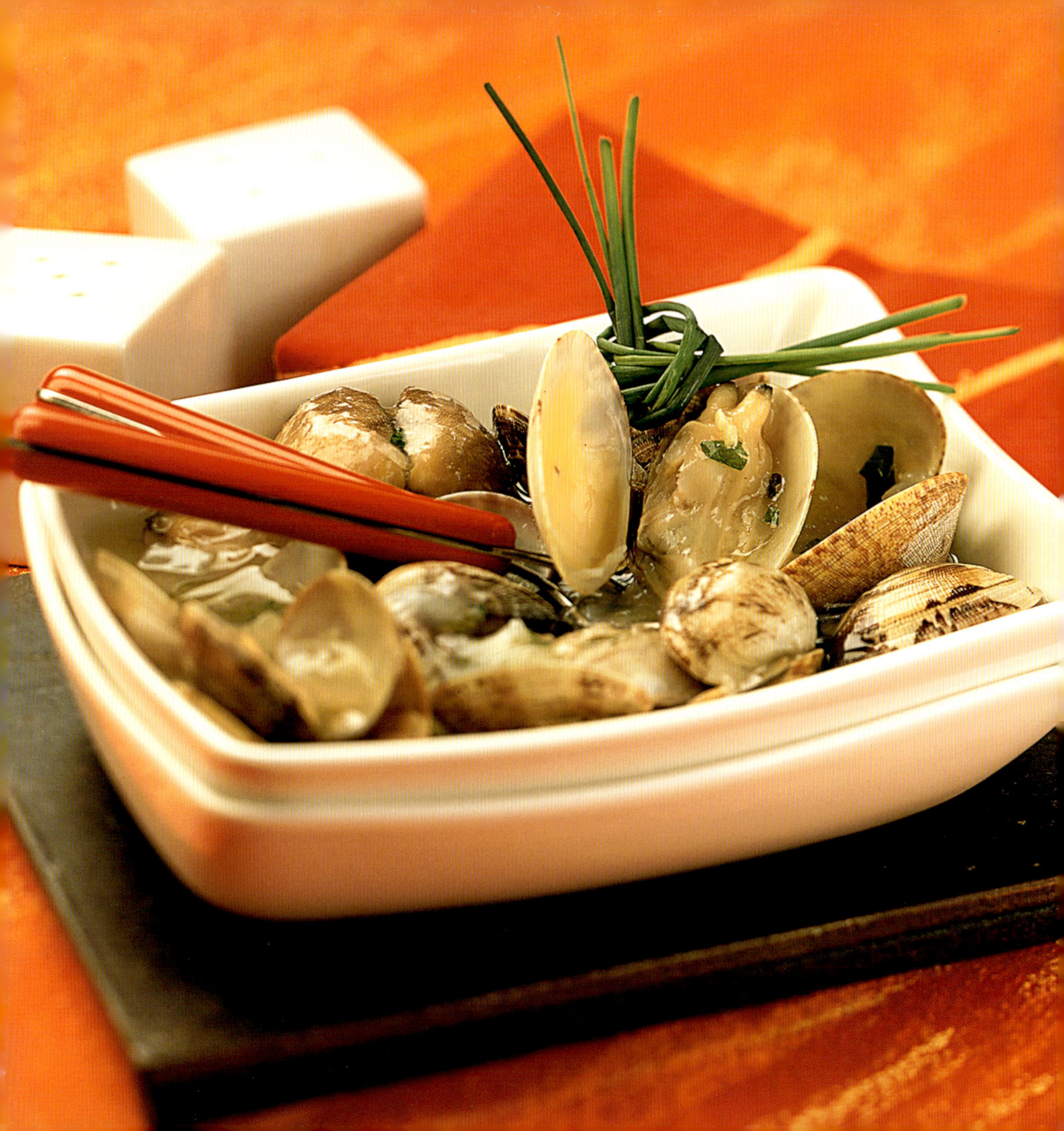

Préparation [80–90 minutes]

Mettre dans une grande poêle l'huile, l'ail haché et une pincée de sel. Faire revenir le tout sans faire dorer et laisser refroidir complètement.

Ajouter les joues et saler légèrement. Agiter la poêle avec un mouvement de va-et-vient et ajouter peu à peu 6 cuillerées à soupe d'eau à mesure que la sauce épaissit. Plus on ajoutera d'eau, moins la sauce sera liée. La quantité exacte d'eau est difficile à préciser.

Ajouter les gouttes d'huile pimentée et le persil. Une fois les joues bien cuites, les retirer du feu.

Présentation : répartir les calmars et leur jus dans 6 cassolettes.

Remarque : la sauce ne doit pas bouillir pendant la cuisson des joues.

Ingrédients

Joues de morue 1 kg
Huile d'olive 4 cuillerées à soupe
Eau 6 cuillerées à soupe
Gousses d'ail hachées sans le germe 6
Quelques gouttes d'huile pimentée ou de tabasco
Persil haché 4 cuillerées à soupe
Sel

Joues de morue

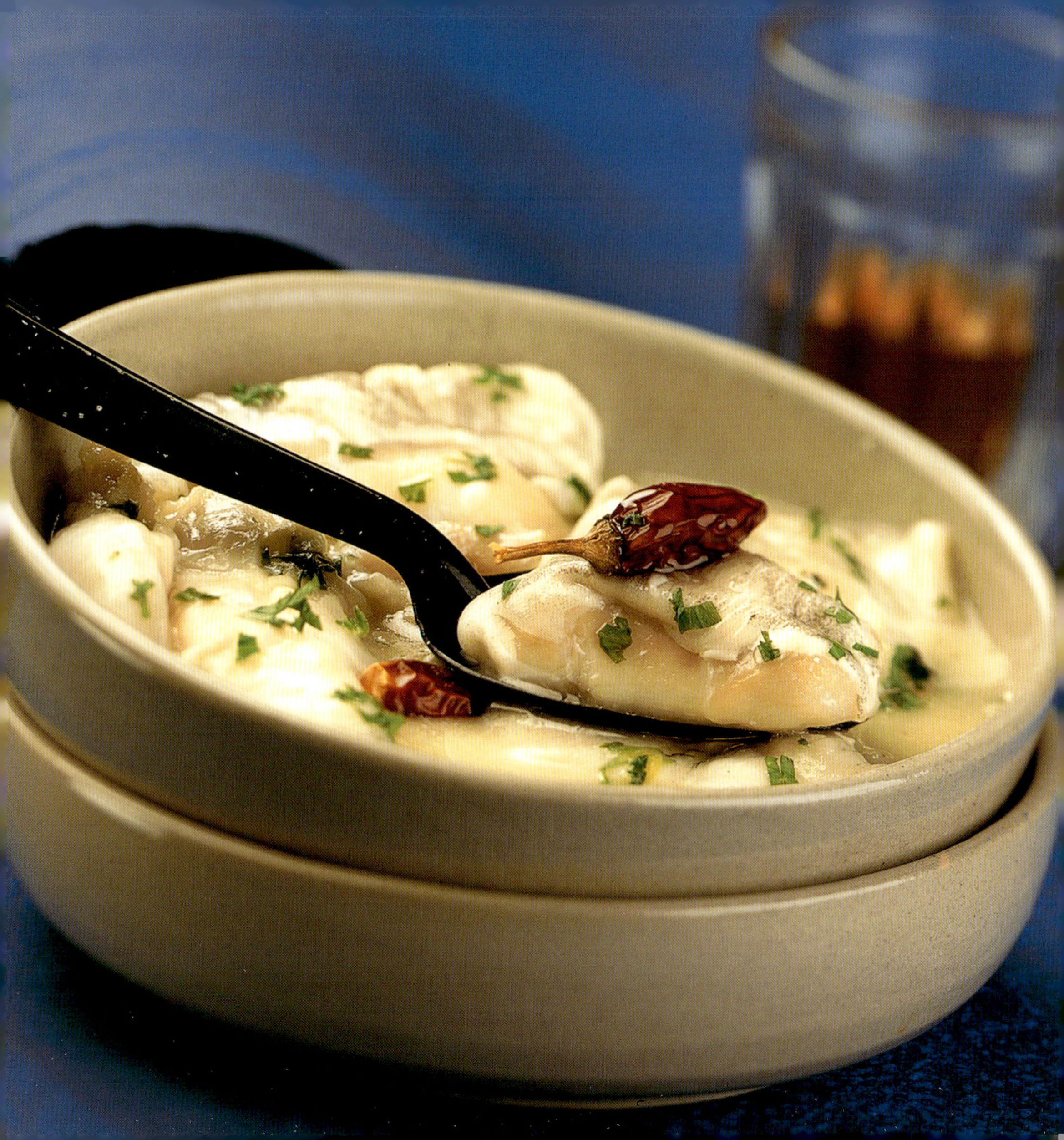

Préparation [20–30 minutes]

Préparer la sauce tomate et y ajouter la crème fraîche.

Oter la peau des morcillas, écraser l'intérieur et le faire revenir en remuant pendant 2 minutes. Garnir les poivrons de la morcilla.

Les disposer dans des cassolettes en terre cuite sur un lit de sauce tomate et les arroser de quelques gouttes d'huile.

Mettre au four à 170° pendant 15 minutes.

Servir très chaud.

Ingrédients

Poivrons piquillo 12
Morcillas de 200 g chacune (sorte de boudin noir) 2
Sauce tomate (p. 220) 50 cl
Crème fraîche 3 cuillerées à soupe
Sel
Poivre

Poivrons farcis à la morcilla

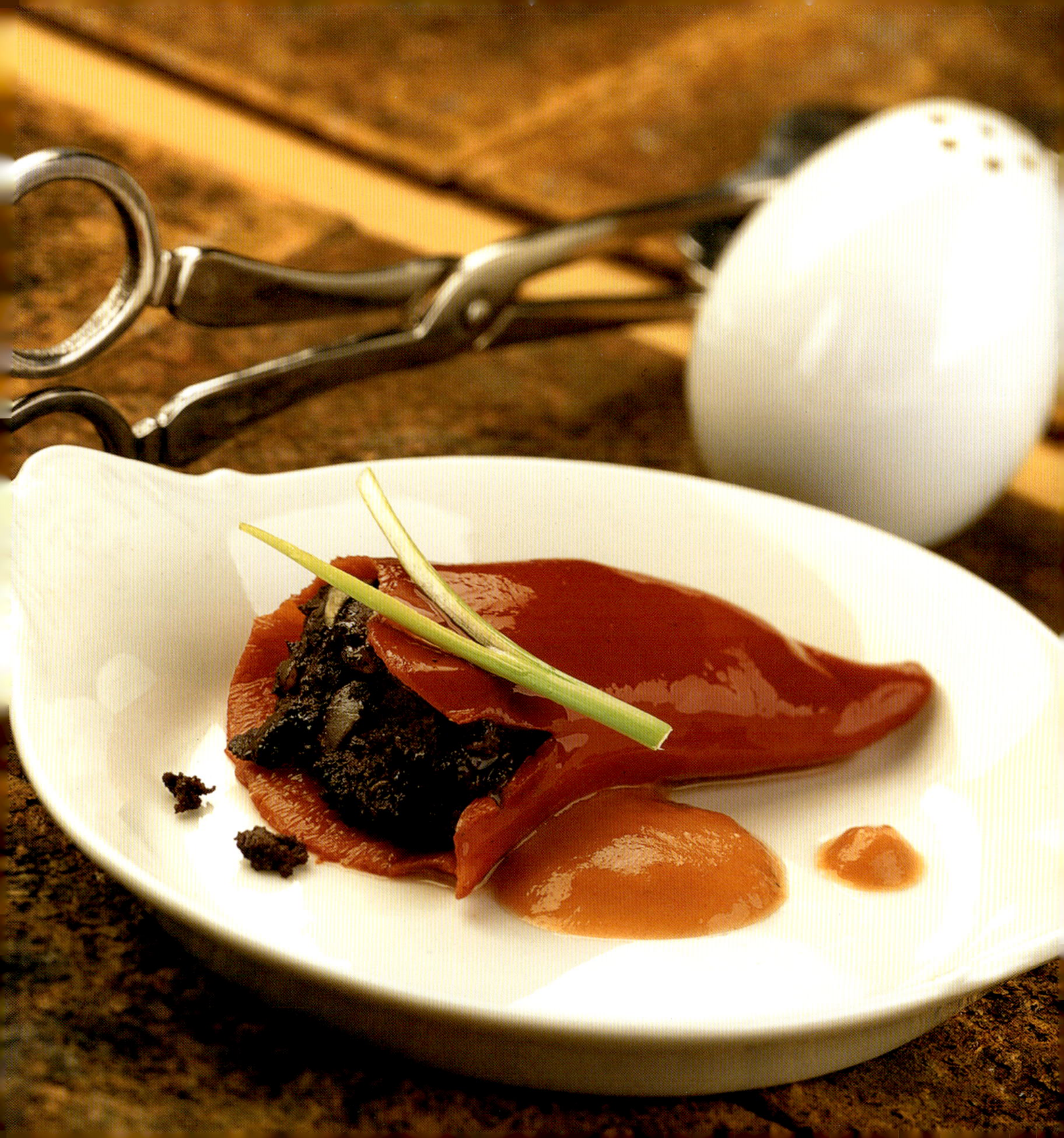

Découvrez un nouveau concept de la tapa en convertissant un plat traditionnel dans un délicieux apéritif.

Pour commensaux de goûts très variés qui cherchent à la fois les saveurs typiques de la cuisine espagnole ainsi que les nombreuses combinaisons de notre nouvelle cuisine.

Les 100 meilleures tapas

sur l'assiette

Préparation [15–20 minutes]

Éplucher les aubergines et les couper en tranches de 1/2 centimètre d'épaisseur dans le sens de la longueur.

Les faire tremper dans un bol d'eau salée pendant 10 minutes.

Les égoutter soigneusement, les enrober de farine et les faire frire dans l'huile très chaude pour qu'elles soient bien croustillantes.

Présentation : napper les aubergines de sauce tomate et les recouvrir d'un bon morceau de camembert.

Parsemer d'origan et servir.

Ingrédients

Aubergines moyennes 2
Camembert 1
Sauce tomate (p. 220) 6 cuillerées à soupe
Origan, ciselé
Farine spéciale friture
Huile d'olive 20 cl

Aubergines au fromage

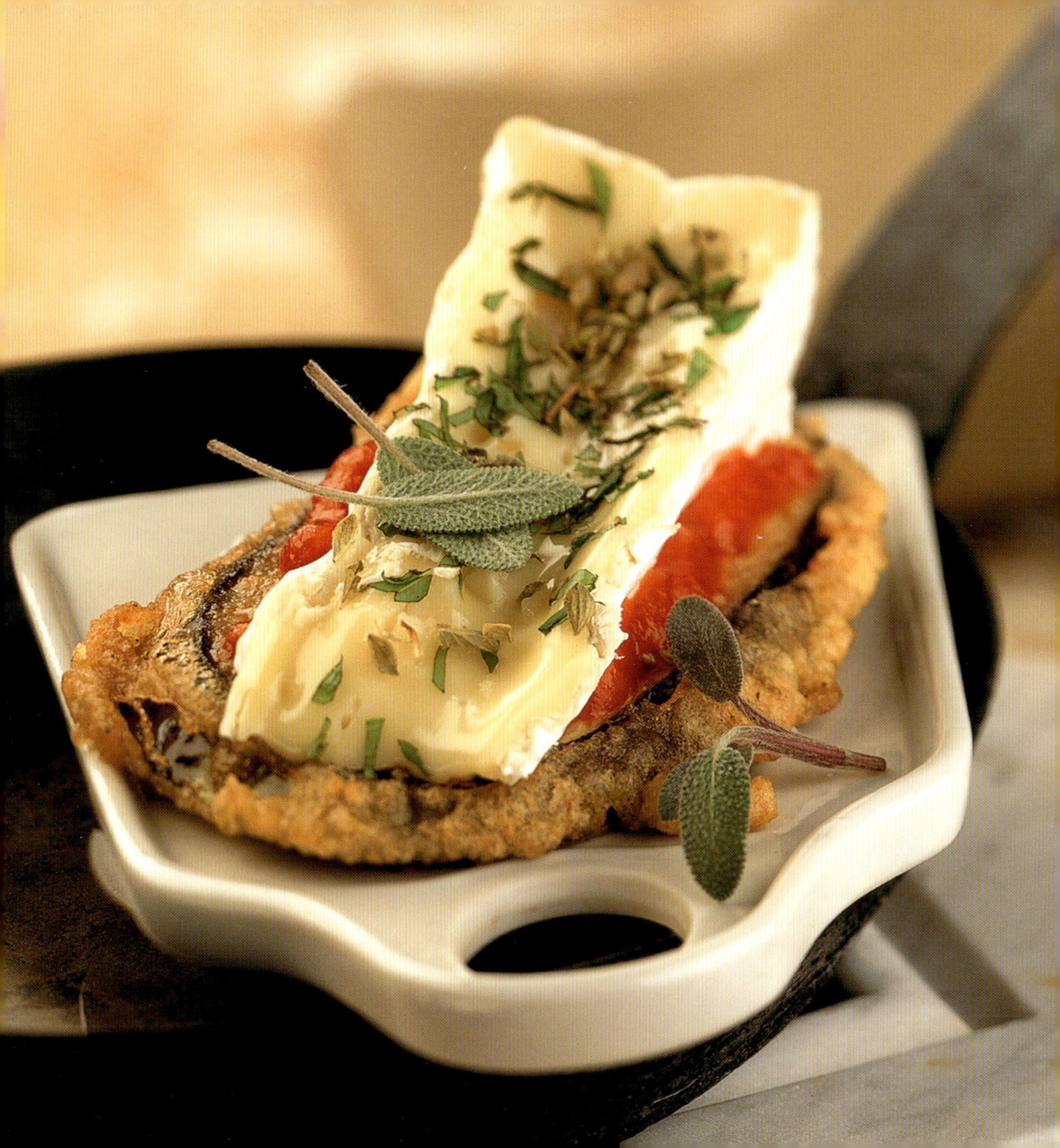

Préparation [50–60 minutes]

Crêpes : confectionner les crêpes selon la recette.

Garniture : préparer la béchamel et la laisser refroidir en la recouvrant d'un papier film en contact avec la surface.

Faire revenir la ciboulette dans une poêle profonde jusqu'à la rendre translucide, puis ajouter l'ail.

Débarrasser les champignons de la terre et les ajouter au contenu de la poêle après avoir coupé les pieds.

Faire cuire l'ensemble jusqu'à évaporation du jus de cuisson.

Assaisonner et mélanger à la sauce béchamel.

Présentation : répartir la farce sur les crêpes et les plier en quatre pour former un triangle. o Parsemer de truffes Estivium hachées.

Ingrédients

Crêpes du commerce ou confectionnées selon la recette p. 224 12
Champignons de saison 500 g
Ciboulette hachée 1
Gousses d'ail hachées 2
Huile 3 cuillerées à soupe
Sauce béchamel (voir recette p. 219) 10 cuillerées à soupe
Truffes Estivium 1 petite boîte

Crêpes fourrées de sauce béchamel aux champignons

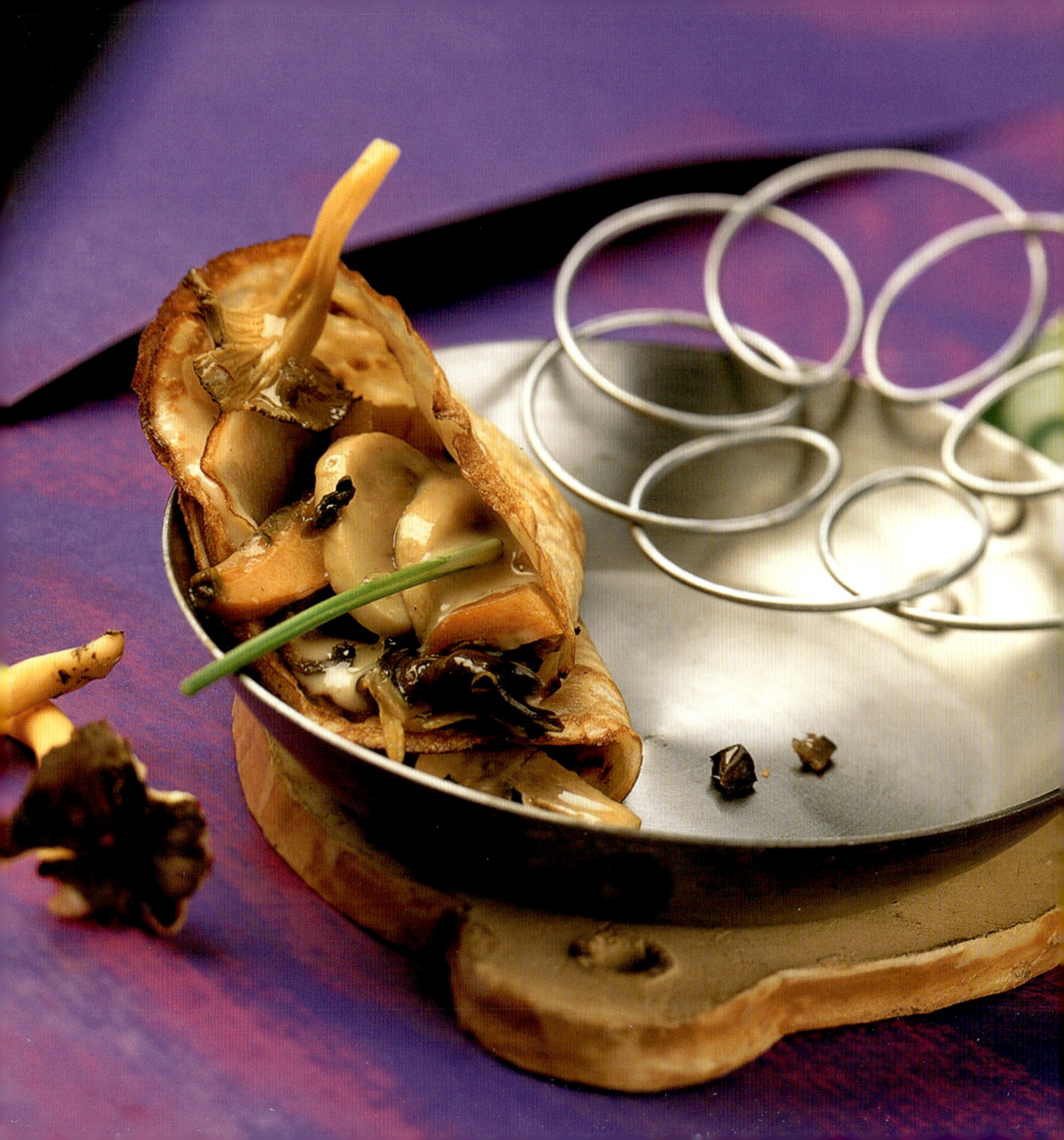

Préparation [40–45 minutes]

Laver les légumes et les pommes de terre, les couper en rondelles très fines et les ranger dans un grand plat à four.

Saupoudrer de sel et arroser de gouttes d'huile avec les doigts.

Couvrir de papier d'aluminium et mettre au four à 170° pendant 30 minutes.

Une fois ce temps écoulé, sortir les légumes.

Les passer ensuite au gril très chaud. Retirer le plat quand les légumes commencent à dorer. Arroser à nouveau de gouttes d'huile d'olive vierge.

Remarque : ce plat est d'origine catalane. Selon la tradition, on fait griller les légumes sur la braise les uns après les autres en fonction du temps de cuisson exigé. Ici, la recette est simplifiée.

Ingrédients

Pommes de terre 2
Oignons 2
Poivrons verts 2
Aubergines 2
Sel
Huile d'olive vierge

Escalibada

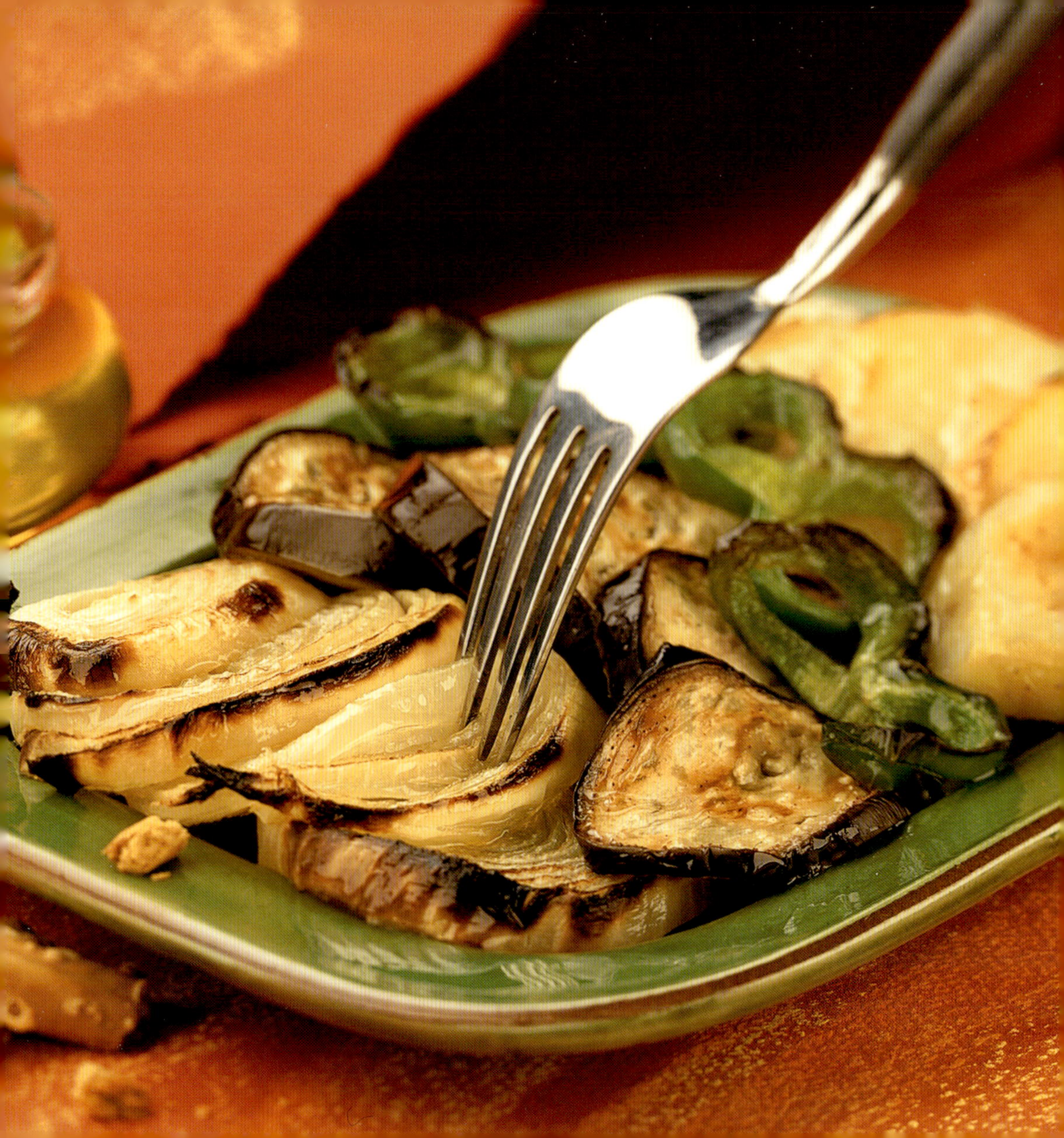

Préparation [15–20 minutes]

Peler les pommes de terre et les couper en morceaux de taille variée.

Faire frire dans une grande quantité d'huile et réserver.

Faire dorer le piment dans l'huile et verser sur les pommes de terre.

Y ajouter la sauce tomate, en les recouvrant bien, sans les noyer.

Présentation : servir dans un plat ou dans 6 cassolettes en terre cuite.

Ingrédients

Pommes de terre 700 g
Sauce tomate (p. 220) 1/2 litre
Morceau de piment 1 **ou un peu de sauce Tabasco**
Huile d'olive 6 **cuillerées à soupe**
Bonne quantité d'huile de friture

Pommes de terre à la brava

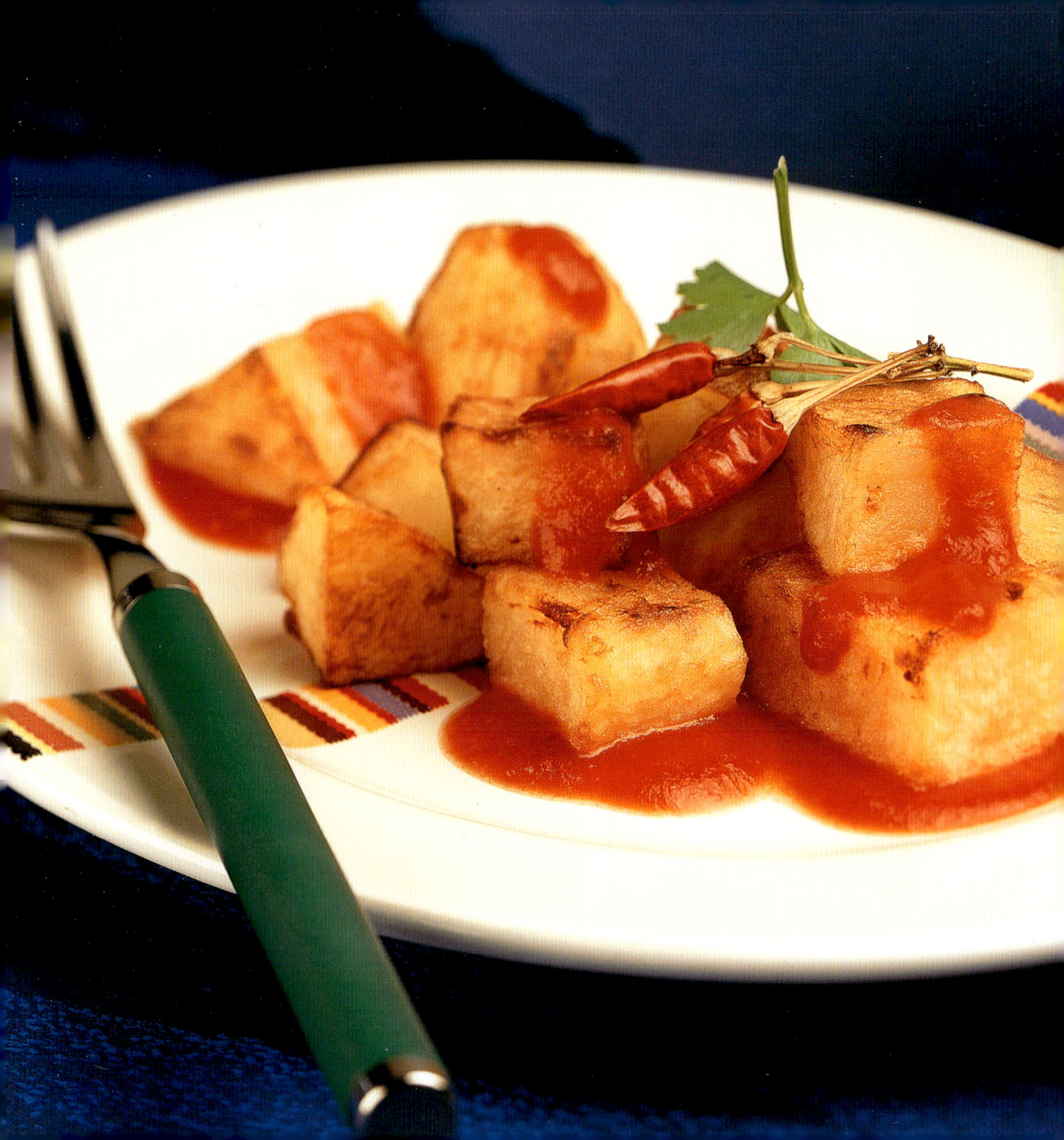

Préparation [15–20 minutes]

Ingrédients

Peler les pommes de terre et les couper à la dimension de celles figurant sur la photo.

Les faire cuire dans l'eau additionnée de sel marin, de façon à ce qu'elles soient fondantes mais qu'elles ne s'écrasent pas.

Les égoutter et laisser refroidir. Les mélanger à l'aïoli et rectifier l'assaisonnement.

Présentation : servir dans un plat ou dans 6 cassolettes.

Pommes de terre 750 g
Sauce aïoli, selon recette p. 218
Moutarde douce 1 cuillerée à soupe
Sel marin 1 cuillerée à soupe
Sel de table
Pincée de poivre fraîchement moulu 1

Pommes de terre à l'aïoli

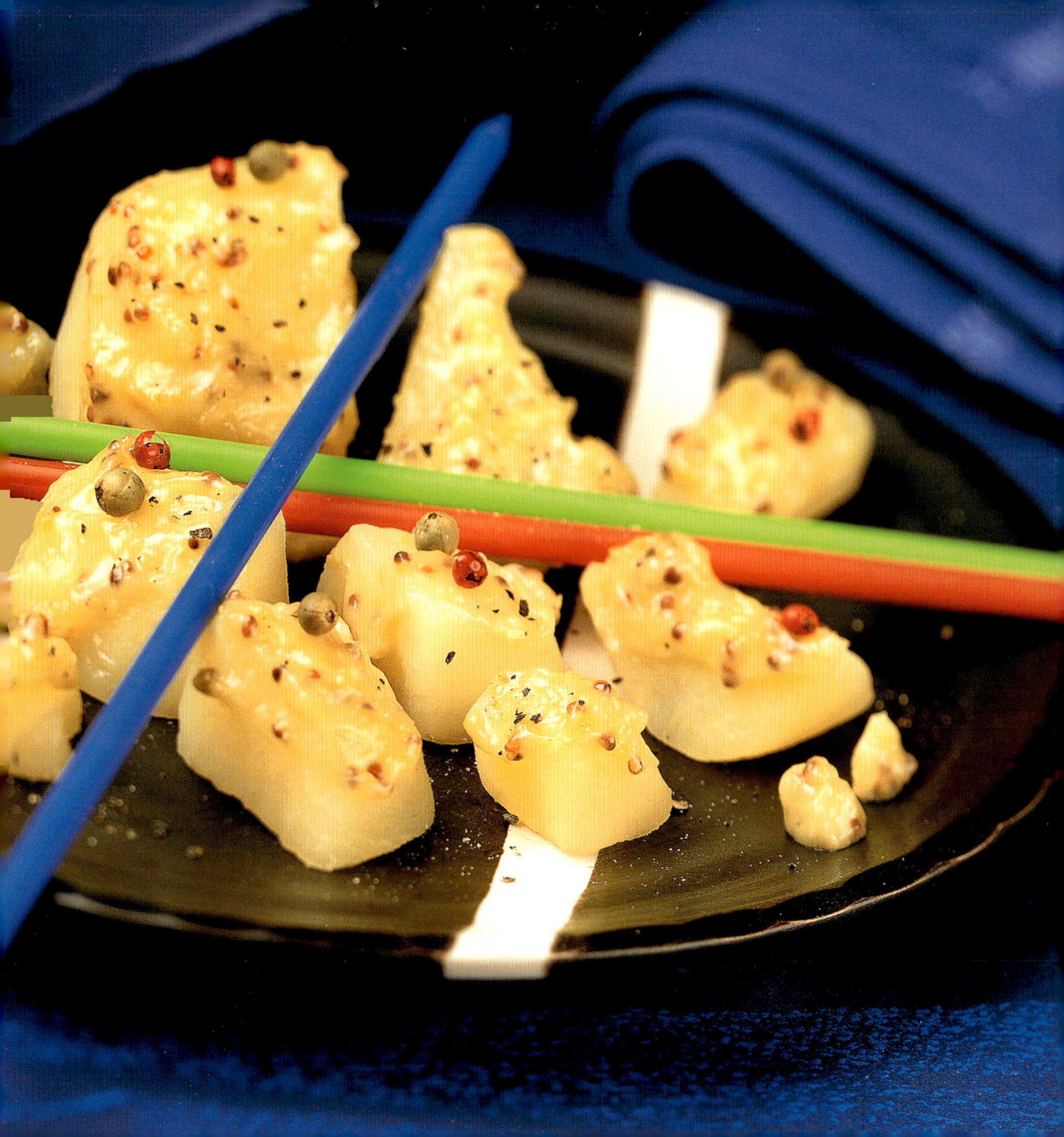

Préparation [40–50 minutes]

Couper la morue et la faire tremper pendant 48 heures.

Réserver au réfrigérateur et changer l'eau environ 6 fois.

Au moment de la préparer, la plonger dans une casserole d'eau froide, la faire chauffer et la sortir avant l'ébullition. La débarrasser de la peau et des arêtes et l'émietter.

Préparer une béchamel et en faire deux parts.

Ajouter la morue à l'une des moitiés et amener à ébullition. Remplir les poivrons de ce mélange et les disposer dans un plat à four.

Sauce aux poivrons : ajouter les poivrons à l'autre moitié de la béchamel ainsi que le jus de viande concentré.

Mixer, verser sur le plat et faire cuire au four à 180° pendant 1/2 heure.

Ingrédients

Morue salée en morceaux 200 g
Boîte de poivrons piquillo 1 (425 g), dont on gardera 2 poivrons pour la sauce
Sauce béchamel selon recette p. 219
Quelques gouttes de bouillon de viande concentré
Sel

Poivrons piquillo farcis à la morue

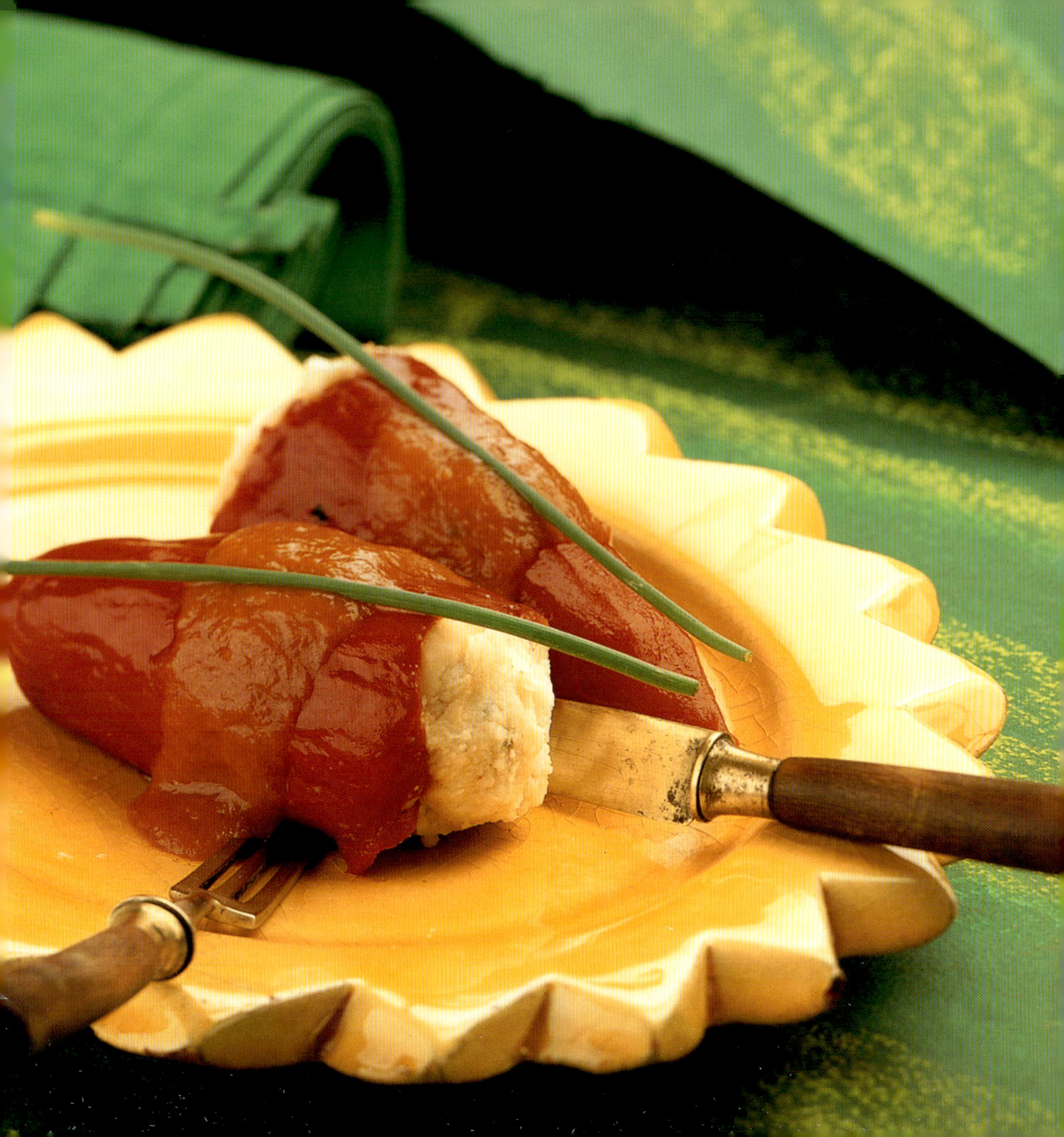

Préparation [30–35 minutes]

Si l'on a acheté des crêpes prêtes à l'emploi, les faire décongeler à température ambiante.
Mettre de côté.

Hacher les poivrons et les faire revenir pendant environ 15 minutes.

Battre les oeufs et les mélanger aux poivrons et au gras que ceux-ci ont laissé dans la poêle.

Remuer à feu moyen jusqu'à ce que les oeufs soient figés.

Retirer la poêle du feu et continuer de remuer.

Les oeufs doivent rester juteux.

Présentation : répartir la garniture sur les crêpes et les plier en quatre de façon à former des triangles.

Parsemer par-dessus les oeufs durs hachés.

Ingrédients

Crêpes surgelées ou faites maison selon recette p. 224 12
Poivrons piquillo en conserve 6
Oignon haché 1
OEufs 4
OEufs durs pour décorer 2
Huile d'olive 3 cuillerées à soupe
Sel

Crêpes garnies d'oeufs brouillés aux poivrons

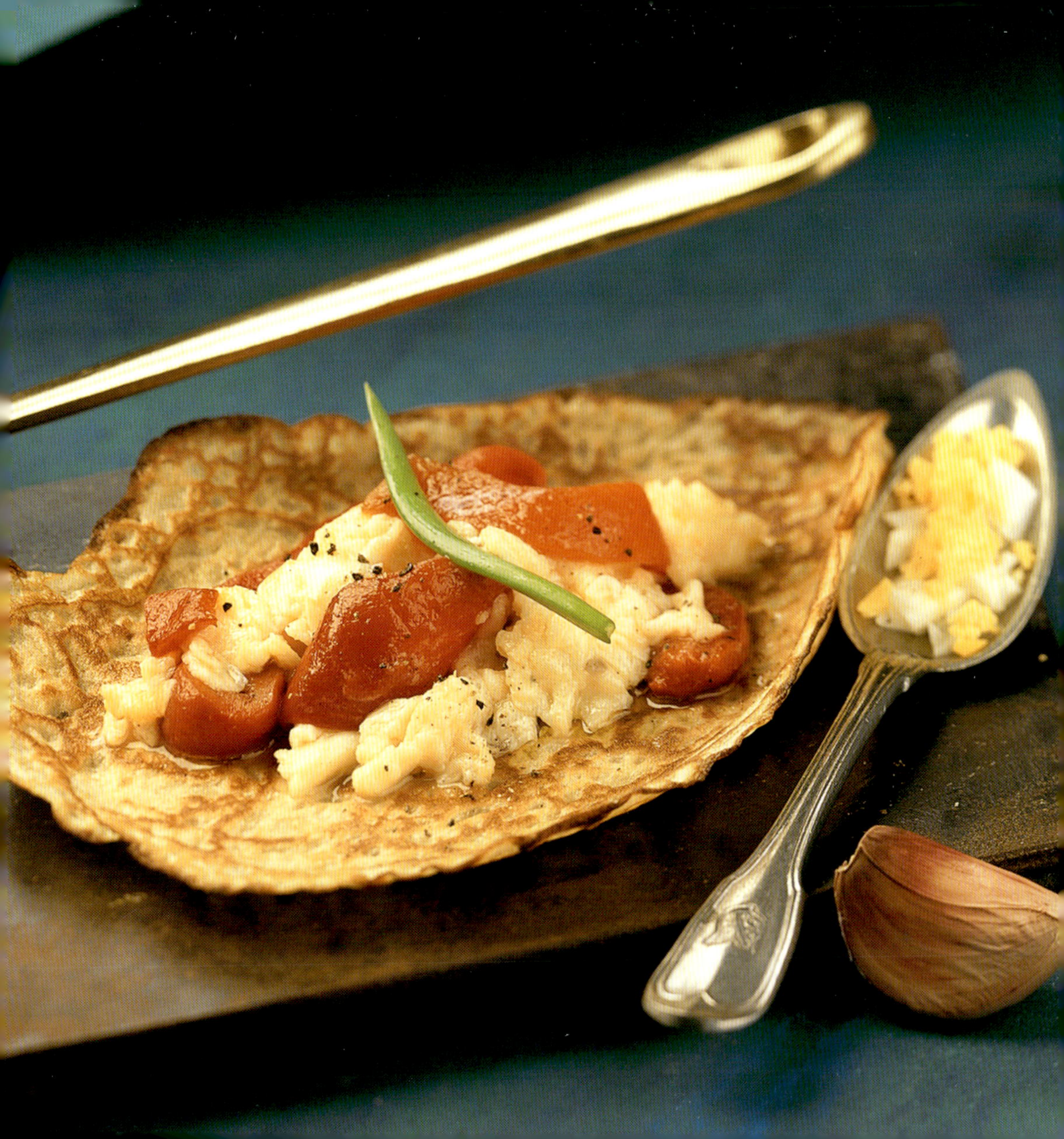

Préparation [20–25 minutes]

Eplucher les pommes de terre et les couper en fines rondelles. Faire chauffer l'huile dans une poêle antiadhésive de 25 cm de diamètre et y plonger les pommes de terre. Au bout de 5 minutes, ajouter les oignons et le sel. Maintenir à feu vif et remuer de temps en temps les pommes de terre à l'aide d'une spatule pour qu'elles n'accrochent pas, en retirant celles du fond pour les placer au-dessus. Lorsqu'elles sont tendres, les égoutter dans une passoire. Mélanger les pommes de terre aux oeufs battus en remuant une seule fois, saler si nécessaire.

Faire chauffer 3 cuillerées à soupe de l'huile restant dans la poêle et y verser le mélange lorsque l'huile commence à fumer. Remuer la poêle pour que l'omelette n'accroche pas et arrondir les bords avec une écumoire. Mettre à feu doux et laisser l'omelette prendre lentement. Lorsqu'elle est encore juteuse à l'intérieur, la retourner sur une assiette et la faire glisser à nouveau dans la poêle pour la faire dorer quelques secondes de l'autre côté.

Présentation : couper l'omelette froide en morceaux.

Ingrédients

Pommes de terre 1 kg
Oignons hachés 200 g
OEufs de 50 g 8
Huile d'olive à 0,4º 10 cl
Sel

Omelette de pommes de terre

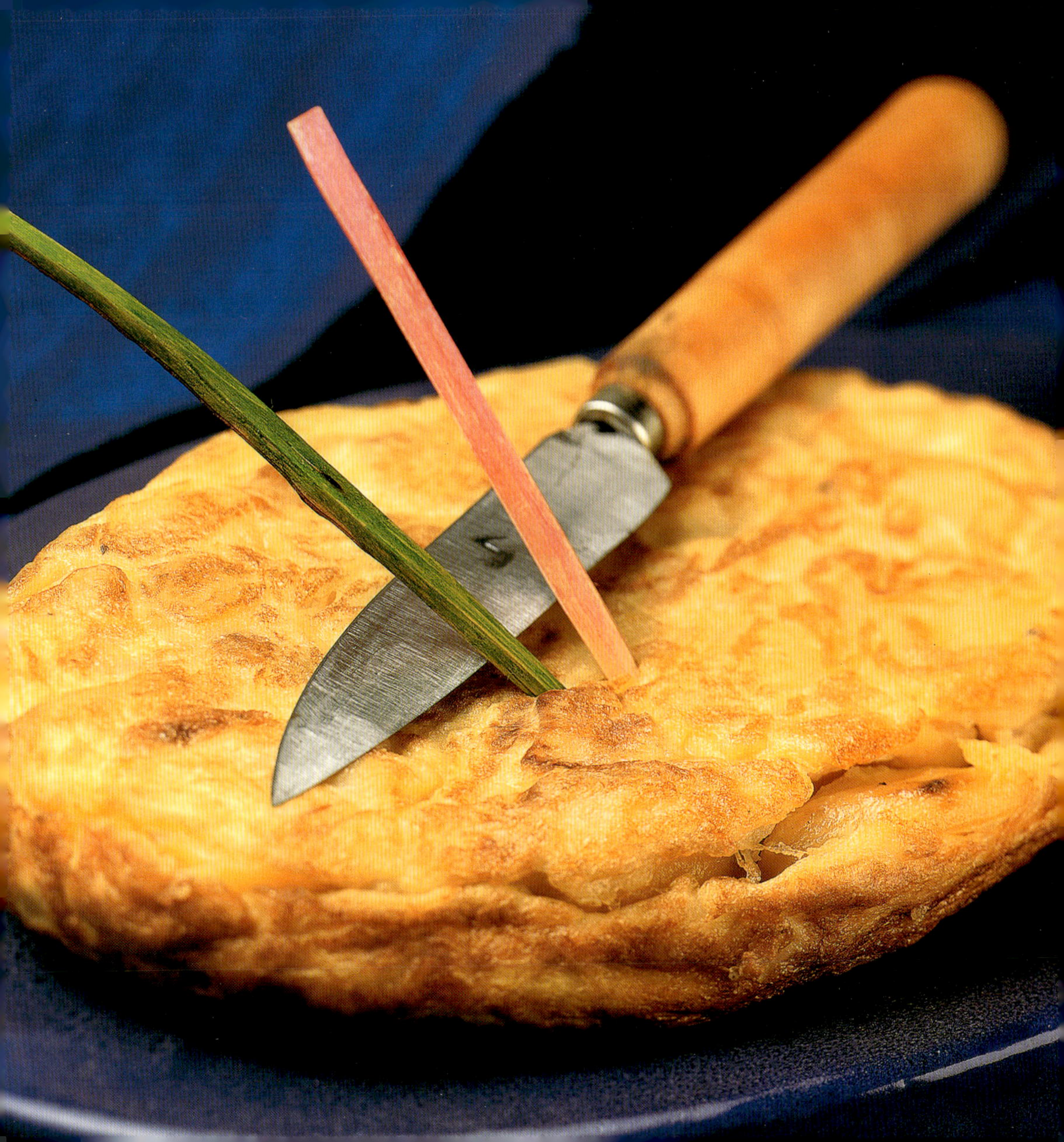

Préparation [25–30 minutes]

Mettre la morue à tremper pendant 12 heures en changeant l'eau à trois reprises.

Faire revenir l'oignon dans une poêle de 20 cm de diamètre. Lorsqu'il devient translucide, ajouter l'ail et les poivrons verts, jusqu'à ce qu'ils soient tendres. Ajouter ensuite les poivrons piquillo et la morue, et faire revenir le tout avec 1/2 cuillerée d'huile. La cuisson ne doit pas dépasser 5 minutes pour éviter que la morue ne roussisse. Assaisonner.

Battre les oeufs et les incorporer au mélange. Laisser cuire l'omelette à feu très doux. Lorsqu'elle est figée mais encore juteuse à l'intérieur, la retourner sur une assiette et la faire glisser à nouveau dans la poêle pour qu'elle dore et cuise de l'autre côté.

Ingrédients

Oignon haché 100 g
Poivrons verts épépinés et hachés 400 g
Gousses d'ail 3
Poivrons piquillo en boîte 8
Miettes de morue salée 100 g
OEufs 8
Huile 5 1/2 cuillerées à soupe

Omelette de poivrons piquillo et de morue

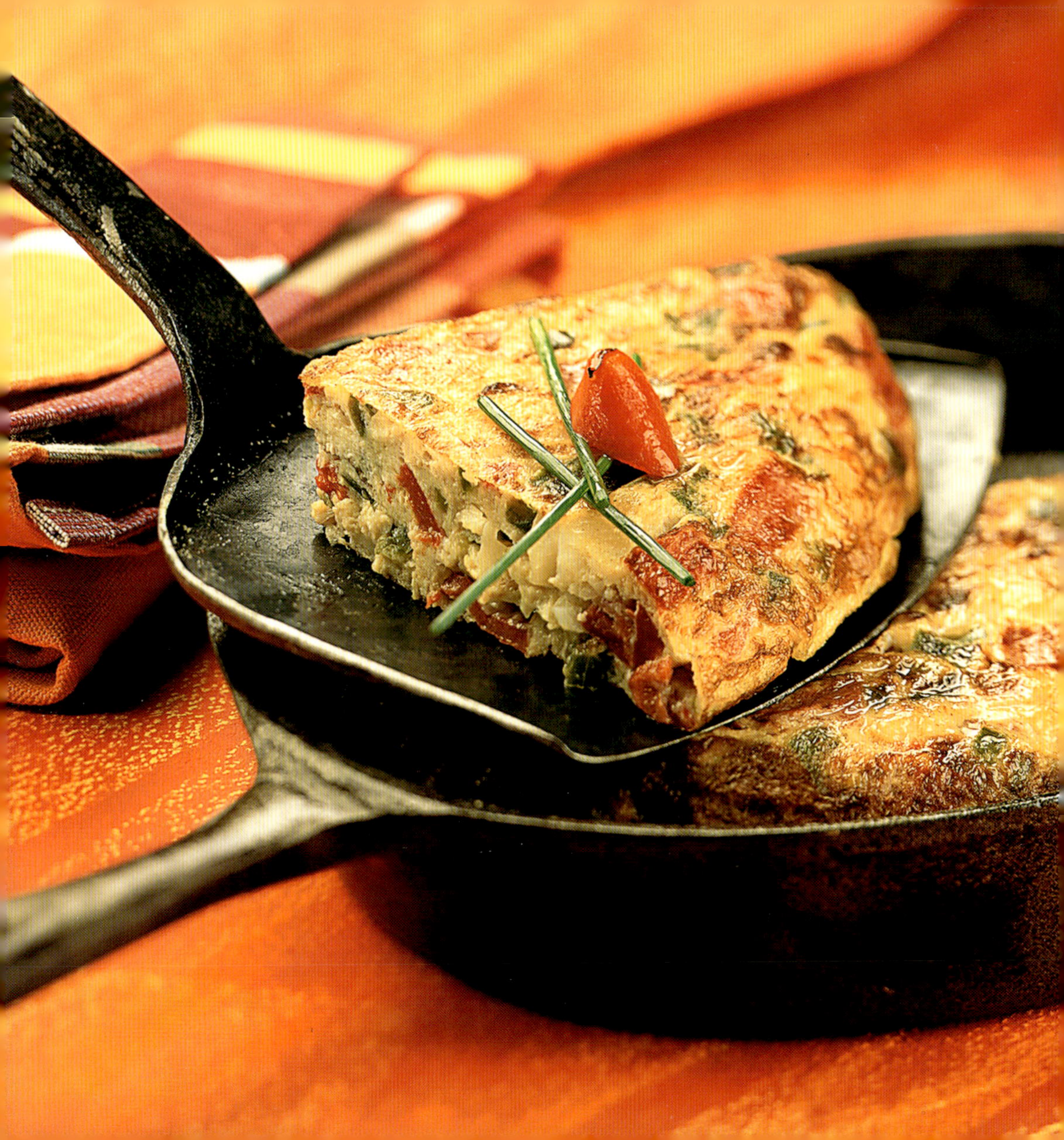

Préparation [45–55 minutes]

Omelette au thon : battre 3 oeufs avec du sel et mélanger avec le thon émietté. Confectionner une omelette plate dans une poêle de 20 cm de diamètre avec 3 cuillerées à soupe d'huile.

Omelette aux épinards et aux haricots verts : faire cuire les haricots. Faire rissoler les épinards dans 3 cuillerées à soupe d'huile, ajouter les haricots, les oeufs battus et le sel. Confectionner l'omelette.

Omelette aux asperges : faire chauffer les asperges dans la poêle dans 3 cuillerées à soupe d'huile, ajouter les oeufs et le sel. Confectionner l'omelette.

Omelette aux poivrons : faire rissoler les poivrons, ajouter les oeufs et du sel. Confectionner l'omelette.

Le montage : construire une tour d'omelettes en alternant les couleurs et recouvrir de mayonnaise.

Ingrédients

OEufs (3 par omelette) 12
Huile d'olive et sel
Boîte de 150 g de thon blanc 1
Épinards surgelés 2 cuillerées à soupe
Haricots verts mangetout 100 g
Pointes d'asperge blanche en conserve 10
Poivrons piquillo en conserve finement, hachés 4
Mayonnaise 3 cuillerées à soupe

Omelette multicolore

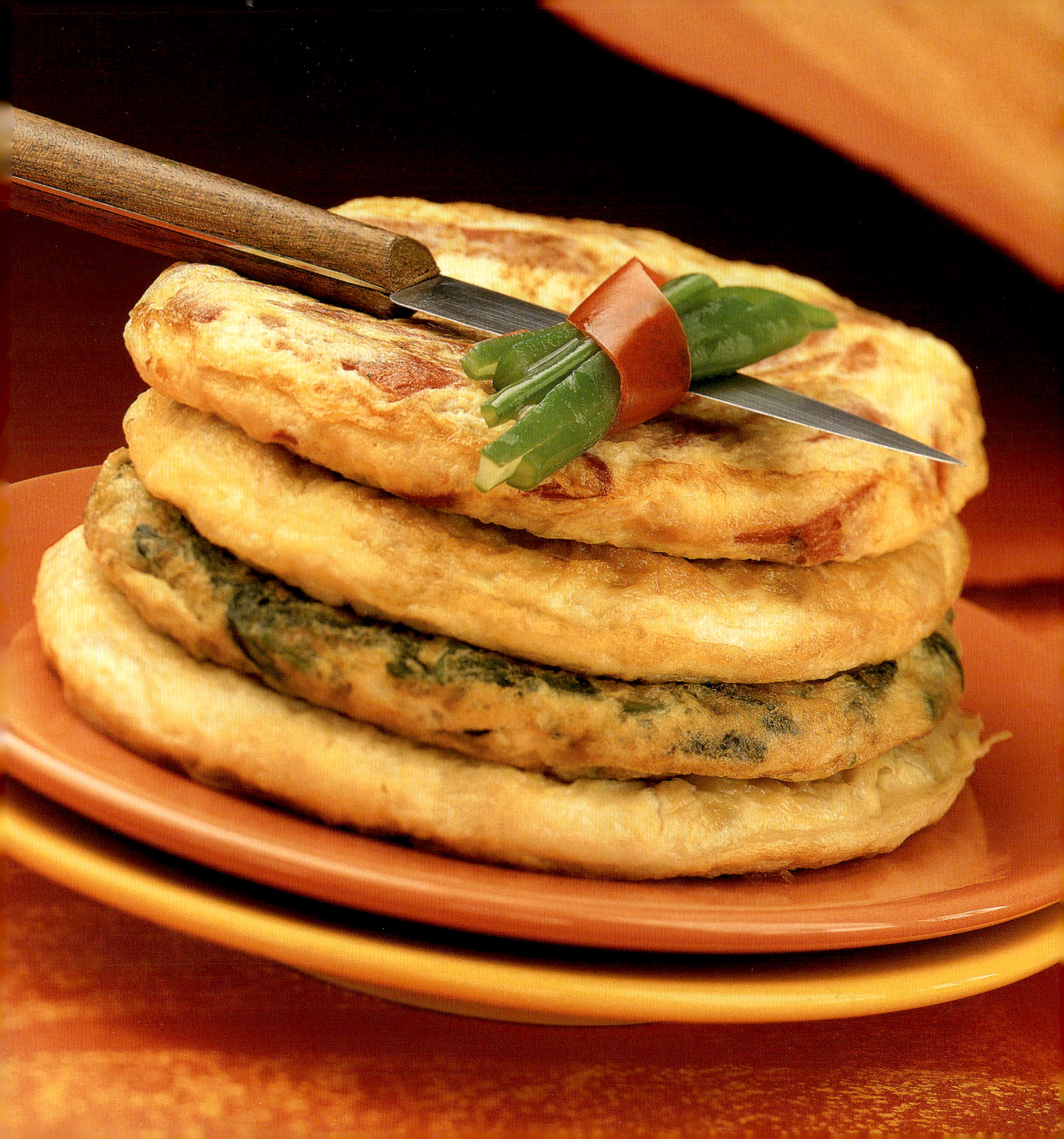

Préparation [25–30 minutes]

Laver les anchois et retirer la tête et l'arête centrale pour obtenir des filets aplatis.

Farce : mixer les ñoras au robot électrique avec 10 cl d'huile.

Faire frire la chapelure dans trois cuillerées à soupe d'huile et incorporer l'huile des ñoras, la sauce tomate, du sel et une pincée de sucre.

Tartiner un filet d'anchois de farce et le recouvrir avec un autre filet pour former un sandwich.

Pour finir, passer les anchois dans la farine, l'oeuf battu puis de nouveau dans la farine. Les faire frire dans beaucoup d'huile.

Ingrédients

Anchois 14
Sauce tomate en conserve 3 cuillerées à soupe
Oeufs 3
Farine
Ñoras (poivrons séchés) 6
Huile d'olive 10 cl plus 3 cuillerées à soupe
Chapelure 2 cuillerées à soupe
Sucre 1/2 cuillerée à café
Sel

Anchois farcis aux poivrons

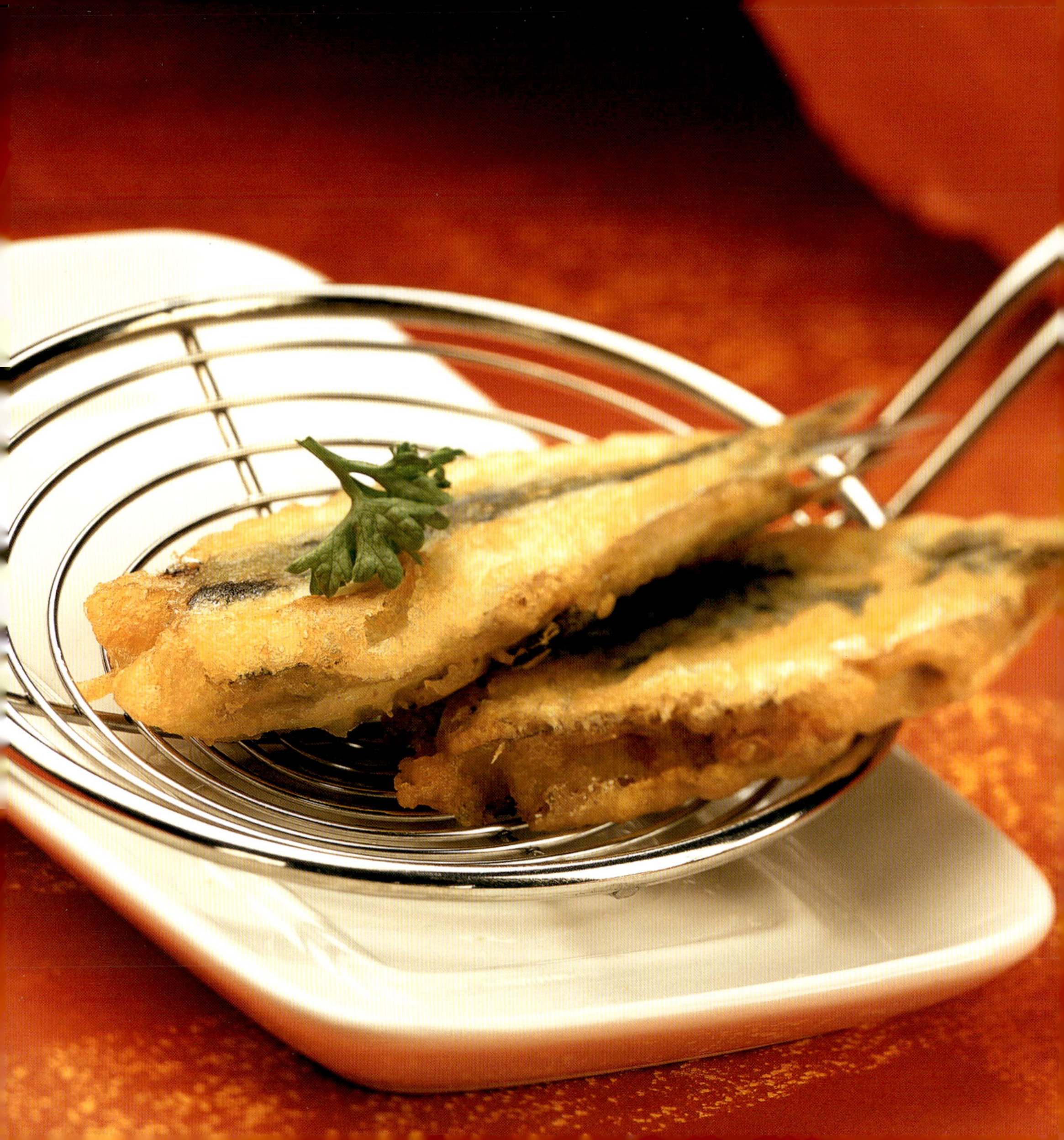

Préparation [15–20 minutes]

Nettoyer les chipirons en les vidant et en retirant le cartilage interne tout le long de leur corps. Les laver et mettre de côté les tentacules. Dans une poêle contenant de l'huile très chaude, faire dorer les chipirons des deux côtés et les assaisonner. Faire revenir les tentacules séparément. Vider le jus de cuisson de la poêle.

Faire revenir les civettes, l'oignon et le poireau dans un peu d'huile et les saler. Répartir le tout dans deux assiettes et disposer les chipirons par-dessus.

Remarque : les chipirons sont de petits calmars nés en été et pêchés à l'hameçon. Les calmars fraîchement pêchés étant très durs, il convient de les laisser reposer pendant 24 heures avant de les cuisiner.

Ingrédients

Pour deux personnes
Petits chipirons 6
Civettes hachées 3
Oignon coupé en lamelles 1
Poireau (partie blanche) coupé en languettes 1
Huile
Sel

Chipirons aux oignons

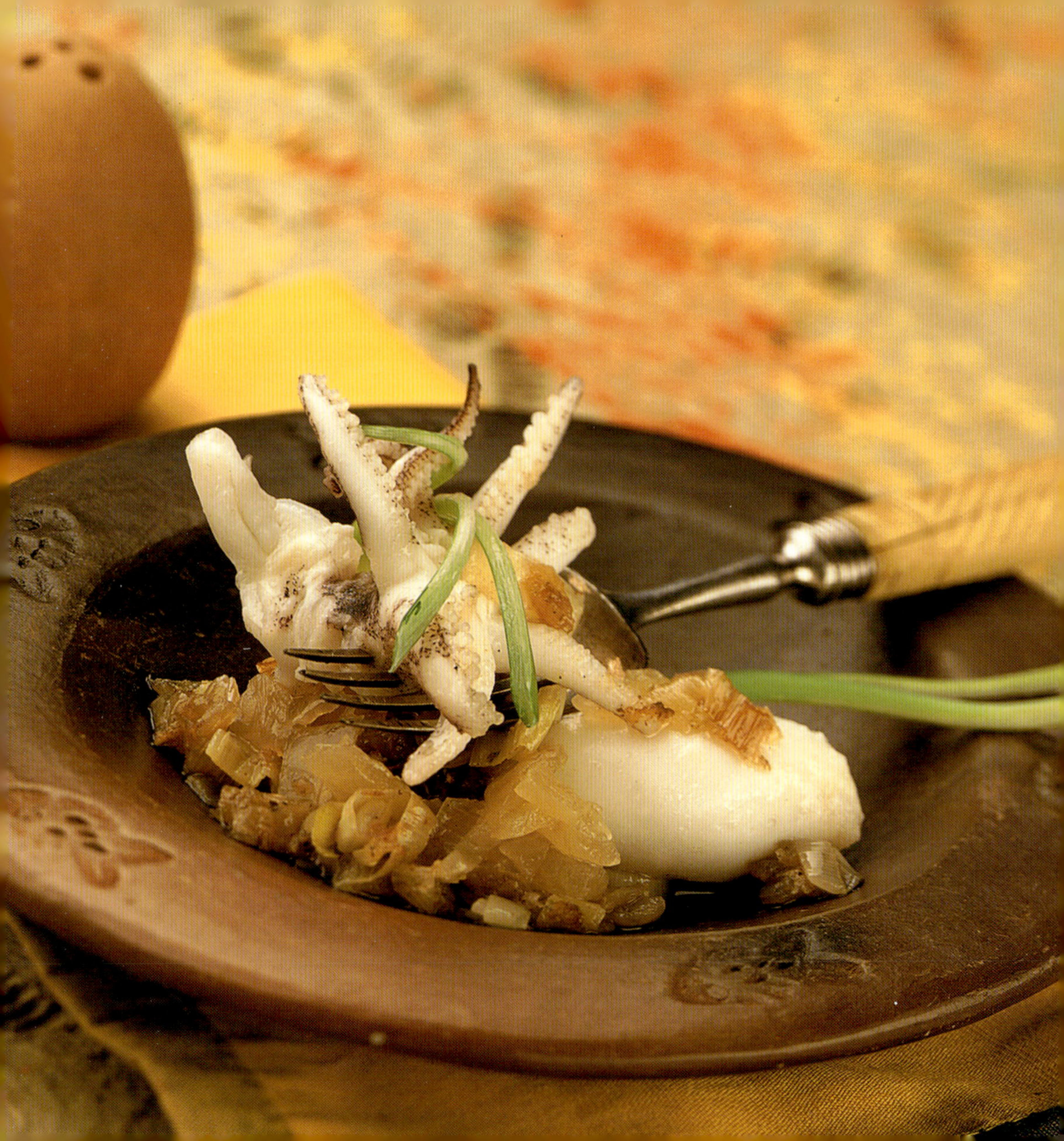

Préparation [15–20 minutes]

Oter la tête des anchois et retirer l'arête à travers cet orifice. S'ils sont très petits, il n'est pas nécessaire d'enlever l'arête.

Couper les filets de castagnole en petits morceaux et les immerger dans un apprêt composé des ingrédients mentionnés ci-dessus.

Assaisonner les poissons qui ne sont pas marinés, puis fariner tous les poissons et les faire frire dans une bonne quantité d'huile très chaude. Egoutter sur du papier absorbant.

Présentation : disposer le poisson dans un plat en le regroupant par espèce.

Ingrédients

Castagnole en filets 1
Petits rougets 250 g
Petits calmars du type chopito ou puntilla 300 g
Anchois frais 250 g
Anneaux de calmar 250 g
Farine de céréales (spéciale pour friture de poisson)
Sel

Apprêt :
Gousses d'ail 3
Feuilles de laurier 2
Vin blanc 1 petit verre
Vinaigre 1 cuillerée à soupe
Huile 25 cl
Pimentón doux (paprika) 2 cuillerées à soupe
Sel

Friture mixte andalouse

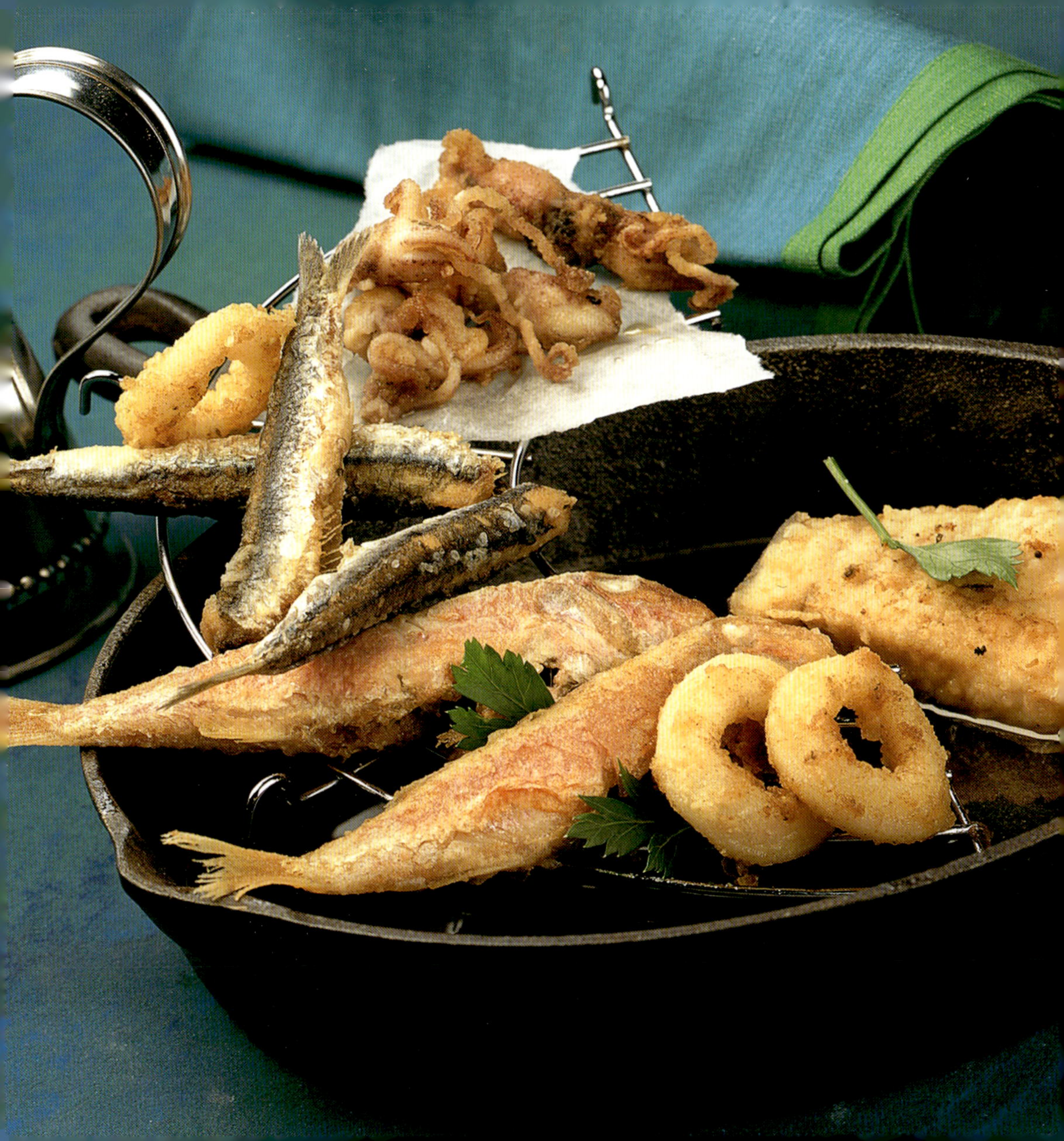

Préparation [15–20 minutes]

Plonger le poulpe pendant 15 minutes dans un bouillon préparé avec le cube de concentré, le laurier et le sel. Le retirer avec l'écumoire, l'égoutter soigneusement et l'étaler dans un plat.

Présentation : saupoudrer le poulpe de sel et de pimentón et verser l'huile par-dessus. Ajouter un peu de pimentón.

Remarque : si l'on achète du poulpe cru, le faire cuire pendant 3 heures avec du laurier et un bouchon de liège, et le laisser refroidir dans le jus de cuisson.

Ingrédients

Barquettes de poulpe cuit 2
Pimentón doux (paprika) 2 cuillerées à soupe
Bouillon de poisson concentré 1 cube
Laurier 2 feuilles
Sel marin à saupoudrer sur le poulpe
Sel marin pour le bouillon 1 cuillerée à café
Huile d'olive 20 cl

Poulpe à la galicienne

Sur l'assiette

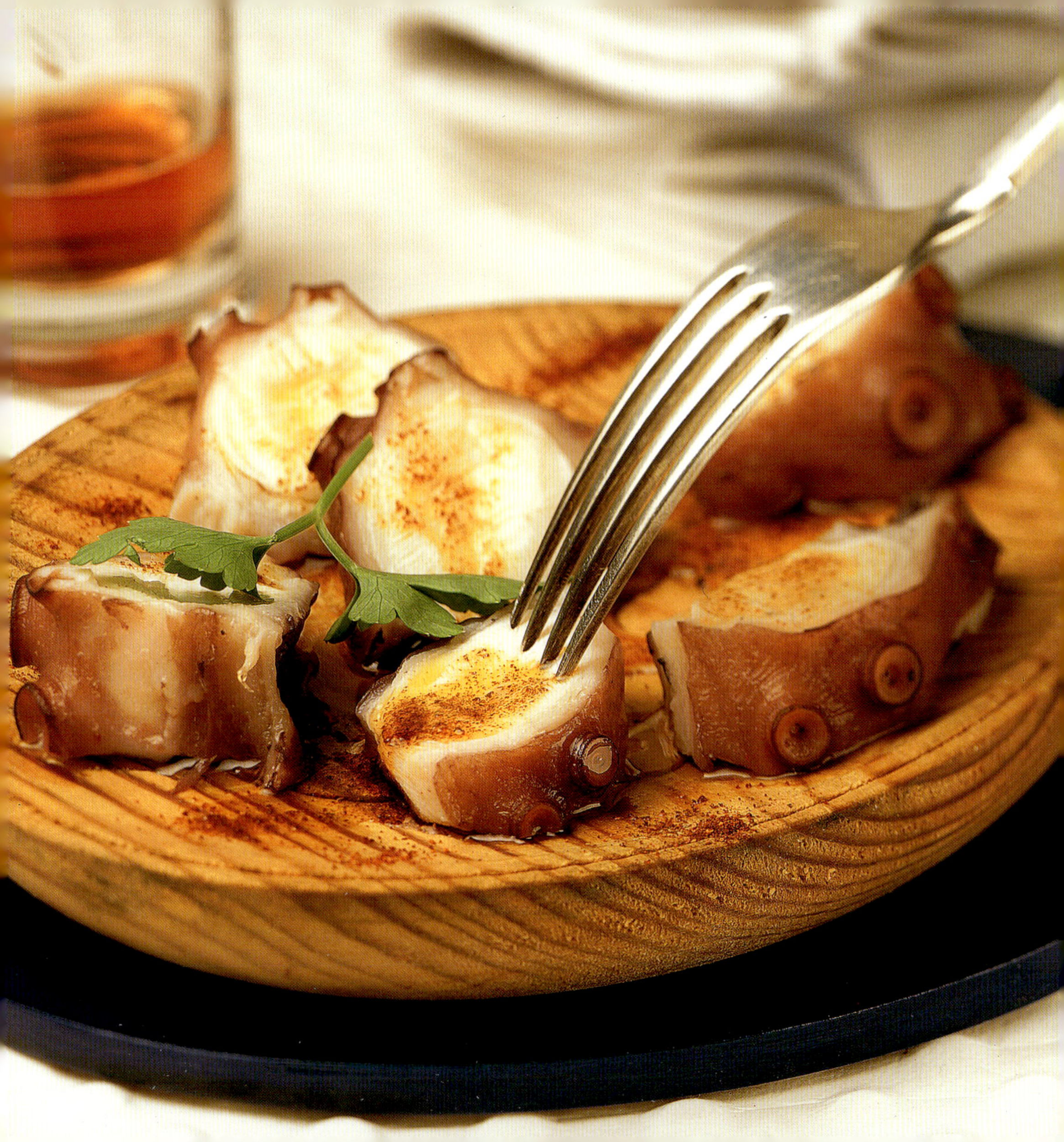

Préparation [5–10 minutes]

Tout le travail se limite à l'achat d'une charcuterie de bonne qualité, d'un prix élevé. Ce plat savoureux, singulier et typique, est de plus en plus apprécié dans le monde entier.

Présentation : disposer les différentes sortes de charcuterie en quatre parts dans le plat de service avec une pyramide de petits morceaux de pain au centre.

Ingrédients

Jambonneau salé 6 tranches
Jambon cru de Jabugo 6 tranches
Échine de porc de Jabugo 12 tranches
Chorizo de Jabugo 12 rondelles
Petits morceaux de pain

Assiette de Jabugo

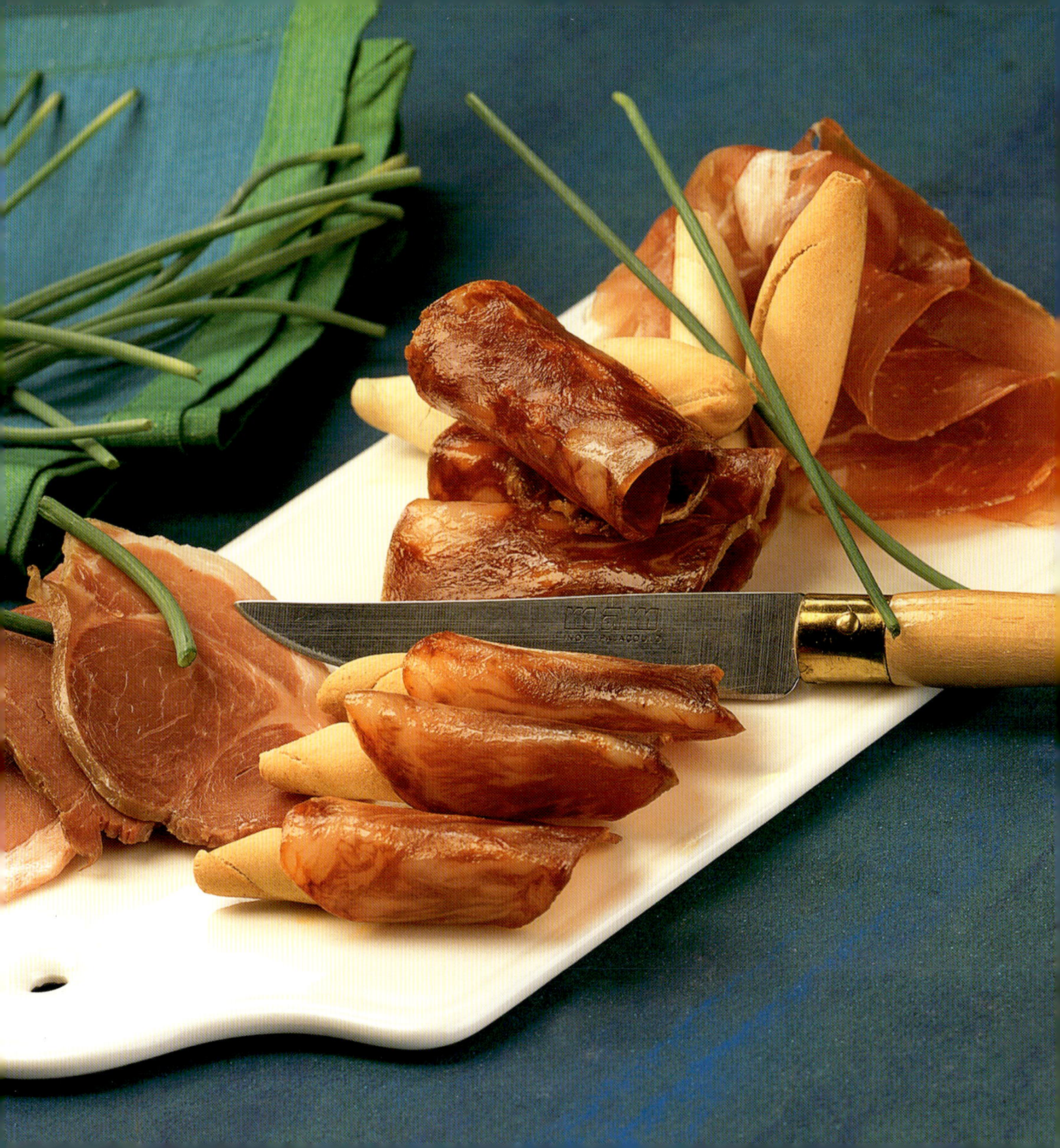

Préparation [50–60 minutes]

Pâte : délayer la levure dans le vin blanc tiède. Ajouter l'huile et les oeufs battus. Remuer et verser la farine additionnée de sel et de sucre. Travailler pendant 10 minutes jusqu'à obtention d'une pâte bien souple, l'étaler au rouleau en lui donnant une forme arrondie et pincer les bords avec les doigts pour les relever et donner plus de volume à la pâte. Piquer le fond avec une fourchette.

Garniture : faire tiédir la soubressade. Ajouter le vin doux et la soupe à l'oignon et remuer jusqu'à obtention d'une pâte homogène.

Couvrir la pâte de ce mélange. Recouvrir de papier d'aluminium et passer au four à 180° pendant 25 minutes. A mi-cuisson, enlever le papier et surveiller la température du four pour éviter de brûler le dessus de la tarte.

Remarque : on peut également utiliser de la pâte feuilletée surgelée.

Ingrédients

Garniture :
Soubressade 200 g
Soupe à l'oignon en sachet 2 cuillerées à soupe
Vin doux Pedro Ximénez 1 cuillerée à soupe
Sucre 1 cuillerée à soupe

Pâte :
Huile 10 cl
Vin blanc 5 cl
OEufs 2
Levure de boulanger 20 g
Sel 1 cuillerée à soupe
Sucre 1/2 cuillerée à soupe
Farine 300 g

Tarte à la soubressade

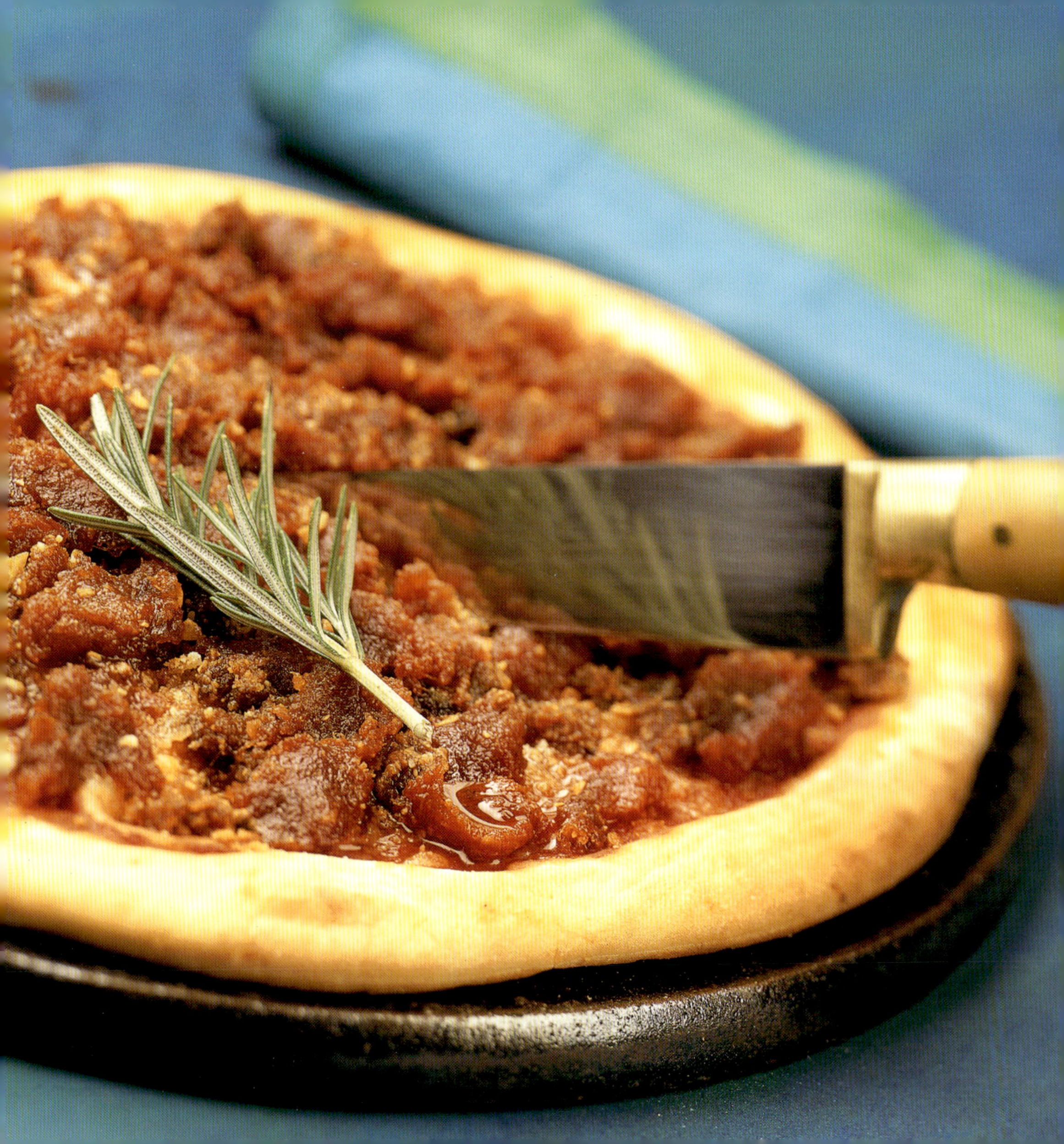

Préparation [15–20 minutes]

Utiliser des crêpes du commerce ou les préparer selon la recette.

Faire bouillir le blanc de poulet pendant 12 minutes dans l'eau additionnée du bouillon de viande concentré. Hacher finement.

Couper les feuilles de laitue en petits morceaux après les avoir nettoyées. Mélanger quelques gouttes de sauce Worcestershire (Perrins) au yaourt et assaisonner.

Mélanger le blanc de poulet haché et la laitue avec la sauce au yaourt. Remplir les crêpes, les rouler sur elles-mêmes et décorer avec du persil et du poivron.

Ingrédients

Pâte à crêpes (p. 224)
Tasse pleine de laitue ciselée 1
Yaourts onctueux 2
Blanc de poulet 1
Quelques gouttes de sauce
Worcestershire (Perrins)
Bouillon de viande concentré 1 cube
Sel
Quelques brins de persil
Quelques lamelles de poivrons

Crêpes fourrées à la salade de poulet

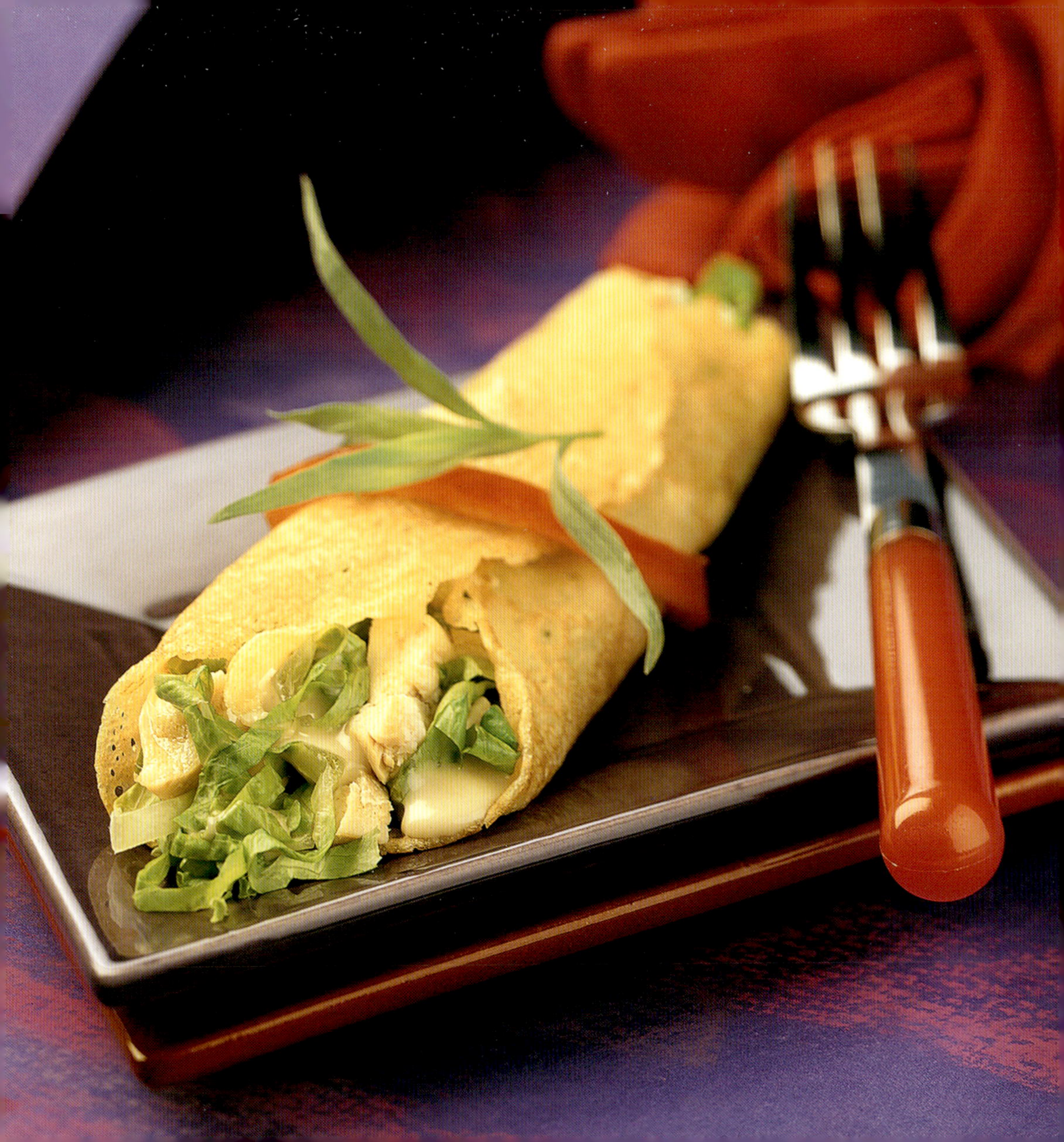

Préparation [60–70 minutes]

Garniture : faire revenir dans l'huile les oignons et les poivrons.

Débarrasser les sardines de leur peau et enlever l'arête centrale. Les ajouter au sauté d'oignons. Quand elles deviennent transparentes, ajouter la tomate et le sel. Faire revenir le tout jusqu'à cuisson complète.

Pâte : délayer la levure dans la crème ou le lait tiède. Incorporer le vin, l'huile et les oeufs battus. Ajouter la farine, le sel et le sucre. Pétrir à la main ou dans un robot pendant 10 minutes jusqu'à obtention d'une pâte bien souple.

Diviser alors cette pâte en deux parties. Etaler l'une d'elles au rouleau et la remplir du mélange revenu. La recouvrir avec l'autre partie de la pâte étalée. Badigeonner d'oeuf battu et passer au four à 180° pendant 25 minutes.

Ingrédients

Garniture :
Huile 20 cl **et sel**
Oignons, hachés 3
Poivrons piquillo en conserve 4
Tomate, pelée et hachée 1
Sardines à l'huile 3 boîtes
ou sardines fraîches 1 kg

Pâte :
Farine 500 g
Huile 15 cl
Crème fraîche 5 cl **ou de lait**
OEufs 2 , oeuf battu 1
Sel 1 cuillerée à soupe
Sucre 1 cuillerée à soupe
Levure de boulanger 30 g

Chausson galicien

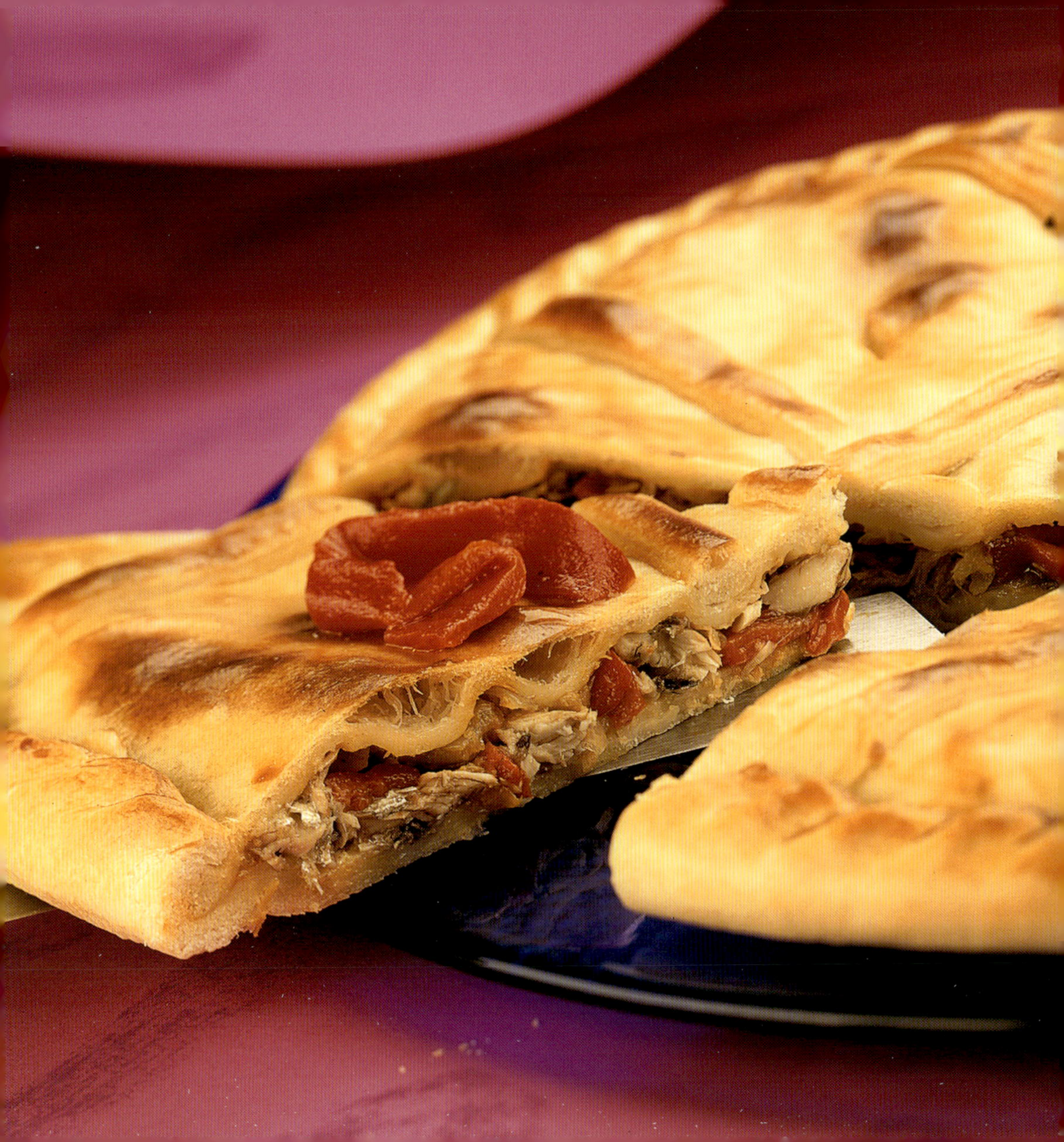

Une tapa dans son sens plus traditionnel, une pincée de plaisir sur une tranche de pain.

Ce support comme protagoniste est un moyen pratique pour profiter dégustant des pâtés, des légumes, des viandes ou des fruits de mer après une préparation rapide et facile.

Les 100 meilleures tapas

sur le pain

Préparation [35–40 minutes]

Déposer les tomates sur leur côté le plus plat. Les couper en deux à un peu plus de la moitié et creuser l'intérieur. Réserver la pulpe.

Assaisonner ces tomates de sel et d'une pincée de sucre et les renverser pour les faire dégorger.

Les retourner et les remplir avec un hachis d'ail, de persil, de poivre, de chapelure et d'huile d'olive.

Cuire au four à 160° pendant 20 minutes.

Purée de tomate : mixer la pulpe de tomates réservée dans un robot électrique avec l'ail, l'huile, du sel et une pincée de sucre.

Présentation : couper le pain en 6 tranches et les tartiner de purée de tomate. Y déposer les tomates cuites.

Saupoudrer de persil et servir.

Ingrédients

Pain de type baguette
Tomates 6
Chapelure 6 cuillerées à soupe
Gousses d'ail 2
Persil 6 cuillerées à soupe
Pimentón doux (paprika) 1 cuillerée à soupe
Huile d'olive 6 cuillerées à café
Sel, sucre et persil

Purée de tomate :
Gousses d'ail 2
Huile d'olive 3 cuillerées à soupe
Sel
Une pincée de sucre

Pain à la tomate, ail et persil

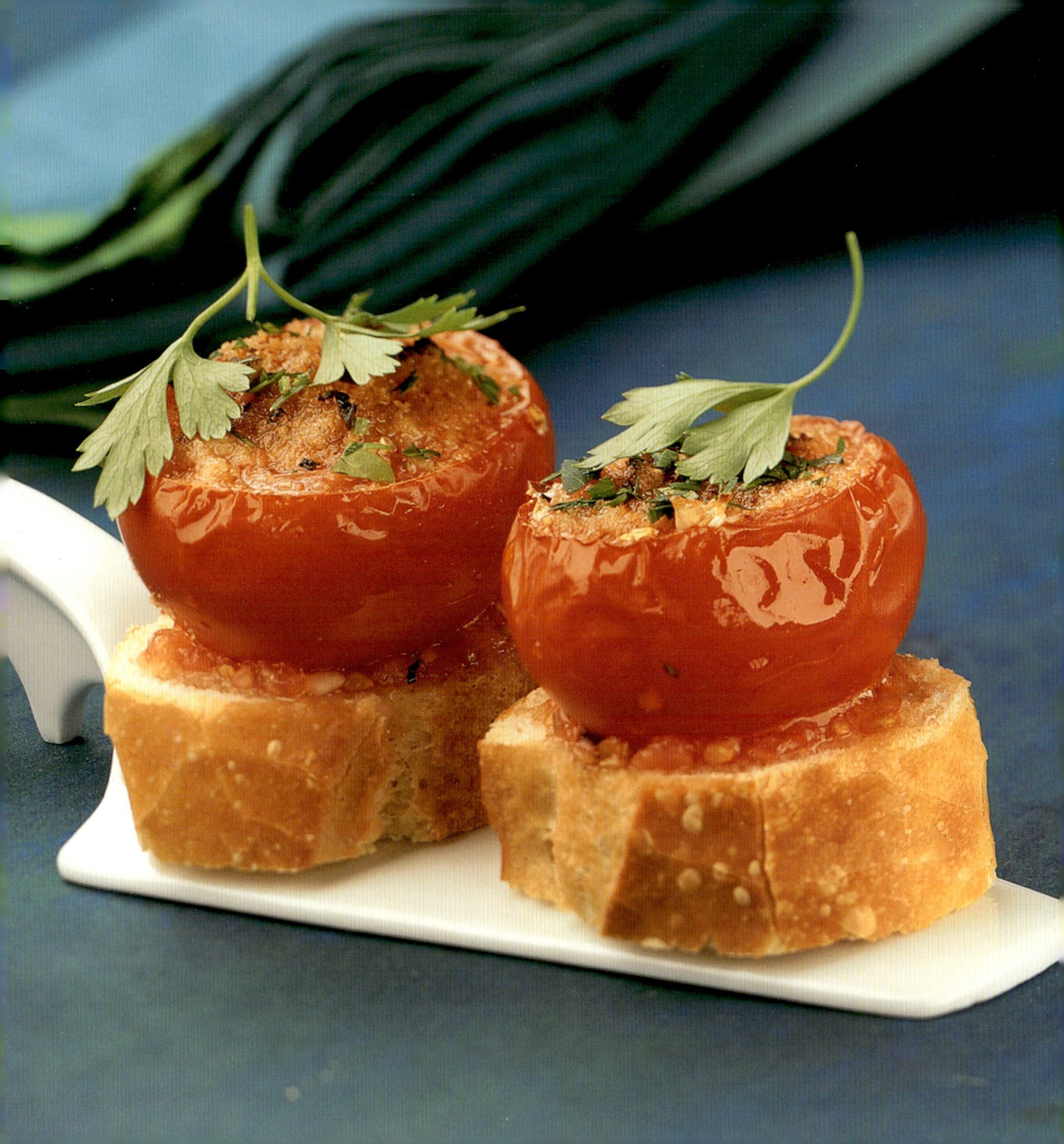

Préparation [15–20 minutes]

Faire cuire les gambons dans un peu d'eau salée avec 2 feuilles de laurier.

Au bout de 2 minutes de cuisson, les sortir, les laisser refroidir et les couper en petits dés après les avoir décortiqués. Faire cuire les têtes et les carapaces dans 75 cl de cette eau. Les égoutter et les écraser au presse-purée. Préparer une sauce épaisse en ajoutant la maïzena à 50 cl de ce liquide et amener à ébullition. Après refroidissement, mélanger avec la mayonnaise, que l'on aura confectionnée très épaisse et sans vinaigre.

Ajouter le crabe aux gambons et à la sauce.

Remplir les poivrons de ce mélange.

Présentation : couper le pain en 6 tranches, déposer sur chacune d'elles un poivron farci et décorer de câpres.

Ingrédients

Pain de type baguette
Poivrons piquillo en conserve 6
Chair de crabe en conserve 200 g
Gambons écarlates 2
Sauce mayonnaise (voir recette p. 223)
Feuilles de laurier
Huile d'olive 2 cuillerées à soupe
Maïzena Express 1 cuillerée à soupe
Câpres

Poivrons farcis au crabe et aux gambons

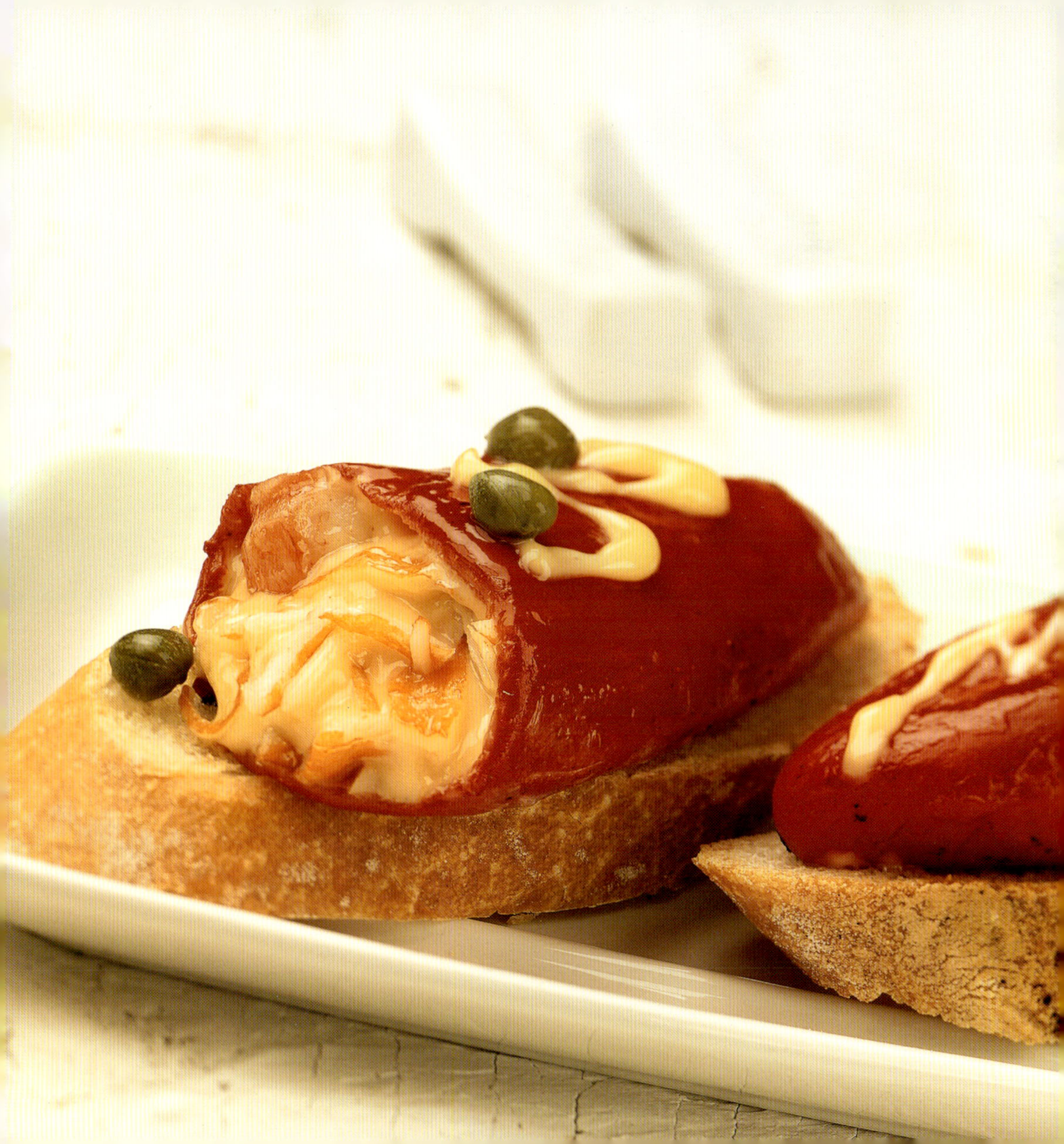

Préparation [80–90 minutes]

Mettre au four les poivrons enveloppés de papier d'aluminium pendant 1 heure. Les laisser refroidir dans le papier.

Les peler et les couper en lamelles.

Dans une poêle, faire revenir dans l'huile l'oignon finement haché et les poivrons.

Présentation : répartir le sauté de poivrons sur 6 tranches de pain.

Y déposer les lamelles de ventrèche de thon. La ventrèche, ou poitrine du thon, est un morceau très tendre et juteux.

Remarque : le thon étant moins cher que la ventrèche, on pourra opter pour celui-ci.

Ingrédients

Pain de type chapata (sorte de pain de campagne plat et allongé) 6 tranches
Poivrons rouges (200 g chacun) 3
Oignon 50 g
Ventrèche de thon en conserve à l'huile d'olive 100 g
Huile d'olive à 0,4º 5 cuillerées à soupe

Poivrons rouges et ventrèche

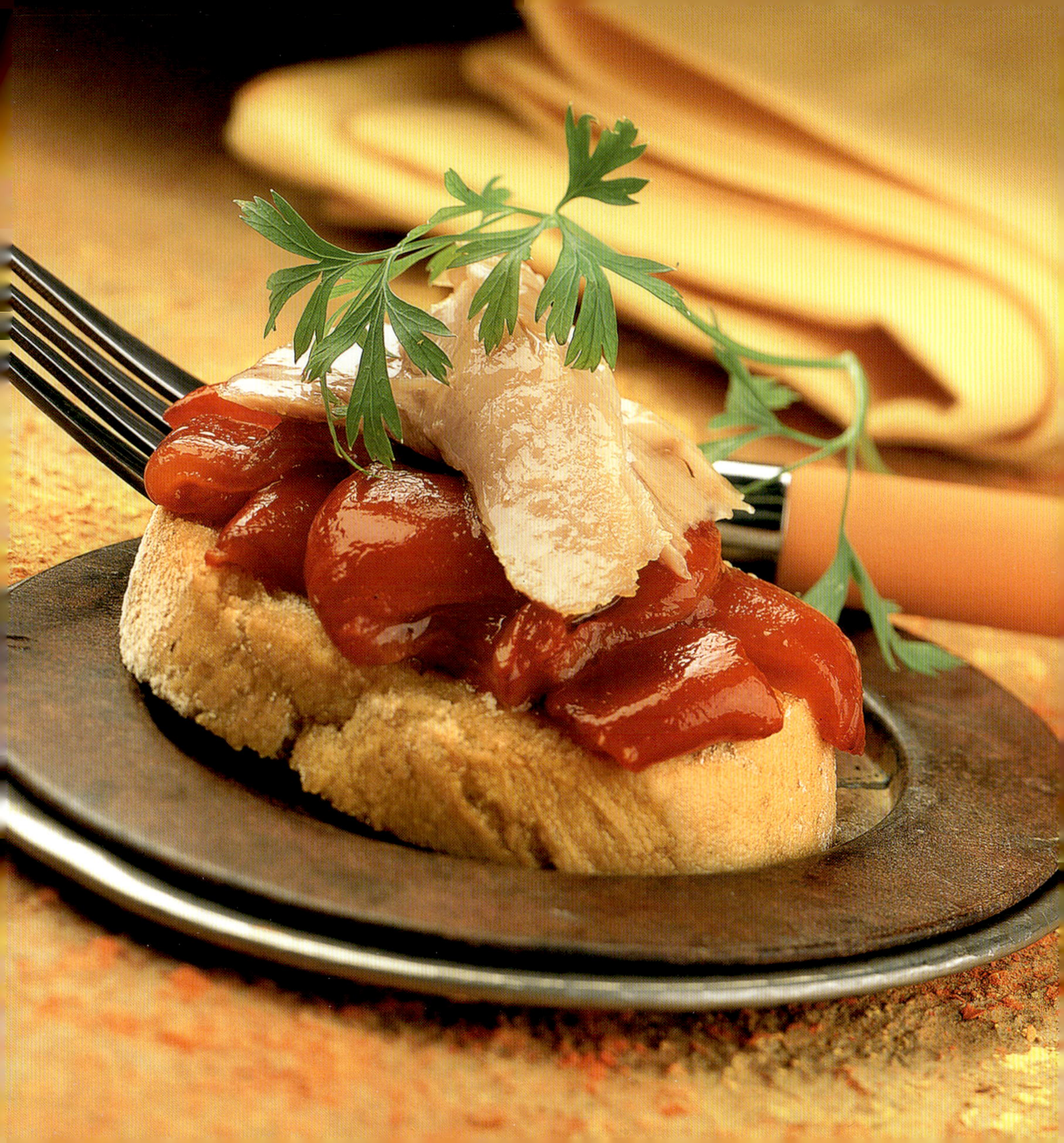

Préparation [20–30 minutes]

Faire cuire les oeufs dans de l'eau froide salée pendant 15 minutes. Les écaler sous le robinet d'eau froide pour freiner la cuisson. Les couper en deux et retirer le jaune. Pour les faire tenir debout, couper une petite tranche sous la partie bombée.

Farce : mixer les jaunes écrasés avec un poivron haché, les miettes de thon et 2 ou 3 cuillerées à soupe de mayonnaise.

Présentation : remplir les blancs et poser les oeufs sur 6 tranches de pain.

Couper 1 poivron en 6 petits carrés et décorer chaque oeuf.

Ingrédients

OEufs 6
Poivrons piquillo 2
Mayonnaise du commerce ou confectionnée selon recette p. 223
Huile 2 cuillerées à soupe
Thon à l'huile d'olive 1 boîte
Pain de type baguette

OEufs farcis au thon

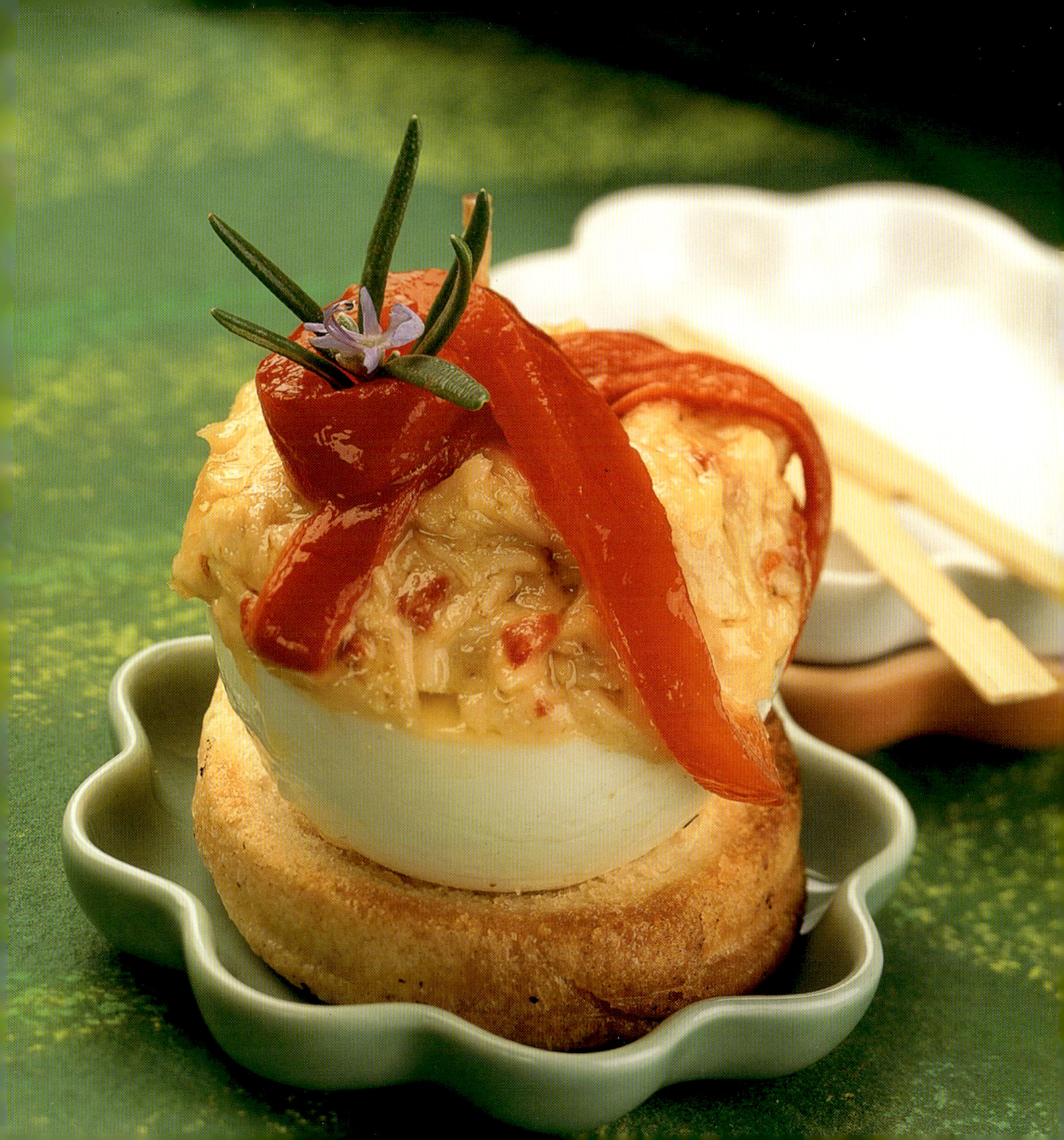

Préparation [20–30 minutes]

Faire rissoler doucement les oignons salés dans 10 cl d'huile.

Laver les courgettes, ne pas les éplucher et les couper en fines rondelles que l'on fera rissoler avec les oignons jusqu'à ce qu'elles soient translucides. Ne pas trop prolonger cette opération pour ne pas que les courgettes se désagrègent et perdent du goût.

Retirer le tout et le placer dans une passoire pour que le jus de cuisson s'égoutte. Une fois bien égoutté, faire chauffer dans une poêle antiadhésive contenant 10 cl d'huile. Battre les oeufs dans un bol, les saler et les verser dans la poêle contenant les courgettes, en mélangeant le tout soigneusement.

Baisser le gaz pour faire prendre les oeufs doucement. Avec un couvercle, retourner l'omelette et la laisser cuire de l'autre côté.

Présentation : une fois l'omelette froide, la couper en six portions et les placer sur six tranches de pain coupées en biais.

Ingrédients

OEufs 6
Huile 20 cl
Mayonnaise du commerce
Courgettes non épluchées 1 kg
Oignons, hachés 2
Sel
Pain de type chapata (sorte de pain de campagne, plat et allongé)

Omelette aux courgettes

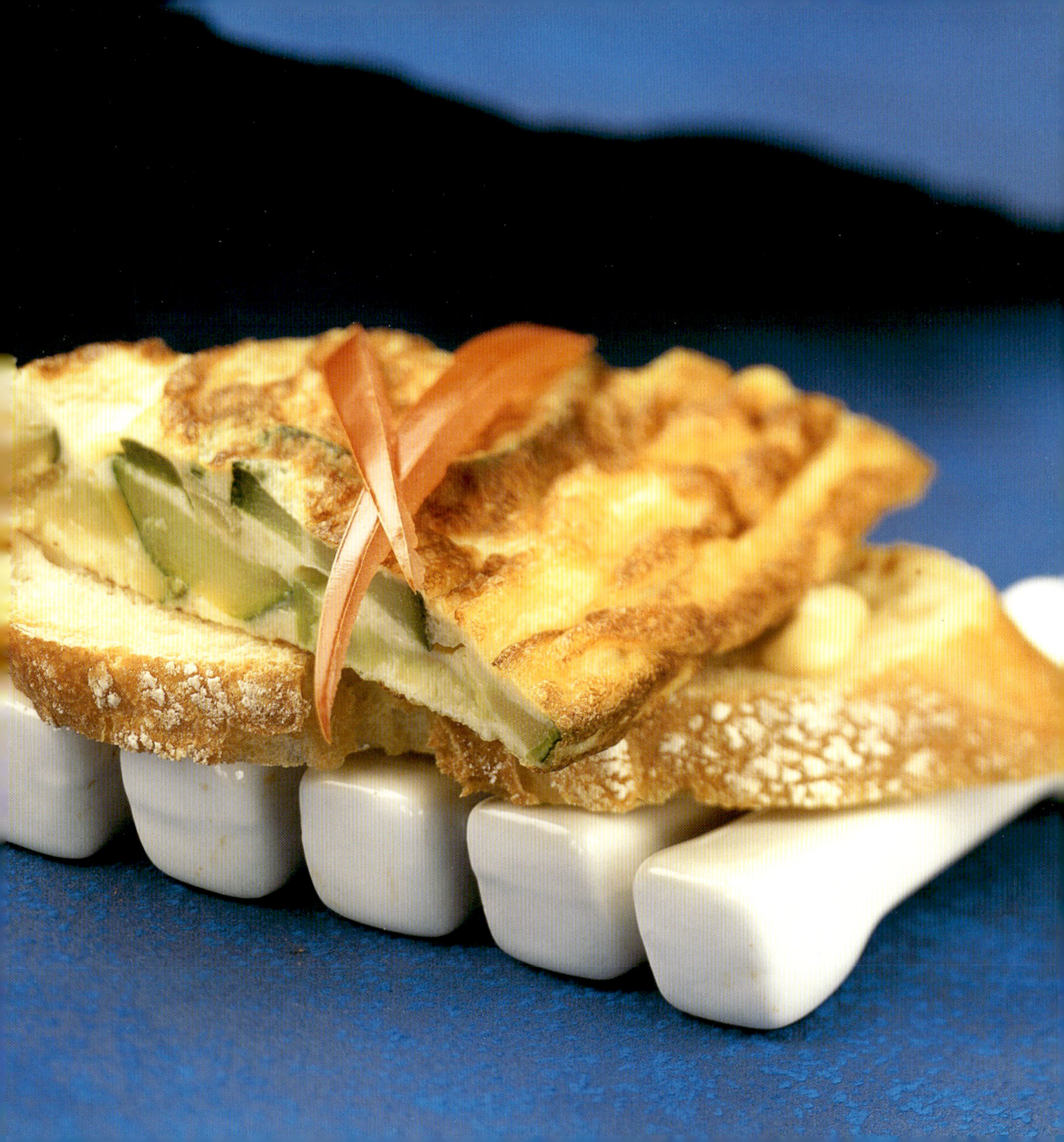

Préparation [10–15 minutes]

Préparer la marinade en diluant le sel et le sucre dans le vinaigre. Ajouter ensuite les autres ingrédients : l'huile, le laurier, l'estragon et une cuillerée à soupe de persil haché.

Retirer la tête et l'arête centrale des anchois.

Séparer les filets entiers et les disposer dans un grand plat non métallique.

Les arroser avec la marinade et les recouvrir de film plastique. Laisser reposer les anchois 24 heures au réfrigérateur avant de les consommer.

Présentation : couper le pain en six tranches de 1 cm. Arroser de quelques gouttes de marinade et disposer les filets d'anchois.

Verser par-dessus une autre cuillerée à café de marinade et saupoudrer avec le reste de persil haché.

Remarque : la durée de conservation est de dix jours.

Ingrédients

Anchois 15
Pain
Sel 1 cuillerée à café
Sucre 1 cuillerée à soupe
Vinaigre de vin rouge 4 cuillerées à soupe
Huile d'olive 10 cuillerées à soupe
Laurier hachée 1 feuille
Persil haché 2 cuillerées à soupe
Estragon haché 1 cuillerée à soupe
Poivre moulu

Anchois marinés

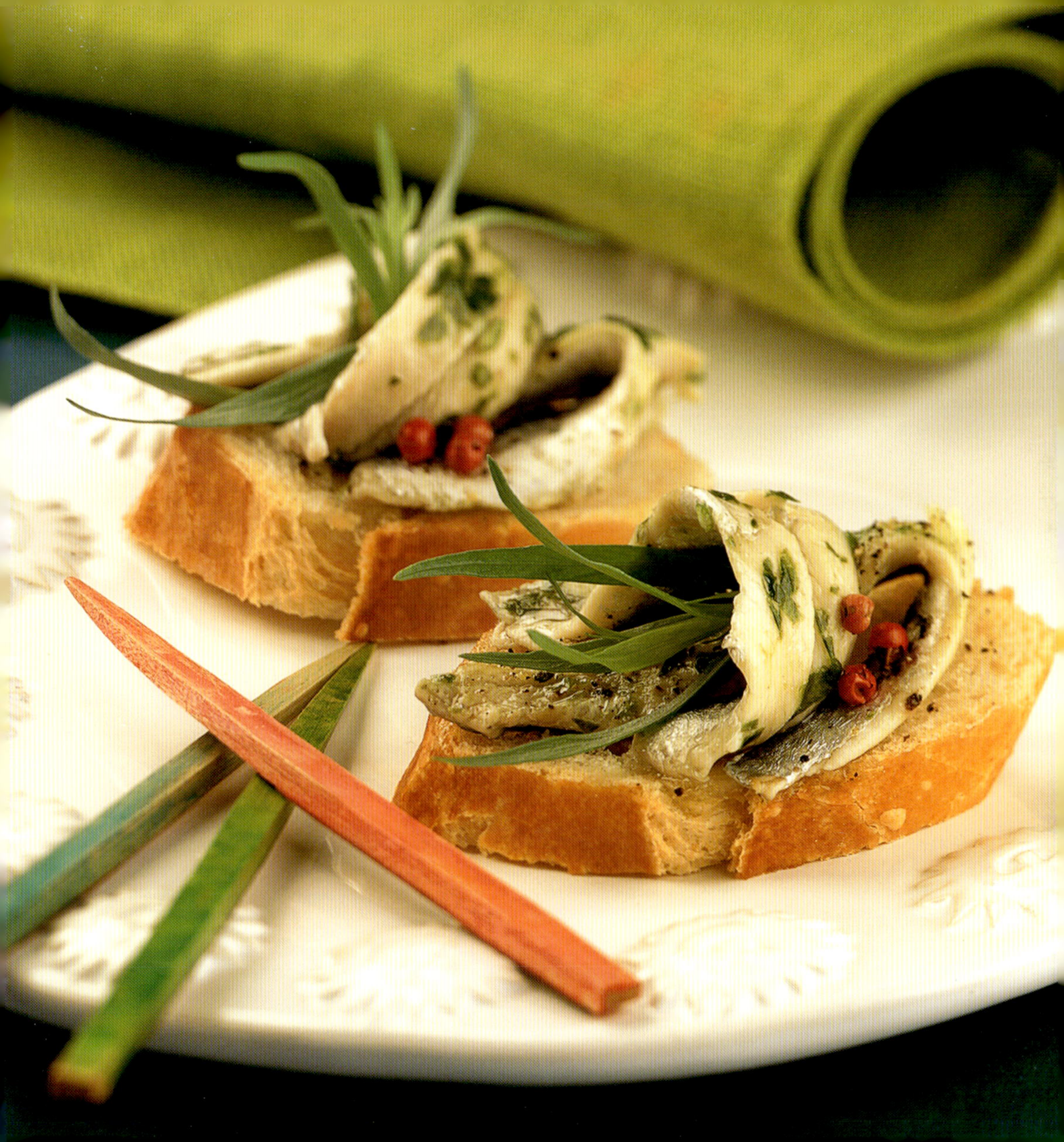

Morue fumée farcie à la piperade

Préparation [60–70 minutes]

Faire griller au four les poivrons rouges enveloppés dans du papier d'aluminium pendant 1 heure.

Laisser refroidir.

Les peler et les couper en 6 morceaux.

Piperade : faire revenir l'oignon dans l'huile. Lorsqu'il est translucide, incorporer l'ail et les poivrons verts. Lorsque le tout est cuit, ajouter 3 cuillerées à soupe de sauce tomate et saler.

Présentation : étaler sur le plan de travail les six tranches de morue. Les farcir avec la piperade et les enrouler sur elles-mêmes. Placer un demi poivron rouge sur chaque tranche de pain.

Disposer par-dessus les petits rouleaux de morue décorés avec des lamelles de ciboule.

Ingrédients

Pain de type chapata (sorte de pain de campagne plat et allongé) 6 tranches
Morue fumée 6 tranches
Poivrons rouges 3
Lamelles de ciboule

Piperade :

Huile d'olive 2 cuillerées à soupe
Oignon haché 100 g
Poivrons verts hachés 2
Poivron rouge en boîte 1
Gousses d'ail hachées 2
Sauce tomate en conserve 3 cuillerées à soupe

Sur le pain

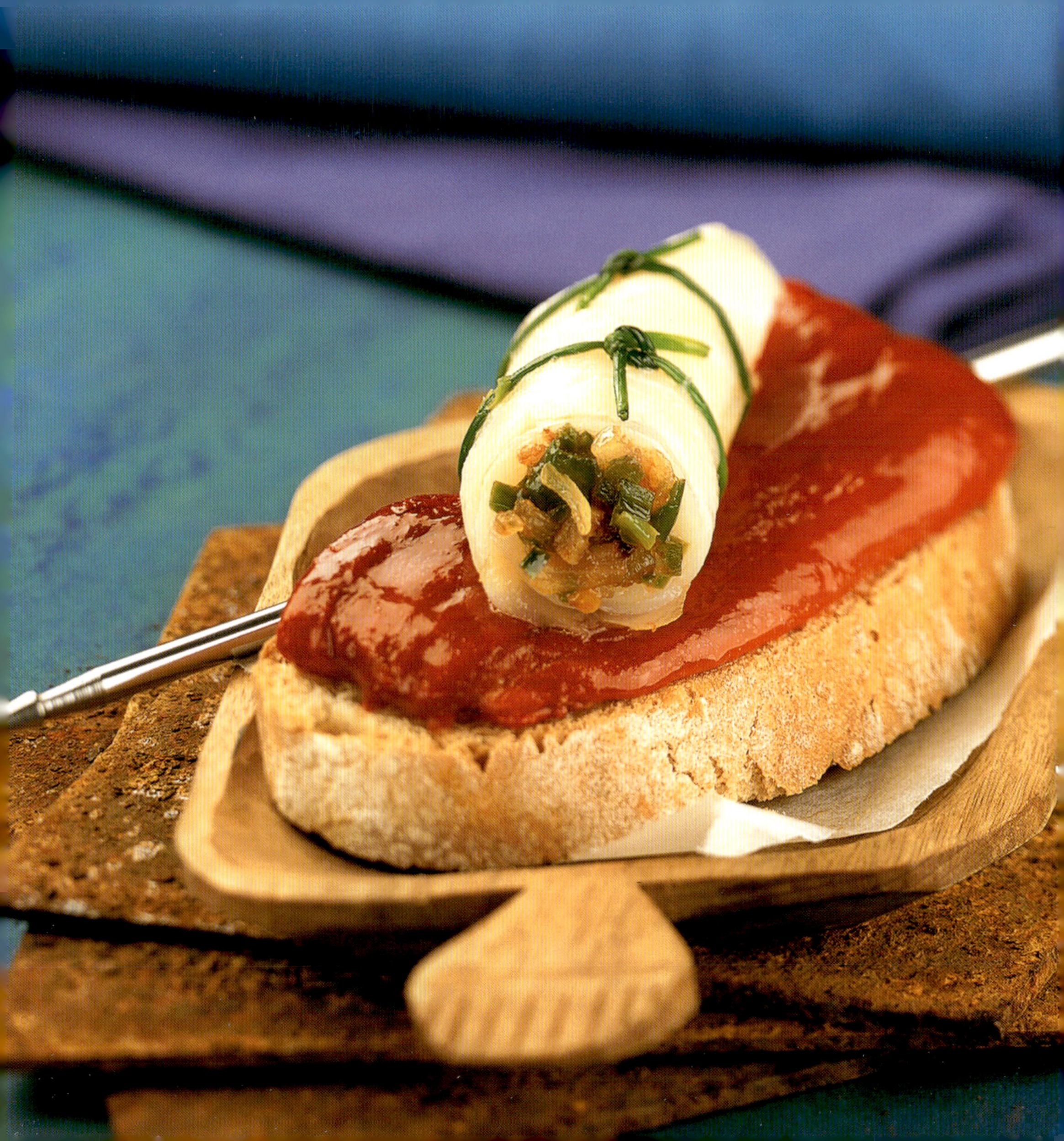

Préparation [10–15 minutes]

Congeler la bonite pour pouvoir la découper plus facilement en tranches très fines lorsqu'elle durcit. Étaler les tranches dans un plat. Saler, poivrer et arroser de Pedro Ximénez et de jus de viande. Recouvrir d'huile et laisser macérer de 1 à 2 heures.

Présentation : placer les tranches de bonite sur les tranches de pain. Saupoudrer de fromage et parsemer par-dessus l'oignon finement haché et le bacon.

Ingrédients

Pain de type chapata (sorte de pain de campagne plat et allongé) 6 tranches
Bonite 500 g
Bacon coupé en lamelles et frit 75 g
Bouillon de viande concentré Maggi 6 cuillerées à café
Vin doux Pedro Ximénez 1 cuillerée à soupe
Oignon haché 3 cuillerées à soupe
Fromage manchego râpé 3 cuillerées à soupe
Huile d'olive vierge
Sel
Poivre fraîchement moulu

Bonite marinée à l'huile d'olive

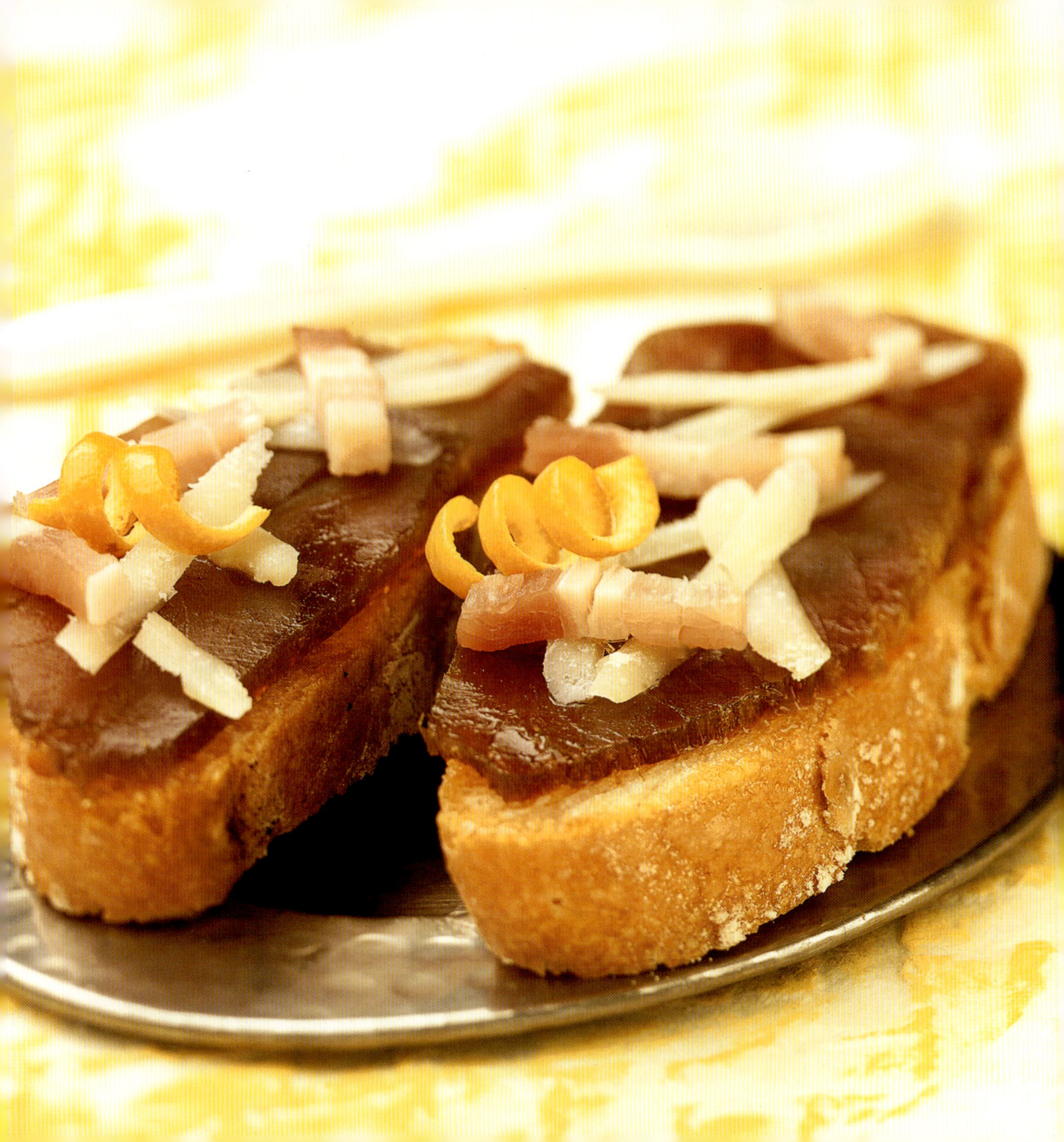

Préparation [60–65 minutes]

Mélanger tous les ingrédients de la marinade.

Nettoyer les anchois et les détailler en filets. Les introduire dans la marinade pendant deux heures.

Nettoyer les sardines de la même manière. Les étaler sur une plaque de four graissée, les assaisonner puis les faire griller pendant 5 minutes à 170°.

Faire griller les poivrons pendant 50 minutes après les avoir recouverts de papier d'aluminium. Les laisser refroidir dans leur papier. Une fois refroidis, les éplucher.

Présentation : étaler des lamelles de poivron sur le pain. Disposer par-dessus, en les croisant, les anchois au vinaigre et les sardines.

Ingrédients

Pain de type chapata (sorte de pain de campagne plat et allongé) 6 tranches
Anchois frais 1 kg
Sardines de grande taille 6
Poivrons rouges 3

Marinade :
Oignon finement, haché 1
Gousses d'ail, hachées 2
Herbes aromatiques 1 cuillerée à soupe
Grains de poivre gris 8
Huile 50 cl
Vinaigre 10 cl
Sel et deux cuillerées à soupe de sucre

Anchois frais au vinaigre et sardines

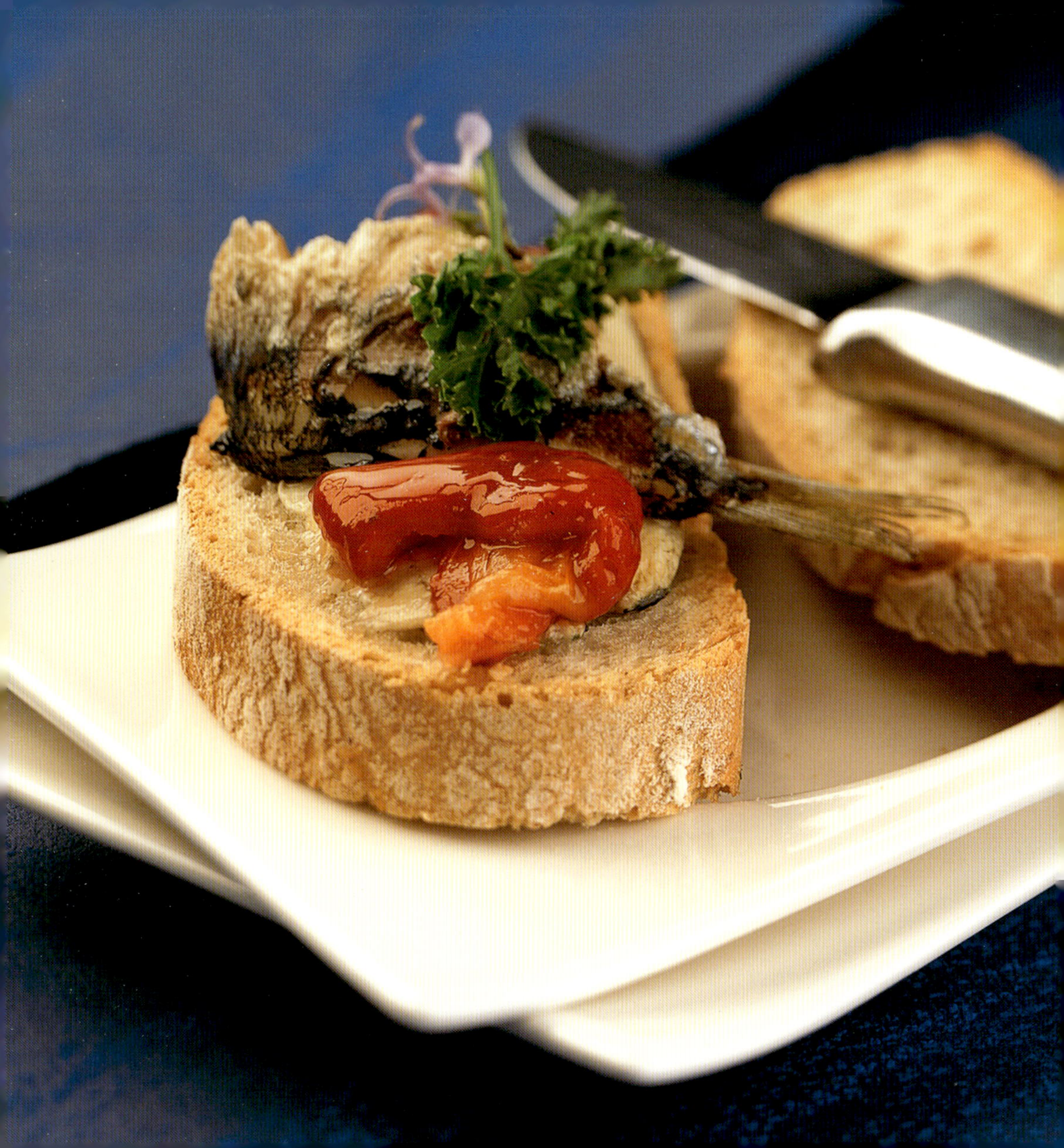

Préparation [20–25 minutes]

Eplucher les avocats, les couper en tranches épaisses et les arroser de jus de citron. Les recouvrir de film plastique et les mettre de côté.

Emietter le crabe chatka.

Faire cuire les crevettes dans de l'eau salée en veillant qu'elles ne soient pas trop cuites. Dès qu'elles changent de couleur, les retirer et les décortiquer.

Découper le jambon en languettes et les faire frire pour qu'elles soient croustillantes.

Hacher la laitue bien lavée et la mettre au réfrigérateur.

Présentation : disposer les avocats et un peu de mayonnaise sur le pain. Placer ensuite la laitue, le crabe chatka, des crevettes, encore un peu de mayonnaise et un peu plus de laitue. Placer au centre les lamelles de jambon.

Ingrédients

Pain de type chapata (sorte de pain de campagne plat et allongé) 8 tranches
Avocats 2
Crabe chatka 1 boîte
Crevettes 1 kg
Jambon ibérique en lamelles 200 g
Laitue 1 **et Citron** 1
Mayonnaise en conserve ou faite maison selon recette p. 223

Salade de fruits de mer

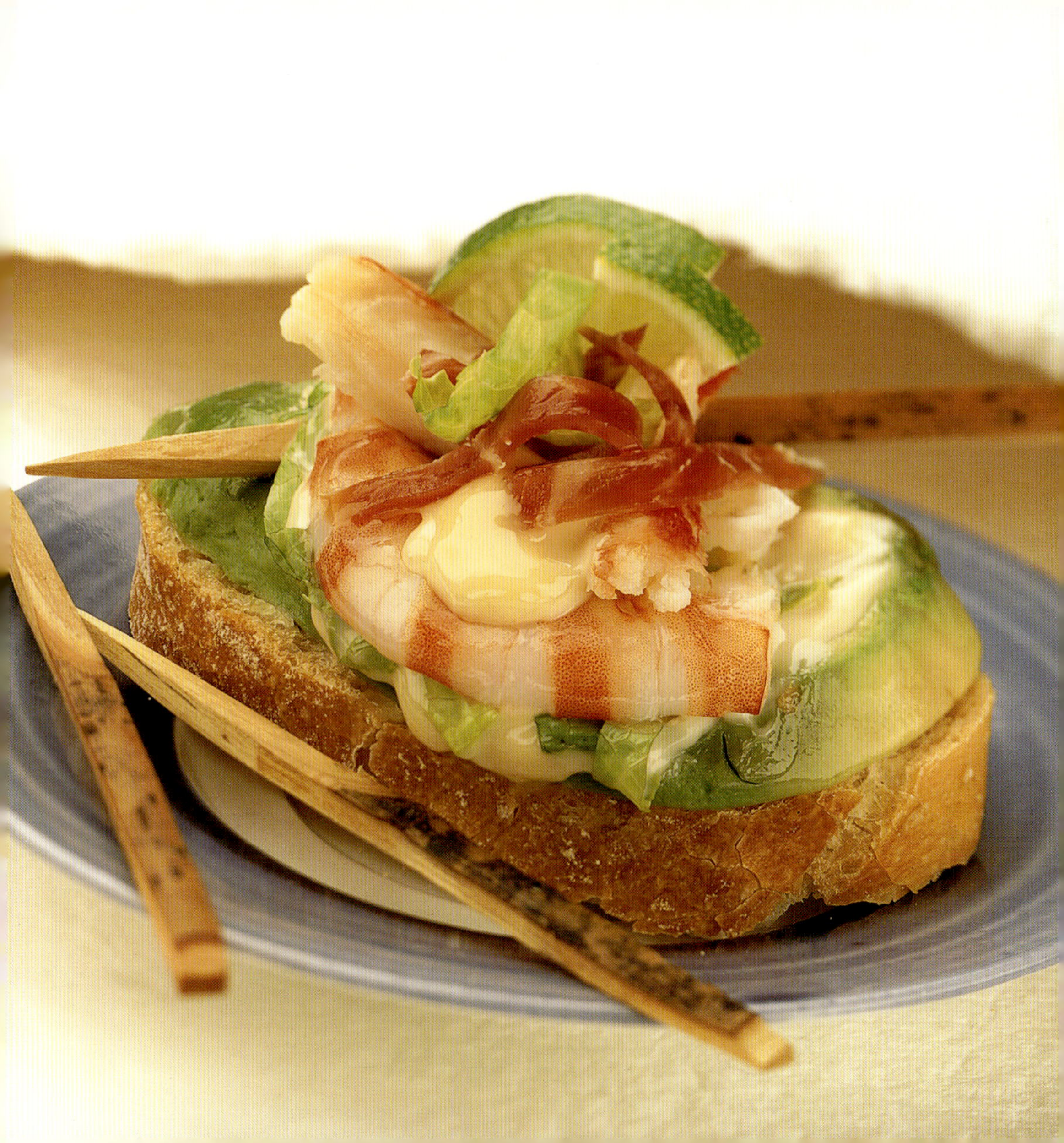

Préparation [15–20 minutes]

Le foie de morue doit être conservé très froid au réfrigérateur.

Purée : faire cuire à la cocotteminute une branche de céleri. Au bout de 15 minutes, passer le liquide et confectionner une purée épaisse avec les flocons de pommes de terre, une cuillerée à soupe d'huile et un peu de bouillon du céleri.

Présentation : diviser la purée en six parts pour tartiner les petits toasts. Disposer par-dessus le foie de morue et décorer avec des oeufs de saumon.

Ingrédients

Foie de morue 1 boîte de 250 g
Oeufs de saumon 1 petite boîte
Petits toasts rectangulaires 6
Branche de céleri 1
Purée de pommes de terre en flocons 2 cuillerées à soupe
Huile 1 cuillerée à soupe
Sel et noix de muscade

Foie de morue aux oeufs de saumon

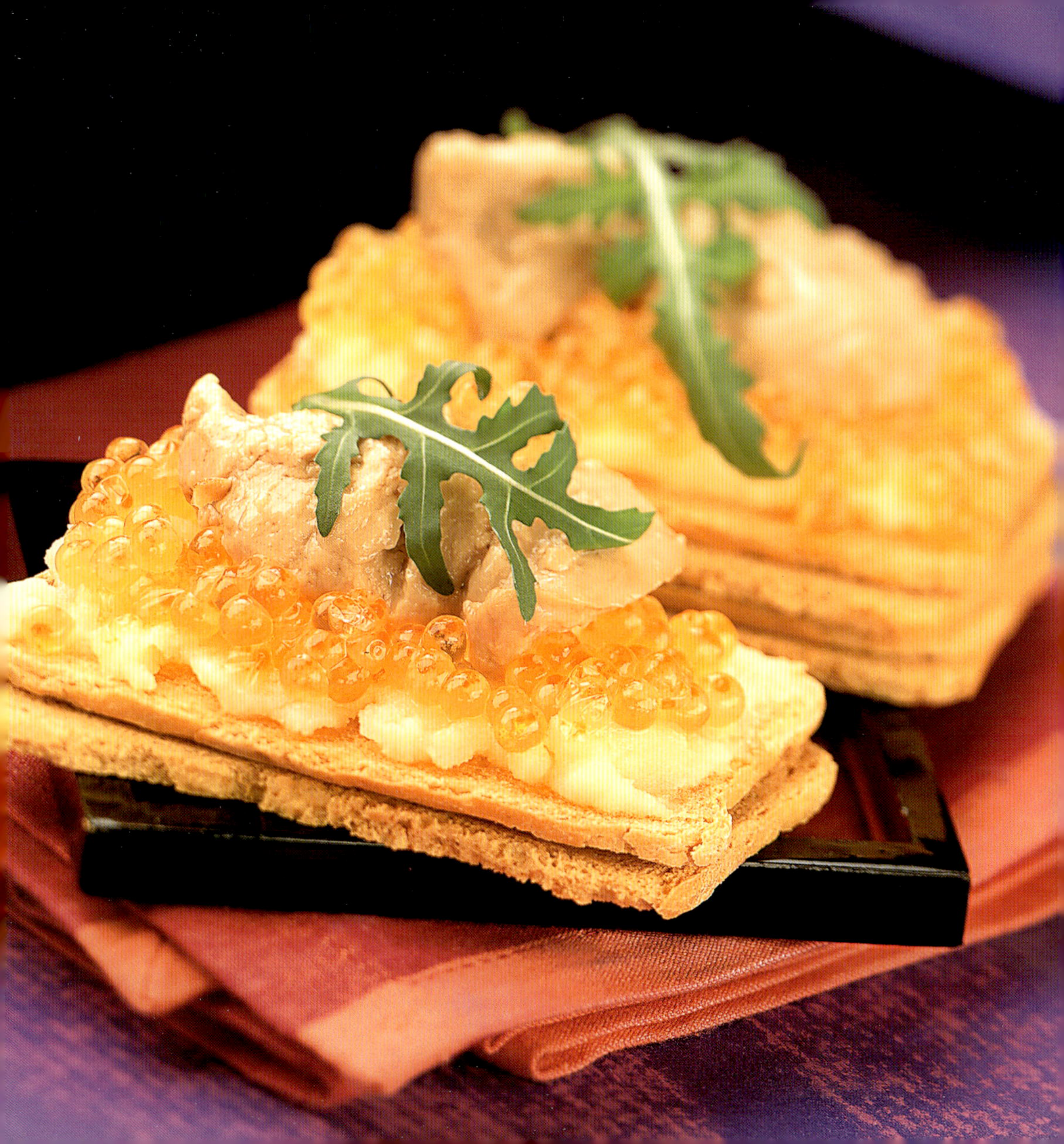

Préparation [20–25 minutes]

Demander au poissonnier de découper six filets au centre du colin.

Les assaisonner et les passer dans l'oeuf et la farine. Faire frire dans une grande quantité d'huile bien chaude de façon à obtenir une croûte. Baisser ensuite la température de l'huile pour les faire cuire à l'intérieur.

Présentation : verser sur chaque tranche de pain une cuillerée à soupe de mayonnaise, placer une feuille de laitue puis un peu plus de mayonnaise. Terminer par le filet de colin frit.

Ingrédients

Pain de type chapata (sorte de pain de campagne plat et allongé) 6 tranches
Filets de colin (de 100 g chacun) 6
Feuilles de laitue 6
OEufs 2
Mayonnaise confectionnée selon recette p.223
Farine pour friture
Sel
Huile de friture en grande quantité

Friture de colin

Sur le pain

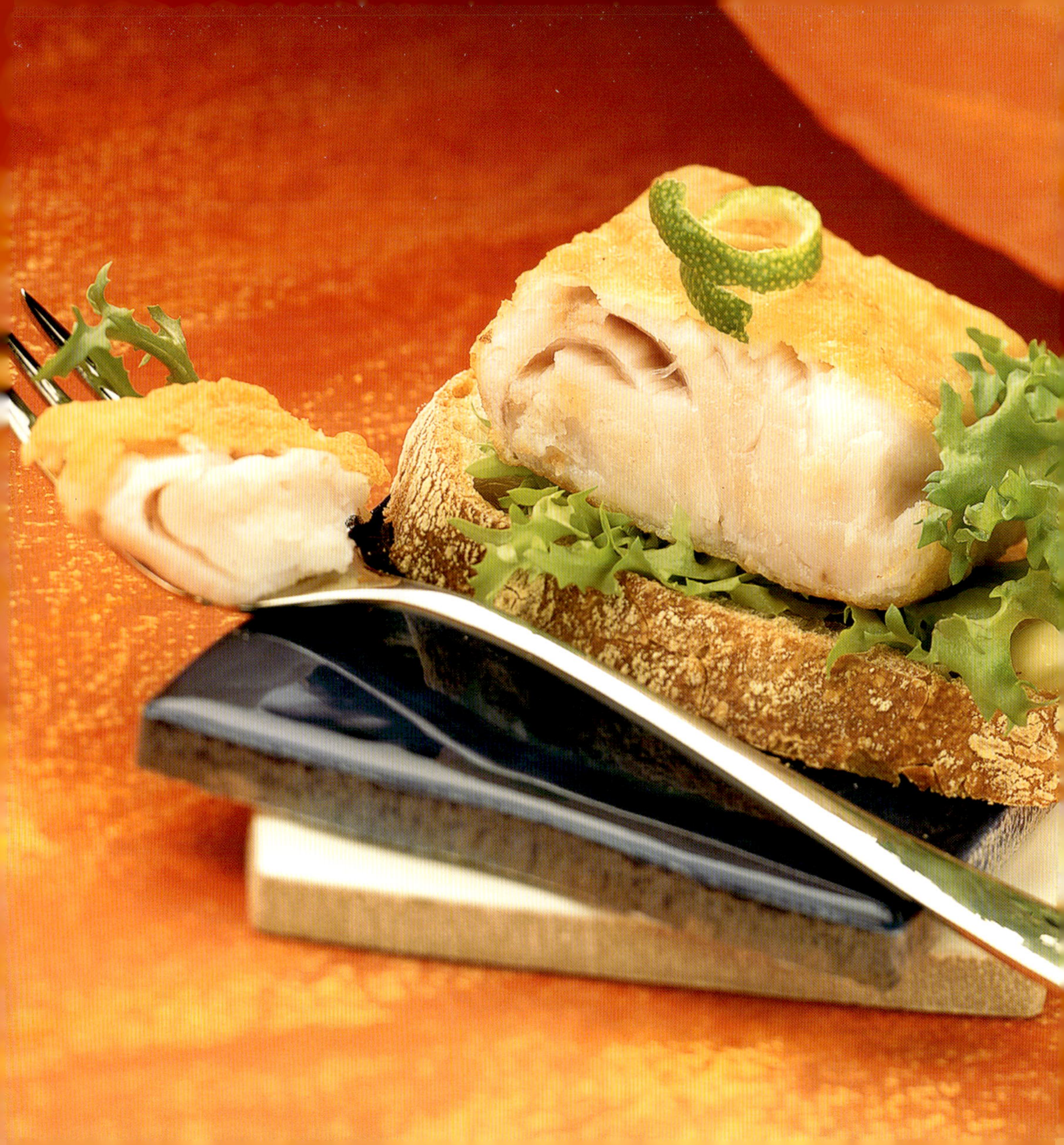

Préparation [25–30 minutes]

Ingrédients

Si l'on achète de la baudroie surgelée, elle se réduira à 400 g lors de la cuisson. La perte de poids est inférieure pour le poisson frais. Placer la baudroie dans une passoire et l'immerger dans une casserole d'eau bouillante, jusqu'à ce qu'elle soit cuite. Réserver dans une jatte.

Faire cuire les bouquets décortiqués de la même façon que la baudroie et réserver dans la même jatte. Hacher les bâtons de surimi et les ajouter aux autres ingrédients.

Ouvrir les coquilles Saint-Jacques et retirer le fond noir. Détacher le corail soigneusement pour ne pas le briser et le faire revenir dans très peu d'huile. Mettre de côté pour la décoration.

Hacher la chair blanche de la coquille Saint-Jacques et la faire cuire légèrement. L'ajouter à la même jatte. Mélanger 30 cl de sauce rose au poisson, saler et poivrer.

Présentation : répartir ce mélange sur les tranches de pain. Avec le reste de la sauce, former des rosaces sur les tapas et décorer avec le corail des coquilles Saint-Jacques.

Pain de type chapata 6 tranches
Baudroie coupée en dés dans la partie centrale 1 kg
Surimi, hachés 10 bâtons
Gros bouquets décortiqués 300 g
Coquilles Saint-Jacques 6
Sauce rose (p.222) 40 cl
Huile 2 cuillerées à soupe
Sel et poivre

Salade de fruits de mer sauce rose

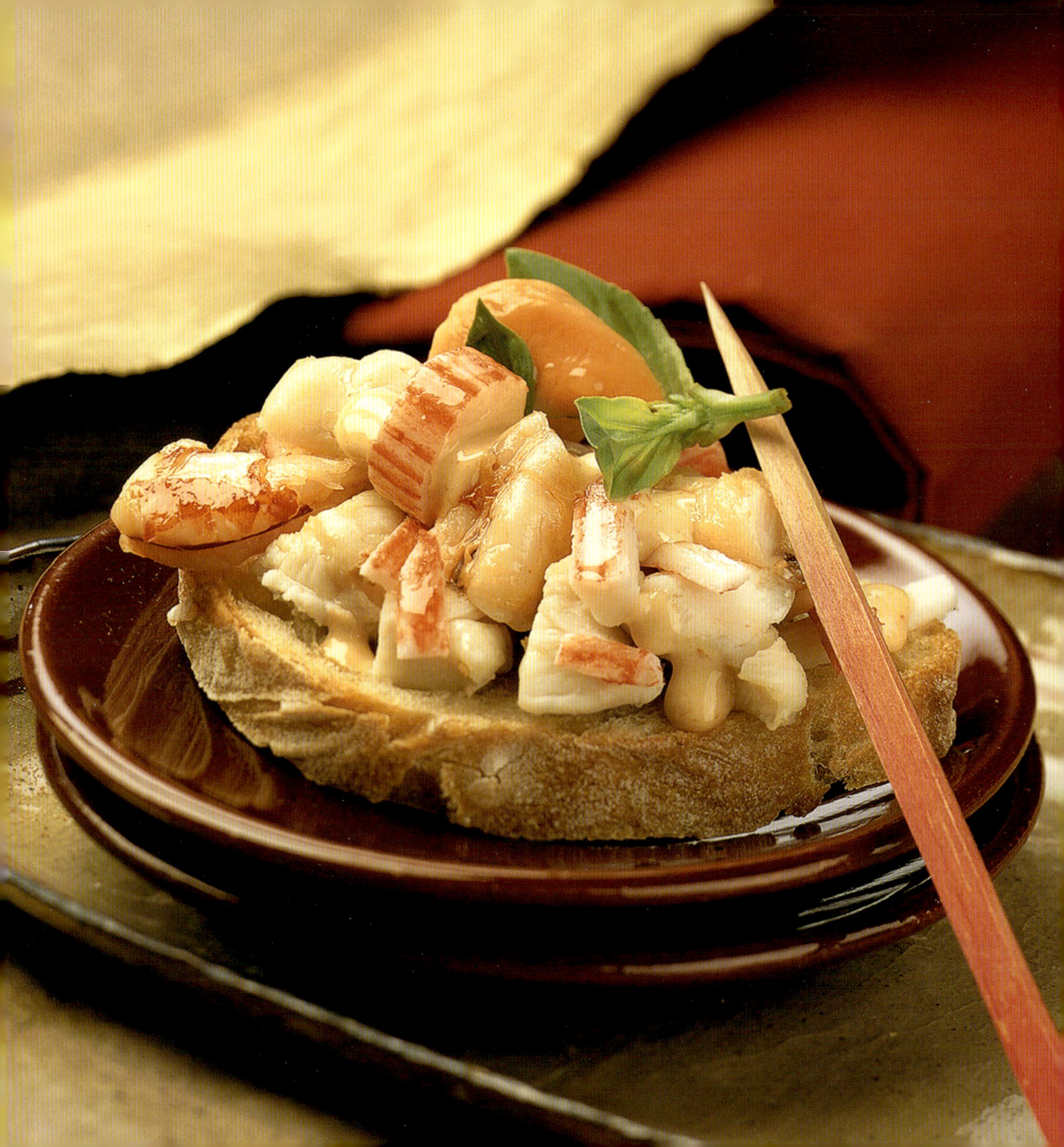

Préparation [20–25 minutes]

Faire frire le bacon dans l'huile. Dès qu'il est croustillant, ajouter l'ail et les champignons coupés en lamelles. Laisser frire, puis ajouter la crème fraîche et laisser cuire jusqu'à réduction du liquide.

Ajouter les crevettes et retirer du feu lorsqu'elles sont cuites.

Présentation : couper les petits pains en deux. Verser sur le pain un peu de jus de cuisson, puis répartir la préparation. Saupoudrer de fromage et gratiner au four.

Pour terminer, ajouter un peu de persil haché.

Ingrédients

Petits pains ronds de 6 cm de diamètre 3
Huile d'olive 4 cuillerées à soupe
Gousses d'ail, hachées 4
Champignons de Paris ouautres 300 g
Bacon coupé en languettes 150 g
Crevettes décortiquées 200 g
Crème fraîche 15 cl
Fromage râpé 6 cuillerées à soupe
Persil haché 6 cuillerées à café
Sel et poivre

Gratin de champignons et de crevettes

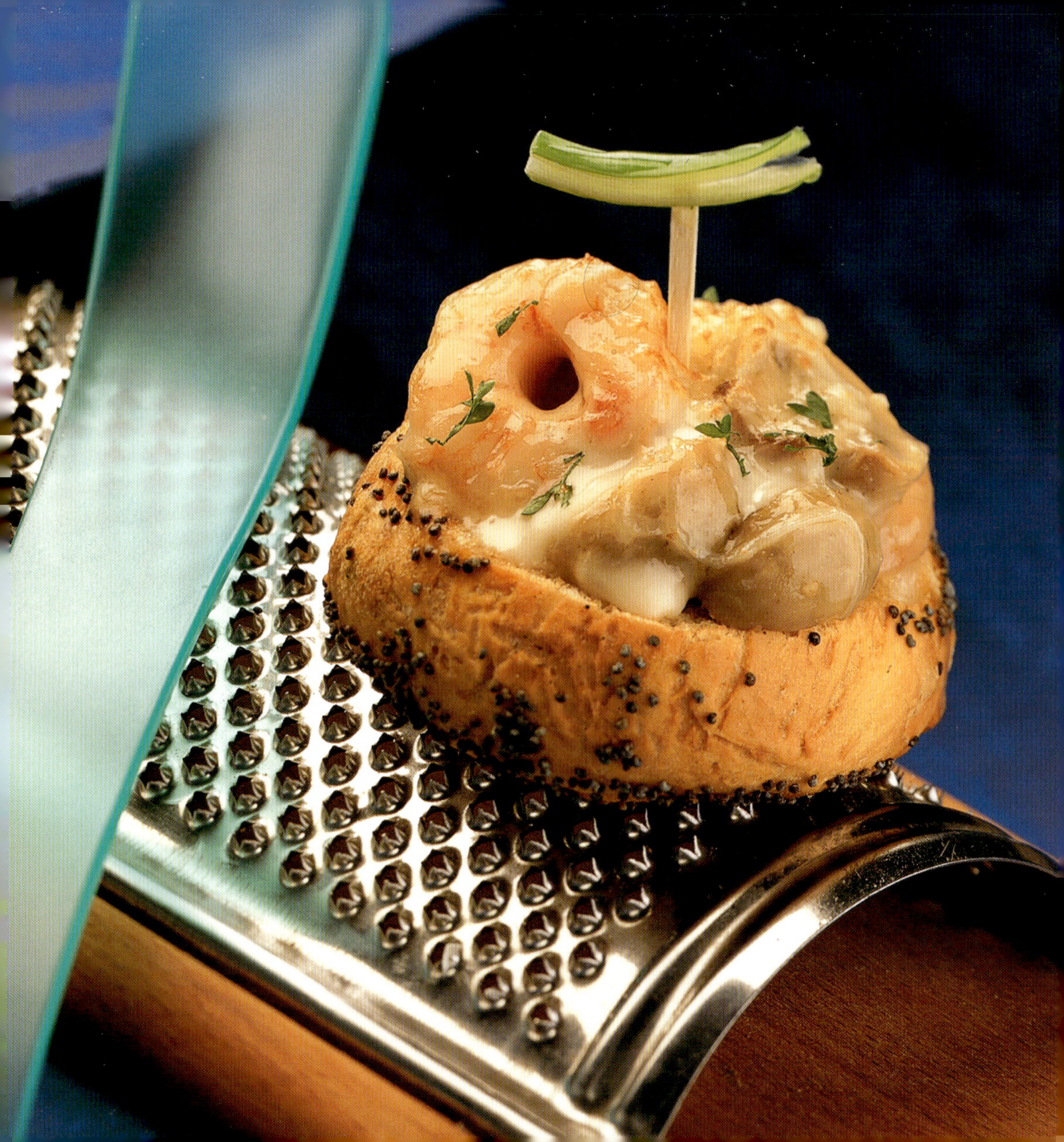

Préparation [10–15 minutes]

Ingrédients

Ajouter à la mayonnaise une cuillerée à soupe de yaourt et d'aneth.

Faire cuire les pommes de terre dans de l'eau salée en les faisant légèrement bouillir.

Présentation : couper 6 tranches de pain. Etaler de la mayonnaise, recouvrir de deux ou trois rondelles de pommes de terre bouillies, couvrir à nouveau de mayonnaise et ajouter par-dessus une demi tranche de saumon.

Pain de type chapata (sorte de pain de campagne plat et allongé) 1
Pommes de terre épluchées et coupées en rondelles de 1 cm d'épaisseur 3
Tranches de saumon fumé 3
Mayonnaise en conserve ou faite maison selon recette p. 223 6 cuillerées à soupe
Aneth sec 1 cuillerée à café
Yaourt nature 1

Tapa de pommes de terre et de saumon fumé

Sur le pain

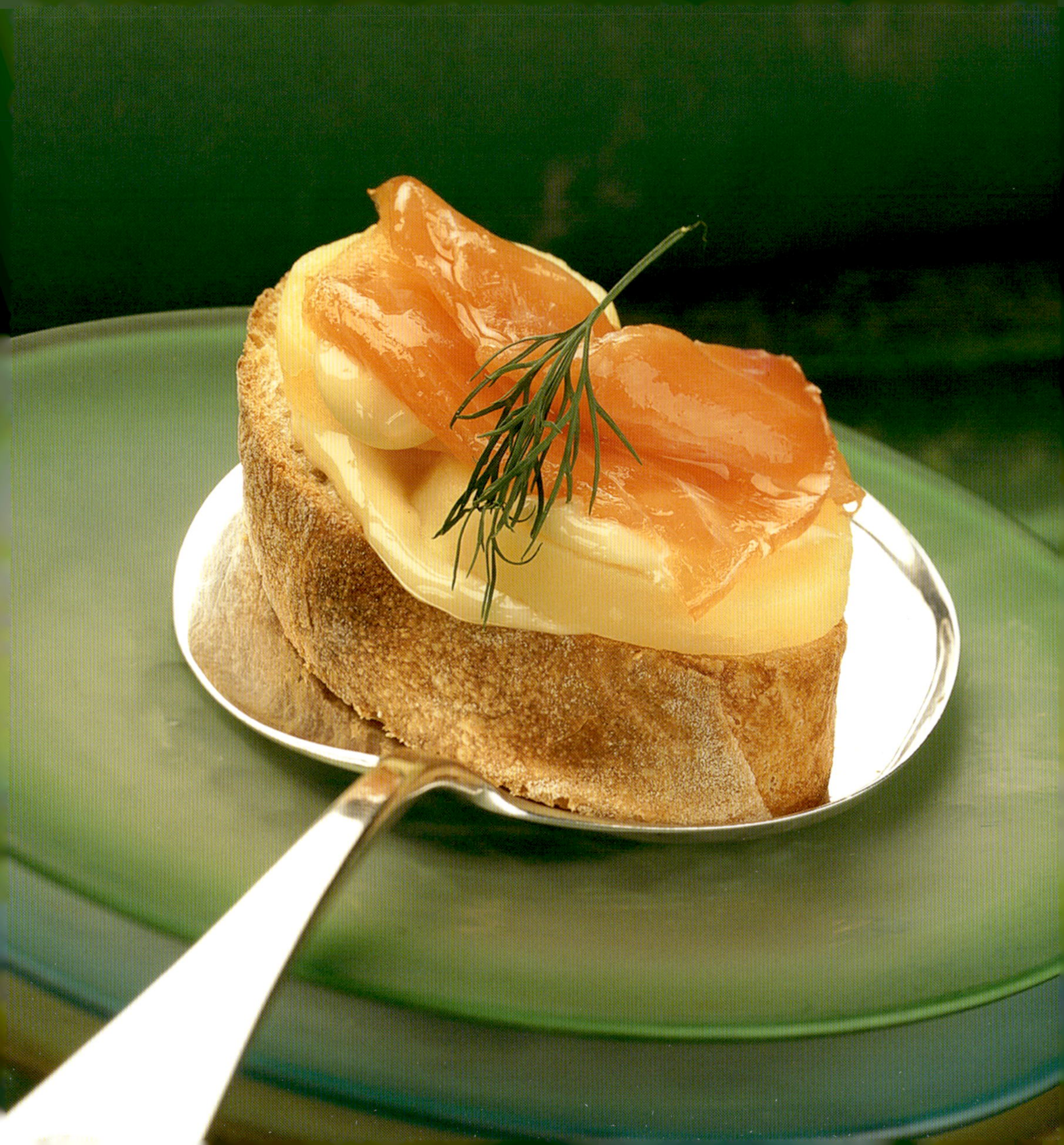

Préparation [10–15 minutes]

Faire cuire la ciboule pendant une minute au micro-ondes ou 2 minutes dans une casserole avec un peu d'eau.

Couper les queues des asperges pour les réduire à une longueur de 8 cm. Les attacher en deux bottes et les faire cuire dans de l'eau bouillante salée, les pointes vers le haut. Lorsqu'elles sont <<al dente>>, les sortir de la casserole et les plonger dans une autre casserole d'eau glacée. Retirer et détacher les deux bottes. Former à nouveau des petites bottes de 5 asperges en les attachant avec les tiges des ciboules.

Présentation : couper le pain en tranches allongées, couvrir de sauce et étaler dessus le saumon badigeonné d'huile d'olive. Terminer par la petite botte d'asperges.

Ingrédients

Pain de type chapata (sorte de pain de campagne plat et allongé) 6 tranches
Saumon fumé 3 tranches
Asperges sauvages 30
Tiges de ciboule 6
Sauce pour poisson fumé selon recette p. 221

Tapa de saumon et d'asperges sauvages

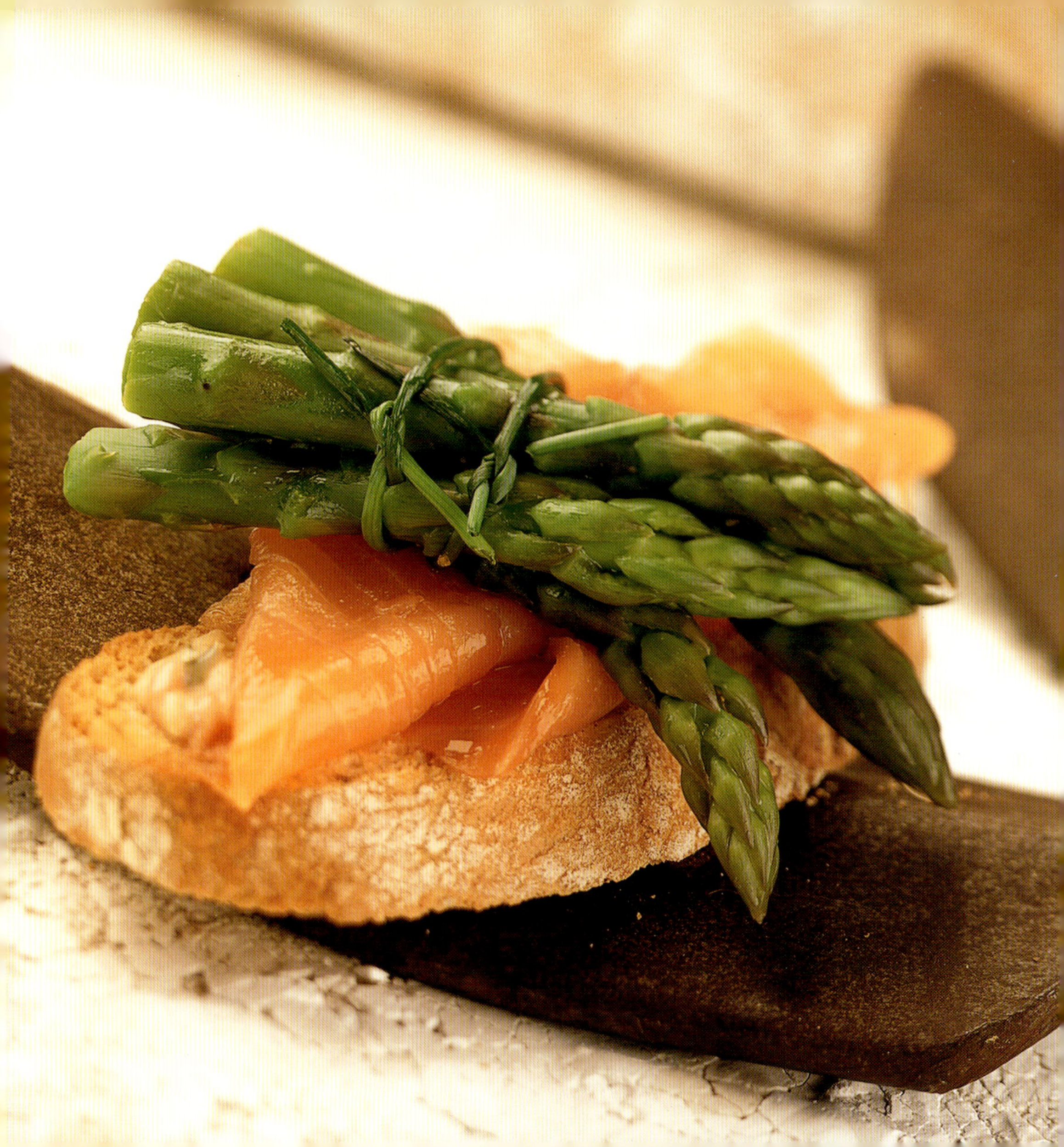

Préparation [60–70 minutes]

Sauce aux poivrons : faire griller au four à 160° un poivron enveloppé de papier d'aluminium. Au bout d'une heure, éteindre le four et laisser refroidir le poivron à couvert avant de le peler.

Placer dans le bol du robot électrique la moitié du poivron grillé. Ajouter la crème fraîche, le sel et le poivre gris. Mixer le tout.

Pâté de sardines : retirer l'arête centrale et malaxer les sardines avec le fromage et le beurre souple.

Présentation : étaler la sauce aux poivrons sur les petits toasts. Façonner avec deux petites cuillères une croquette de pâté que l'on place par-dessus.

Terminer par une moule en escabèche

Ingrédients

Pâté de sardines :
Sardines à l'huile d'olive 1 boîte (150 g)
Moules en escabèche 1 boîte (150 g)
Fromage à tartiner du type Filadelfia 50 g
Beurre 50 g

Sauce aux poivrons :
Poivron rouge 1
Crème fraîche 10 cl
Sel et poivre
Petits toasts rectangulaires

Tapa de sardines et de moules

Sur le pain

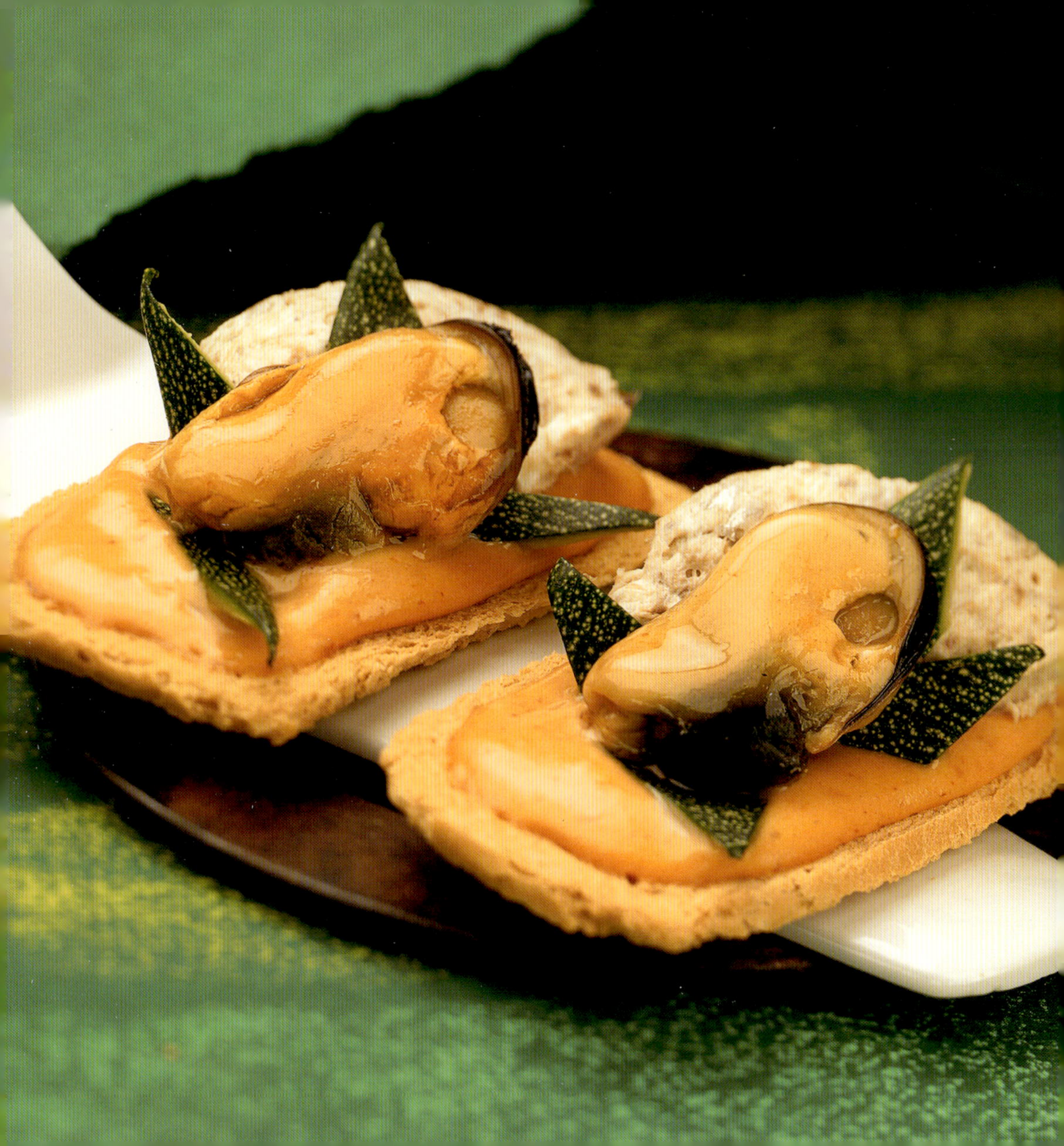

Préparation [10–15 minutes]

Pâtes : faire cuire les pâtes <<al dente>>, les égoutter et les faire revenir dans une cuillerée à soupe d'huile. Omelettes : battre les oeufs avec la crème fraîche et une pincée de sel. Faire chauffer l'huile dans une poêle de 7 cm de diamètre et confectionner 6 omelettes.

Présentation : déposer une omelette sur chaque tranche de pain, recouvrir d'une tranche de fromage et enfin du chorizo. Découper le pain avec un emporte-pièce pour obtenir des canapés ronds. Utiliser le reste des omelettes et des pâtes pour la décoration.

Ingrédients

Pain de mie 6 tranches
Fromage manchego (fromage de brebis ou de vache) 6 tranches
Chorizo de Pamplona 6 rondelles
OEufs 6
Crème fraîche 3 cuillerées à soupe
Huile d'olive 6 cuillerées à soupe
Nouilles vertes 50 g
Sel

Canapé de chorizo de Pamplona

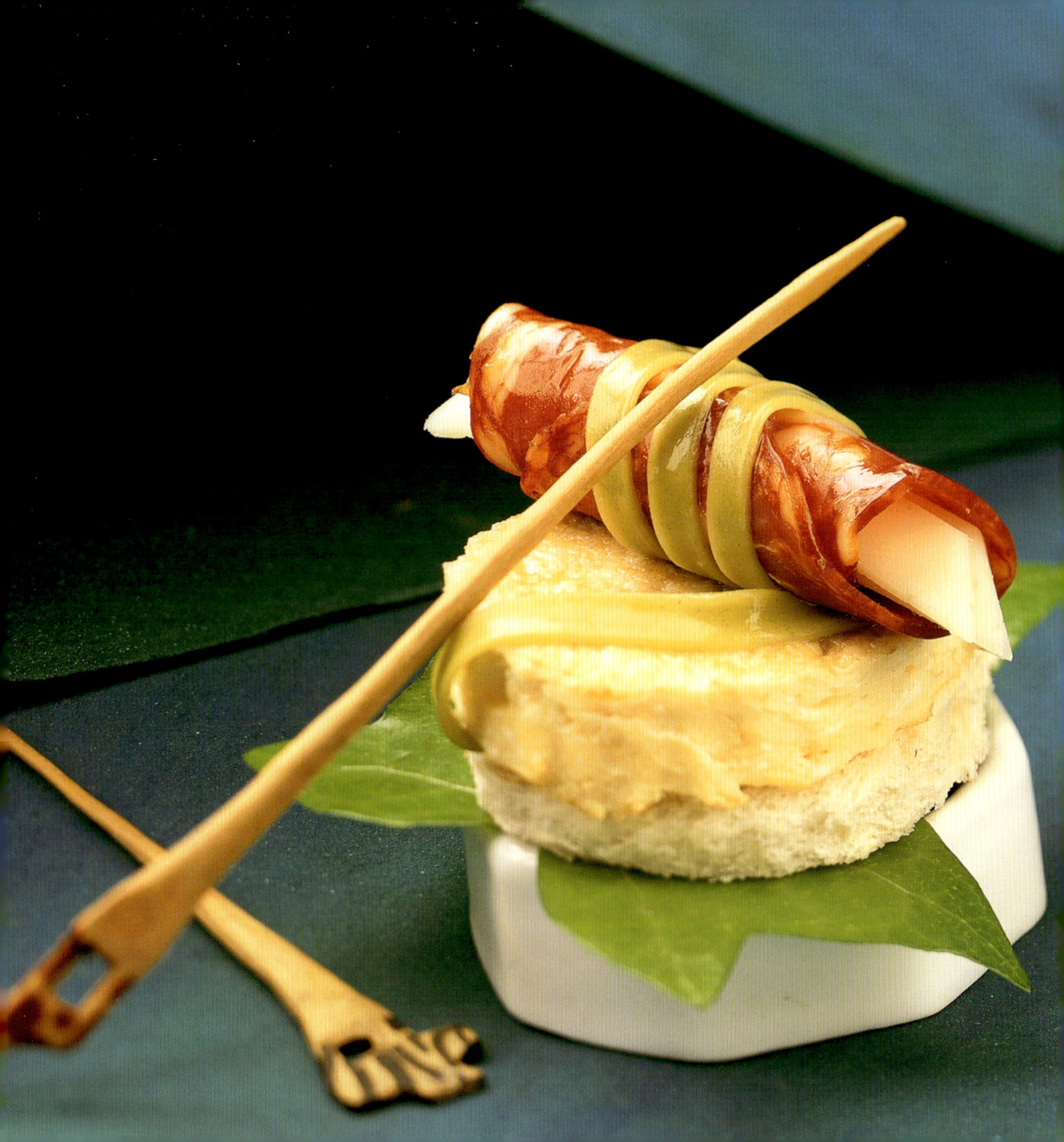

Préparation [20–25 minutes]

Confit d'oignons : dans une cocotte à fond épais antiadhésive, faire fondre le beurre mélangé à l'huile et ajouter les oignons. Faire revenir 5 minutes, puis ajouter le vin rouge, le vinaigre, le sucre et un peu de sel. Laisser mijoter à feu très doux jusqu'à évaporation complète du liquide.

Mettre le vin doux Pedro Ximénez à chauffer, le faisant réduire de moitié.

Foie de canard : plonger le foie de canard dans l'eau froide pendant 12 heures. Retirer les restes de fiel et de sang.

Séparer les deux lobes et les dénerver à l'aide d'un torchon. Y découper des filets que l'on fera dorer dans leur propre graisse sans les laisser trop cuire.

Présentation : tartiner le pain du confit d'oignons, y déposer le foie arrosé de vin doux Pedro Ximénez. On confectionnera ainsi une quinzaine de tapas.

Ingrédients

Pain de type chapata (sorte de pain de campagne plat et allongé)
Foie de canard frais
Vin doux Pedro Ximénez 20 cl
Sel et poivre fraîchement moulu
Oignons émincés 1 kg
Beurre 100 g
Huile d'olive à 0,4° 2 cuillerées à soupe
Sucre 160 g
Vin rouge 25 cl
Vinaigre balsamique 10 cl
Sel

Foie de canard au confit d'oignons

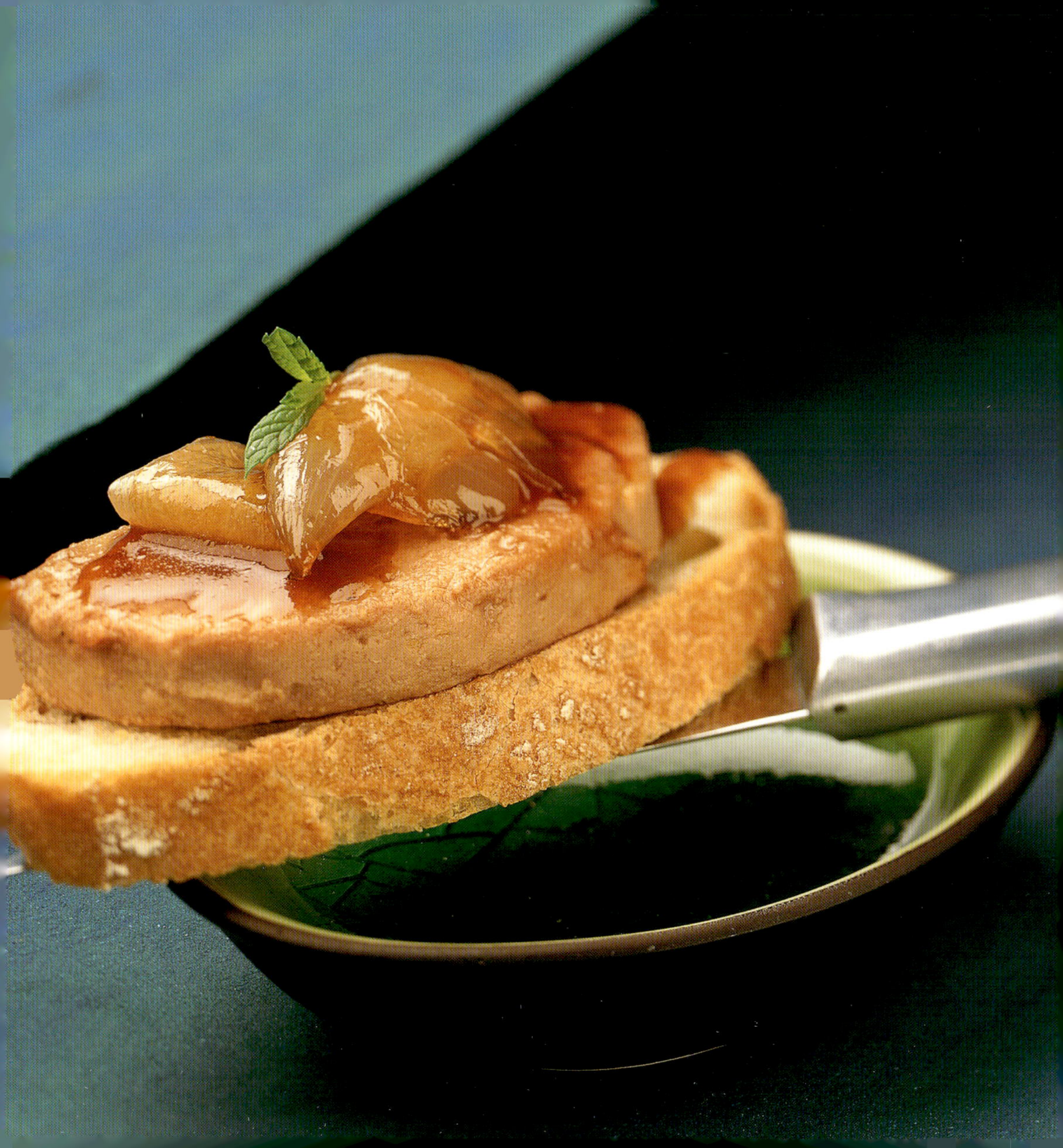

Préparation [15–20 minutes]

Faire dorer les tranches de porc sans les saler.

Peler une pomme et la couper en 12 quartiers de taille similaire. Déposer ces quartiers dans une casserole en les recouvrant d'eau. Mettre sur le feu.
Une fois les pommes cuites, vider presque entièrement l'eau de cuisson. Ajouter le sucre jusqu'à ce que le caramel se forme. Détacher ensuite les quartiers de pomme encore chauds pour les déposer sur chacune des tranches de viande.

Faire cuire les 2 pommes restantes dans l'eau additionnée de sucre et les écraser.

Présentation : étaler la compote de pommes sur les tranches de pain, puis y déposer la viande accompagnée des pommes caramélisées.

Remarque : il est conseillé d'utiliser de l'échine de porc ibérique marinée. Elle est plus chère, mais plus goûteuse et plus tendre.

Ingrédients

Pain de mie 6 tranches
Échine de porc marinée 6 tranches ou 275 g
Huile d'olive pour faire revenir les tranches de viande
Pommes Golden (250 g approx.) 3
Sucre 75 g pour caraméliser plus 2 cuillerées pour la compote de pommes
Sel

Echine de porc marinée aux pommes caramélisées

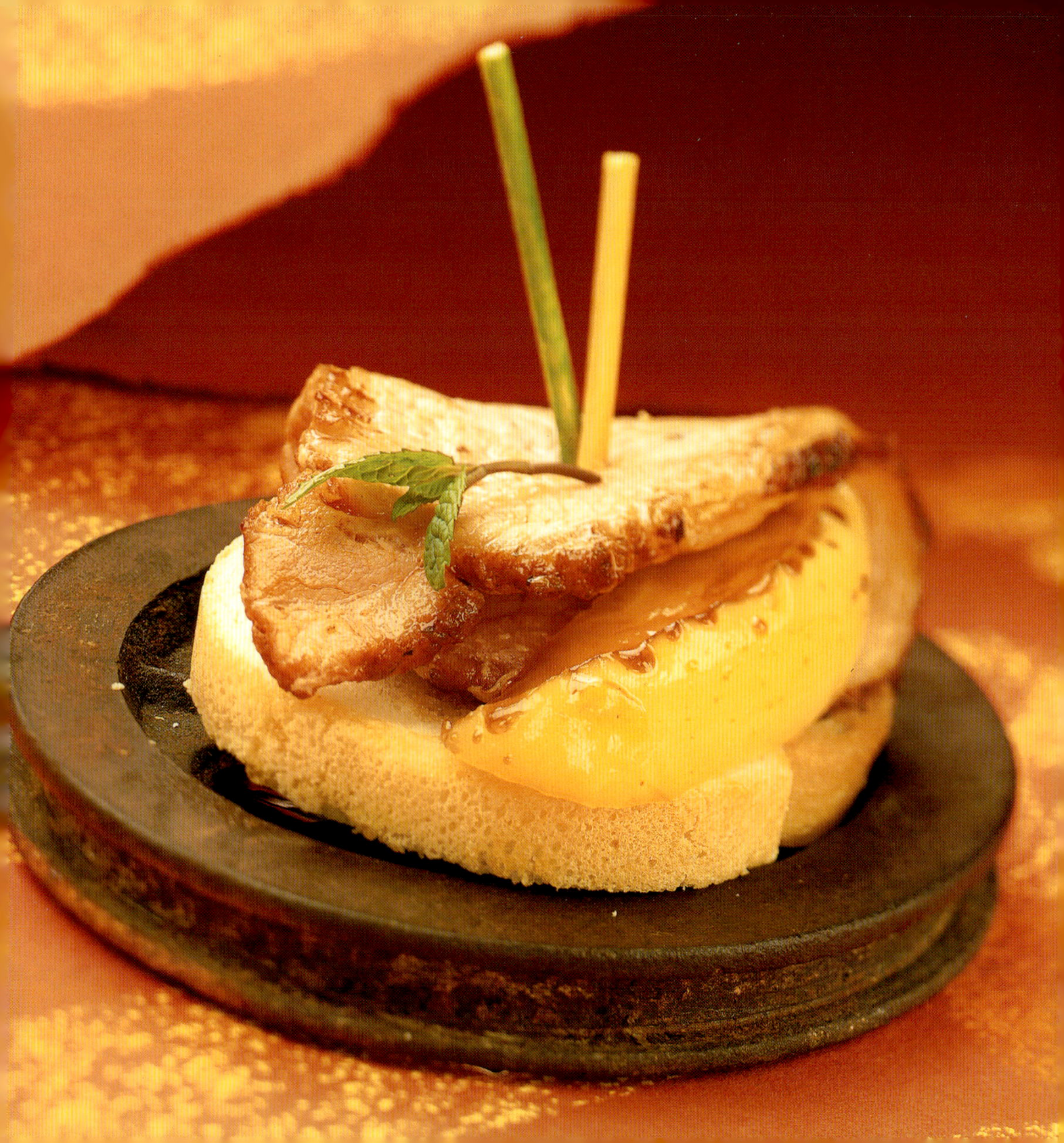

Préparation [10–15 minutes]

Couper une pomme en dés et l'autre en quartiers minces. Arroser de quelques gouttes de citron.

Hacher grossièrement la morcilla sortie de son boyau pour obtenir des morceaux. Faire chauffer une poêle à sec et y jeter la morcilla ainsi que les dés de pomme. Une fois la pomme cuite, retirer du feu.

Présentation : couper le pain en tranches que l'on couvrira de morcilla.

Accompagner de quartiers de pommes.

Ingrédients

Morcilla de Burgos (sorte de boudin noir) 1
Pommes reinette 2
Citron 1
Pain de type baguette

Morcilla de Burgos aux pommes

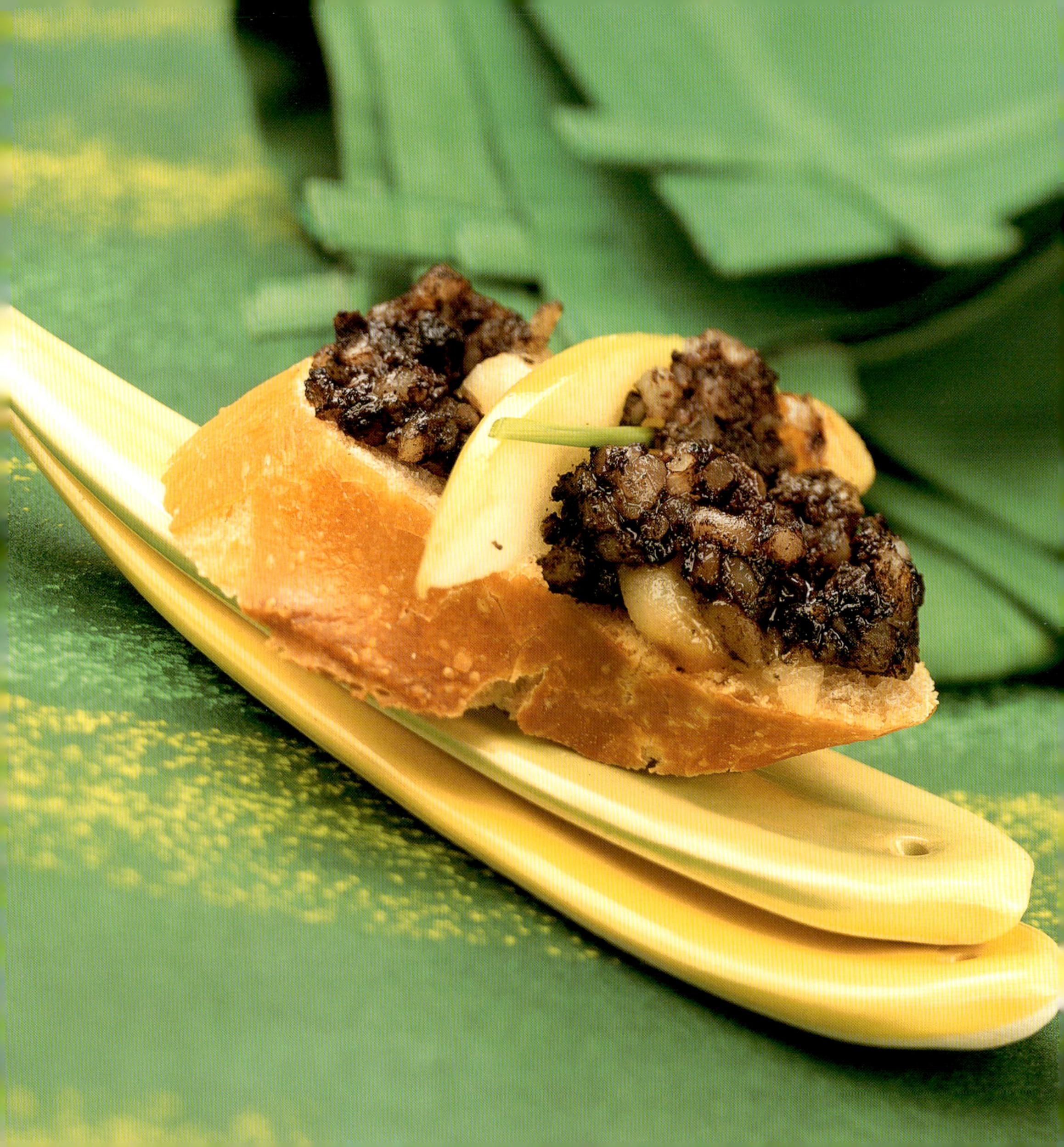

Préparation [10–15 minutes]

Ingrédients

Couper les poivrons en 2 dans le sens de la longueur et la morcilla en rondelles de 2 cm. o Faire revenir les poivrons à la poêle dans un fond d'huile et dès qu'ils sont tendres, les retirer et les incorporer aux morcillas également revenues.

Présentation : couper les tranches de pain en biais. Déposer sur chacune d'entre elles 1/2 poivron vert et une rondelle de morcilla.

Pain de type chapata (sorte de pain de campagne plat et allongé) 6 tranches
Poivrons verts 3
Morcillas de Burgos (sorte de boudin noir)
Huile d'olive

Morcilla de Burgos au poivron vert

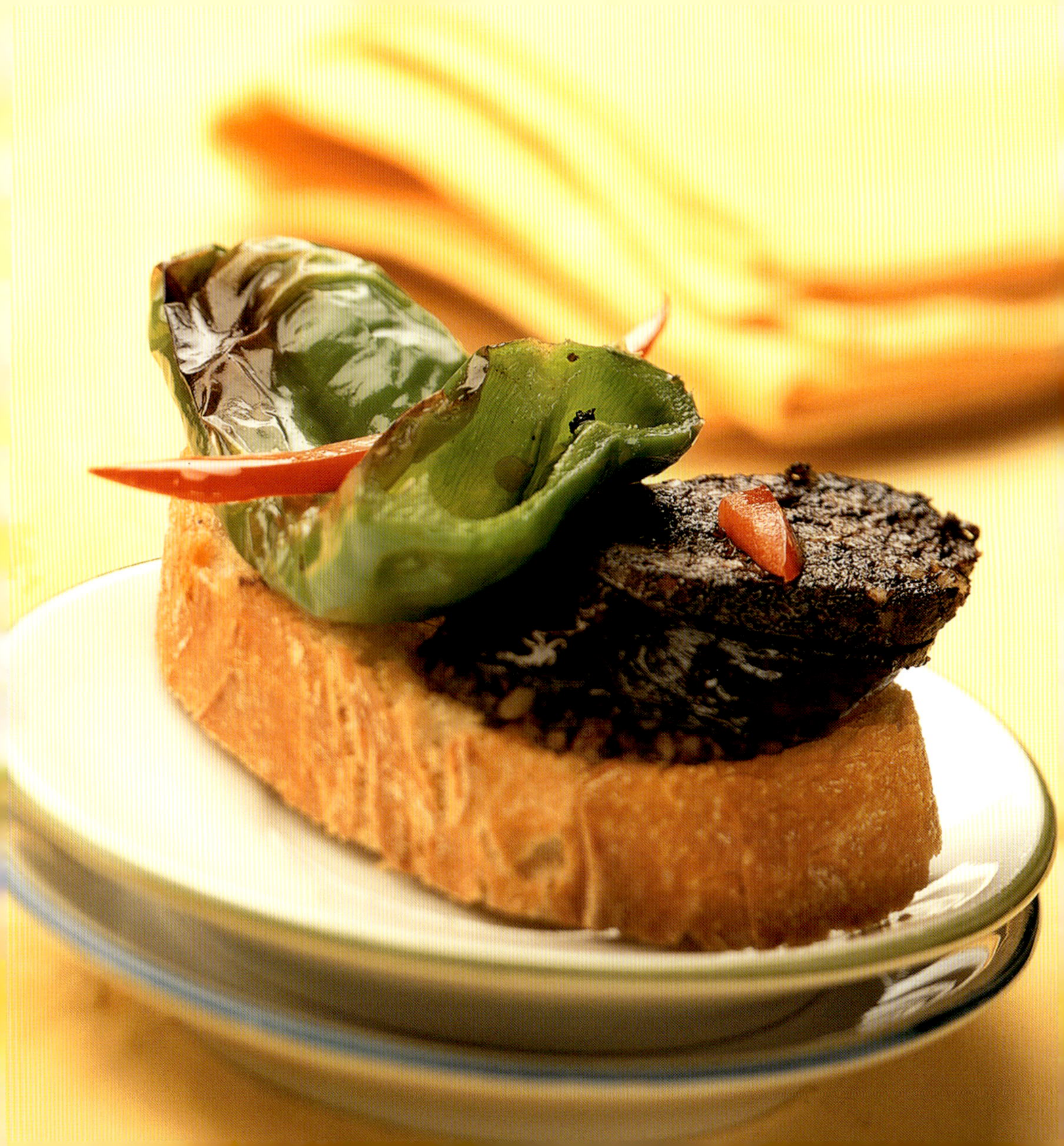

Préparation [20–25 minutes]

Il faudra faire rôtir 1 kg ou 1,5 kg de viande pour en tirer 6 tranches fines. Assaisonner et arroser d'huile.

Faire rôtir 20 minutes par kilo à 190°. Laisser reposer. Couper en 6 tranches fines.

Présentation : enduire de moutarde chaque tartine de pain. Enrouler les tranches de rosbif sur elles-mêmes et les déposer sur le pain. Décorer d'une lamelle de cornichon au vinaigre.

Remarque : on peut utiliser les restes de rosbif pour d'autres plats.

Ingrédients

Rosbif 1,5 kg
Pain de type chapata (sorte de pain de campagne plat et allongé) 6 tranches
Moutarde verte 1 pot
Cornichon au vinaigre 1
Huile d'olive
Sel et poivre

Rosbif à la moutarde verte

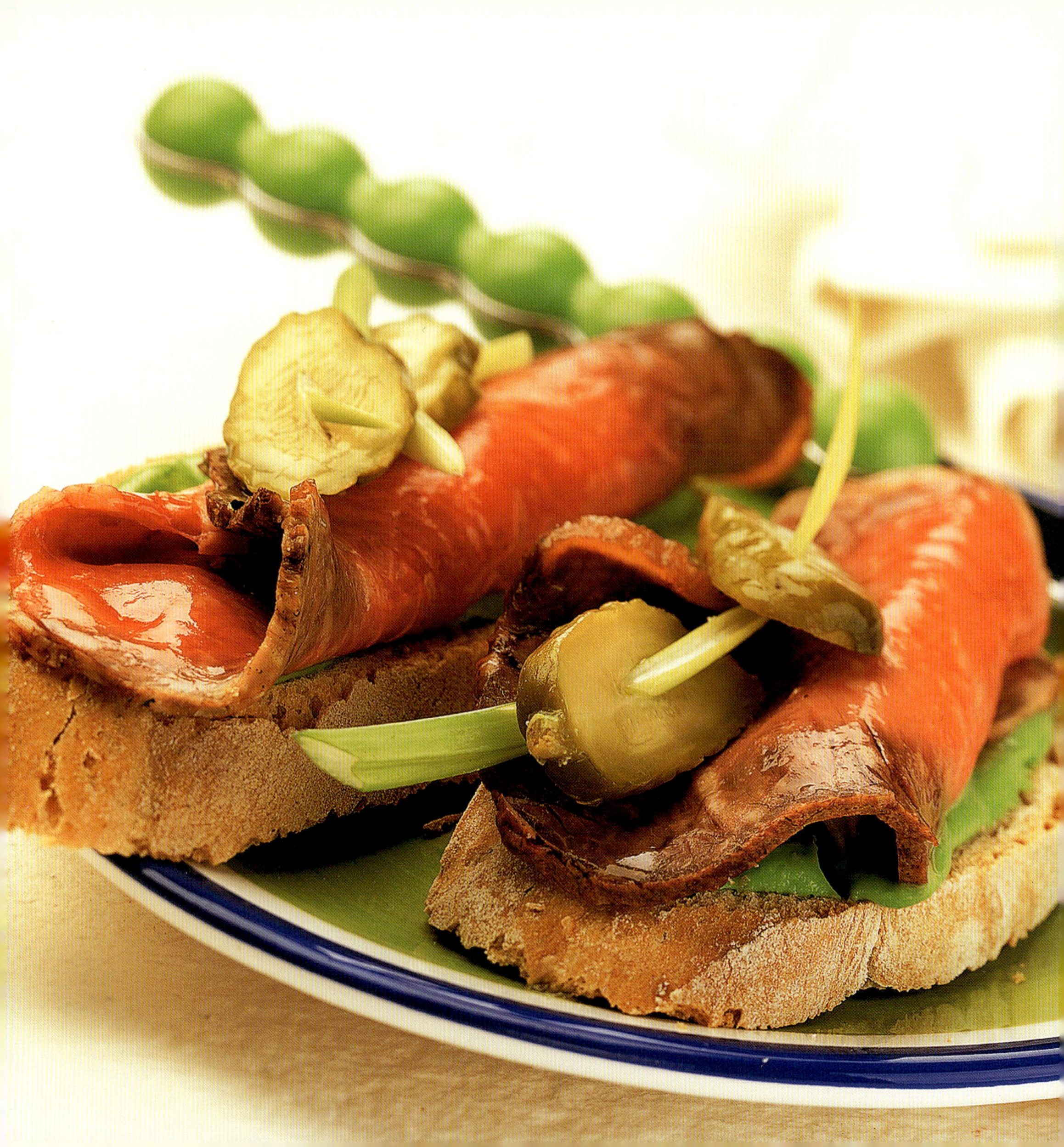

Préparation [15–20 minutes]

Assaisonner les tranches de viande et les faire revenir dans l'huile d'olive.

Mettre les poivrons à cuire dans une casserole avec la crème fraîche, saler et poivrer. Attendre l'ébullition, puis les sortir et les mixer dans un robot.

Présentation : tartiner les tranches de pain d'un peu de sauce aux poivrons. Y déposer la viande et couvrir à nouveau de sauce.

Ingrédients

Baguette 6 tranches
Filet mignon de porc ibérique 6 tranches
Poivrons rouges piquillo en conserve 3
Crème fraîche 10 cl
Sel et poivre

Filet mignon de porc ibérique sauce aux poivrons

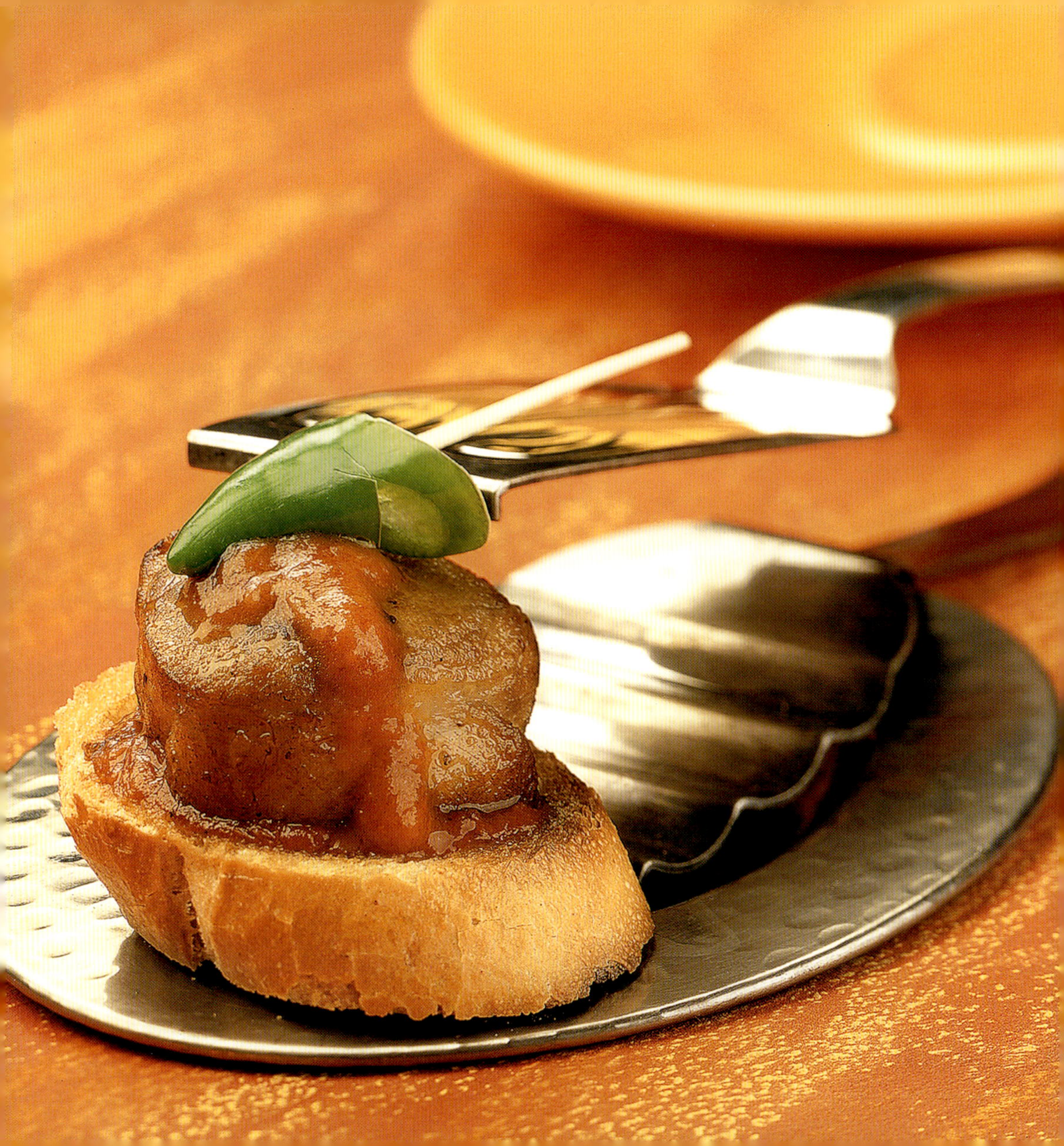

Préparation [15–20 minutes]

Faire revenir l'oignon dans 3 cuillerées à soupe d'huile jusqu'à ce qu'il soit bien doré.

Mettre les fromages à ramollir 1 minute au four puis, après les avoir bien travaillés à la fourchette, les verser dans une poche munie d'une douille crénelée de 0,5 cm.

Assaisonner les 6 tranches de filet mignon et les faire dorer dans la cuillerée d'huile restante.

Présentation : étaler l'oignon sur les 6 tranches de pain. Y déposer les filets de viande que l'on décorera d'une rosace de fromage.

Ingrédients

Baguette 6 tranches
Filet mignon de porc ibérique en tranches 150 g
Oignon très finement haché 50 g
Huile d'olive 4 cuillerées à soupe
Fromage bleu des Asturies 100 g
Fromage à tartiner du type Filadelfia 100 g
Sel

Filet mignon de porc ibérique au fromage bleu

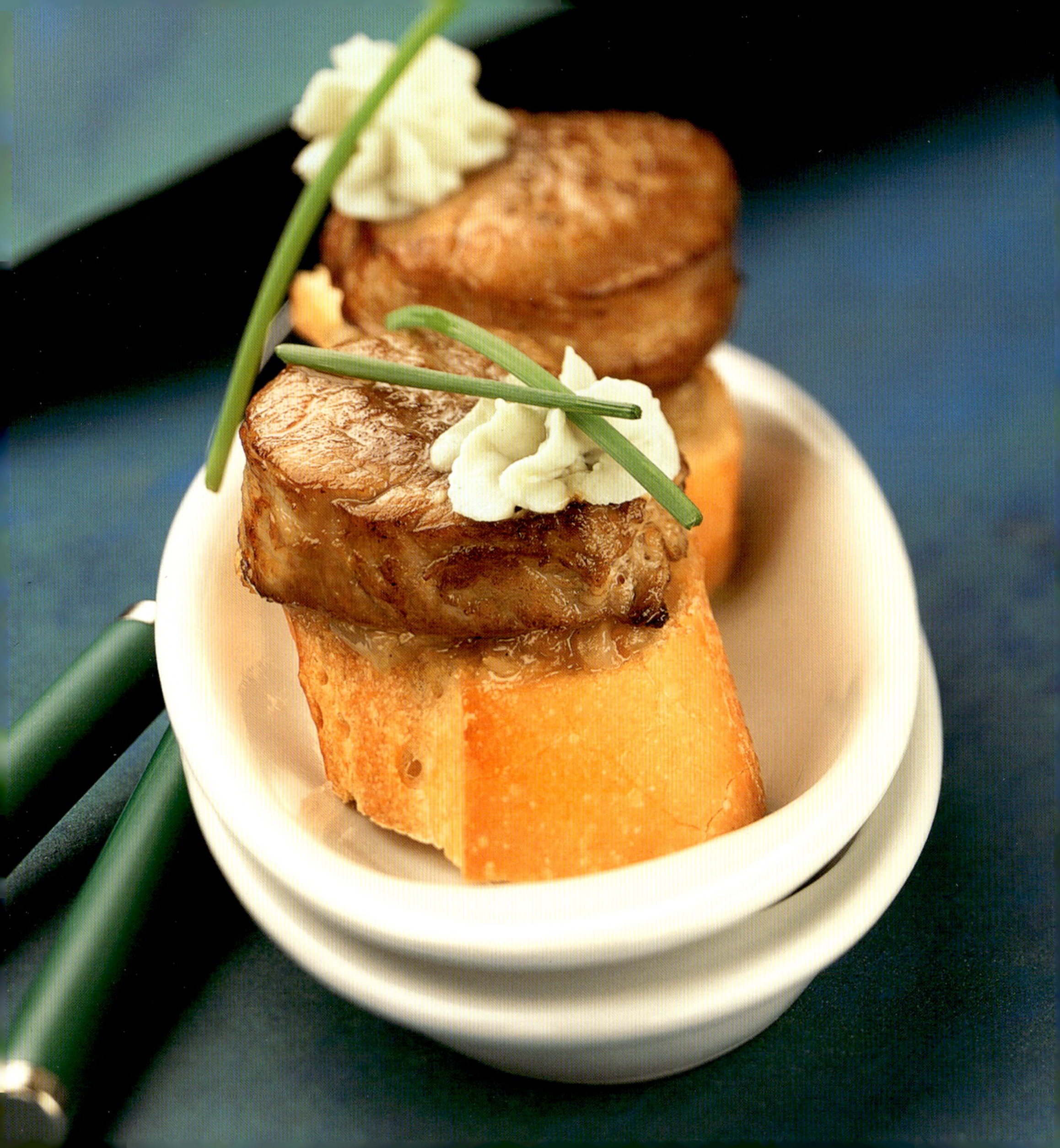

Préparation [15–20 minutes]

Mousse de foie : nettoyer les foies de volaille en les débarrassant des traces verdâtres de fiel. Les mettre à cuire dans une casserole avec le beurre, le xérès, les herbes, le sel, le sucre et le poivre. Les foies de volaille doivent rester rosés dans le beurre fondu. Mixer.

Petits oignons : mettre à chauffer 100 g de sucre et quelques gouttes de citron dans une casserole jusqu'à obtenir un caramel. Y ajouter les petits oignons, les enrober de caramel puis les couvrir d'eau et d'un filet d'huile. Saupoudrer d'un peu de sel et laisser cuire doucement jusqu'à évaporation du liquide.

Présentation : disposer côte à côte sur chaque tranche de pain des oignons et une rosace de foie gras.

Ingrédients

Pain doré dans l'huile, ail et persil 6 tranches

Mousse de foie :
Foies de volaille 250 g
Beurre 75 g
Xérès oloroso 1 cuillerée à soupe
Herbes aromatiques 1 cuillerée à soupe
Sucre 1 cuillerée à café
Sel et poivre

Petits oignons caramélisés :
Petits oignons français 10
Sucre 100 g
Huile 2 cuillerées à soupe
Eau 30 cl
Sel

Petits oignons glacés à la mousse de foies de volaille

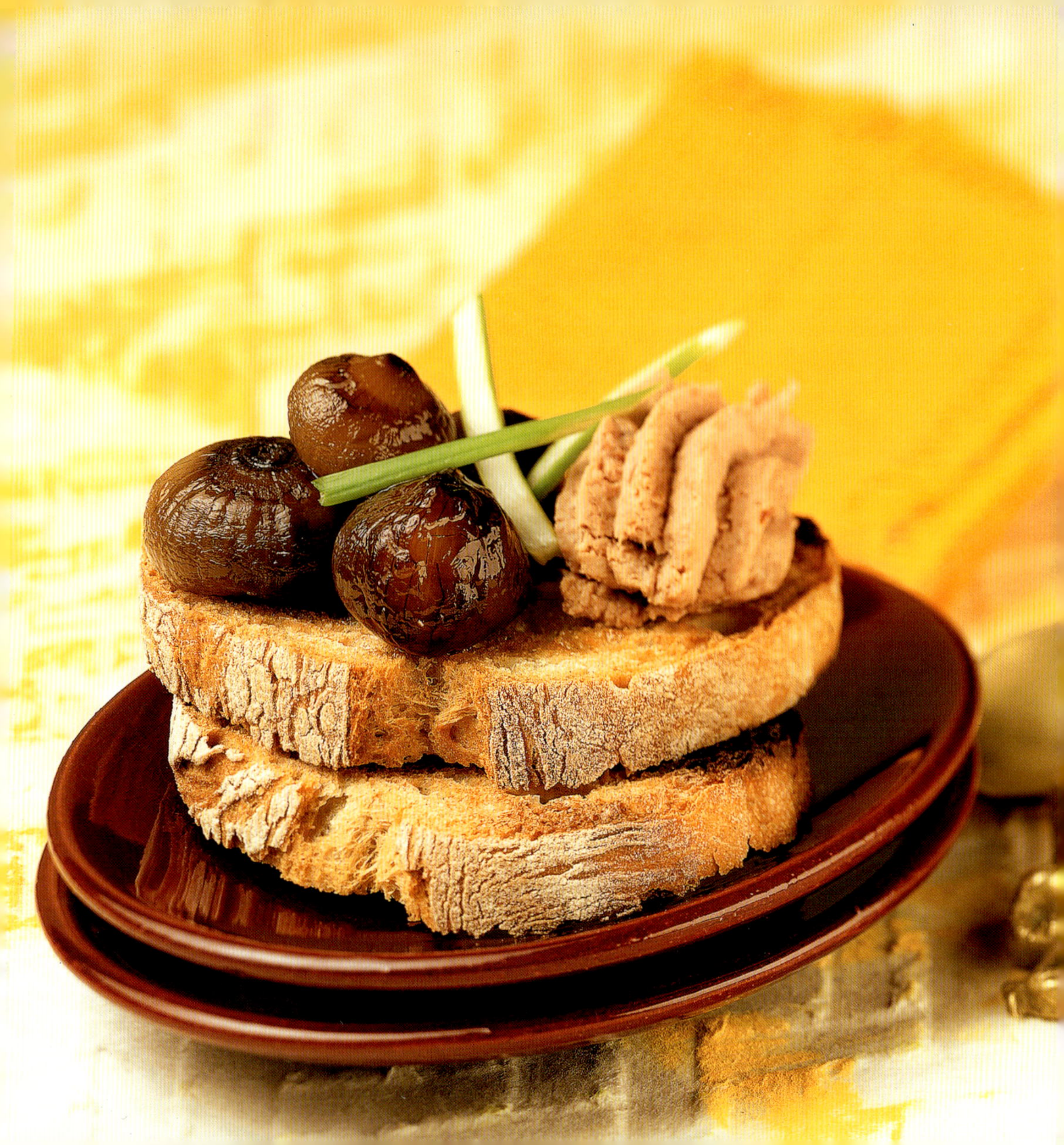

Préparation [15–20 minutes]

Plonger le sachet de plastique contenant le magret de canard dans l'eau chaude. Les tranches se sépareront ainsi plus facilement.

Peler l'avocat et le partager en deux ou dans le sens de la longueur, le noyau restant incrusté dans l'une des moitiés ; pour ne pas abîmer la chair, piquer le noyau avec un couteau, il sortira plus facilement. Couper la pulpe en petites tranches de 0,5 cm.

Présentation : tartiner les tranches de pain de foie gras et y déposer 2 lamelles d'avocat alternées avec le jambon.

Ingrédients

Baguette 6 **tranches**
Mousse de foie gras de canard en boîte ou en conserve 100 g
Magret de canard emballé sous vide 50 g
Avocat 1

Foie gras, d'avocat et de magret de canard

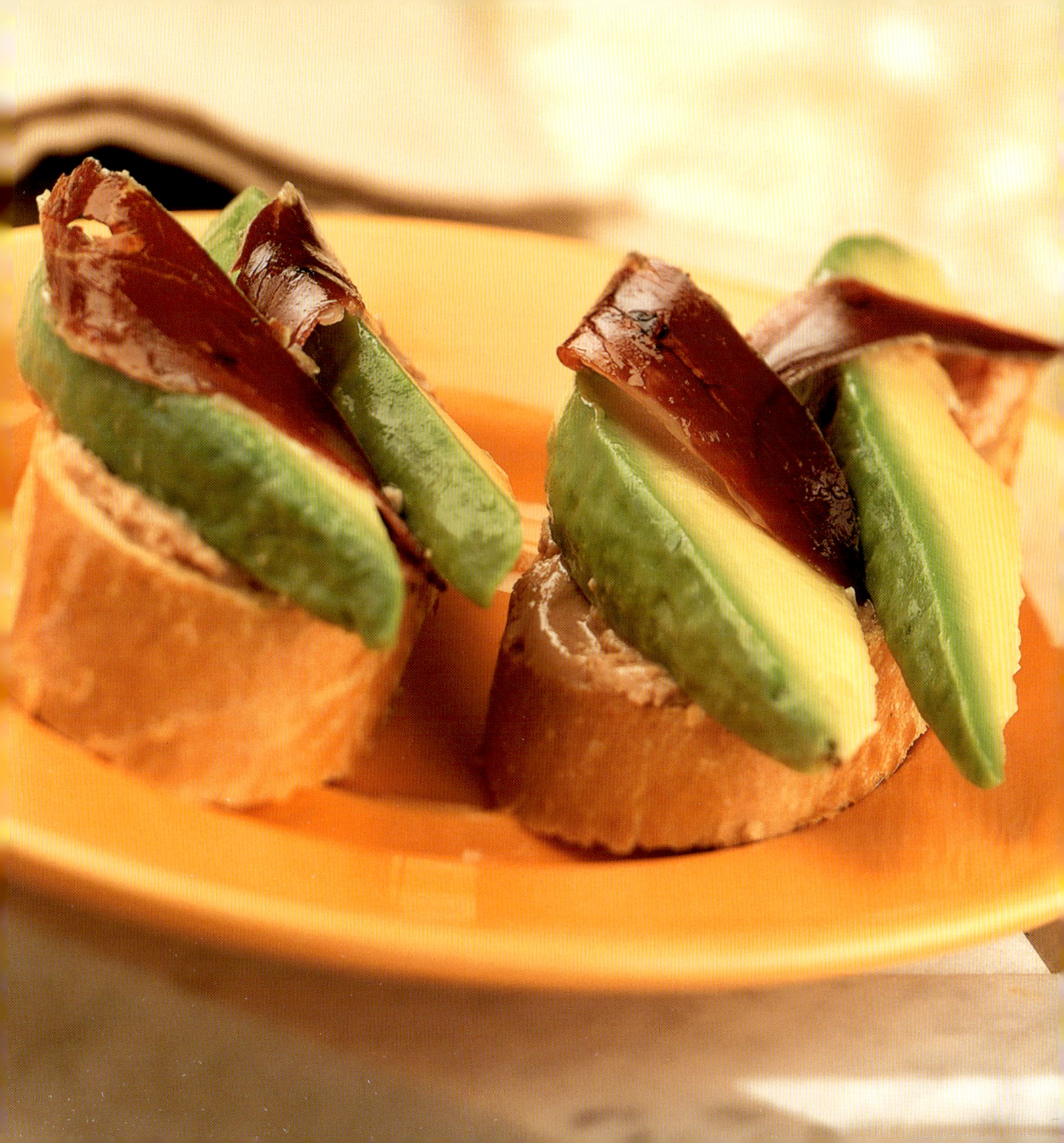

Préparation [10–15 minutes]

Tartiner le pain de sauce tomate.

Couper chaque cornichon en 4 morceaux que l'on disposera en étoile sur chacune des tranches de pain. Déposer dans les intervalles alternativement les moules, les petits oignons et le poivron. Garnir le centre d'un demi oeuf de caille que l'on aura fait cuire pendant 5 minutes.

Ingrédients

Pain complet rond 6 tranches
Tomate frite 1 boîte
OEufs de caille 3
Moules en escabèche 1 boîte
Olives fourrées au poivron rouge 1 boîte
Petits oignons au vinaigre 1 boîte
Poivron *piquillo* **en morceaux** 1
Cornichons 6

Assortiment d'escabèches

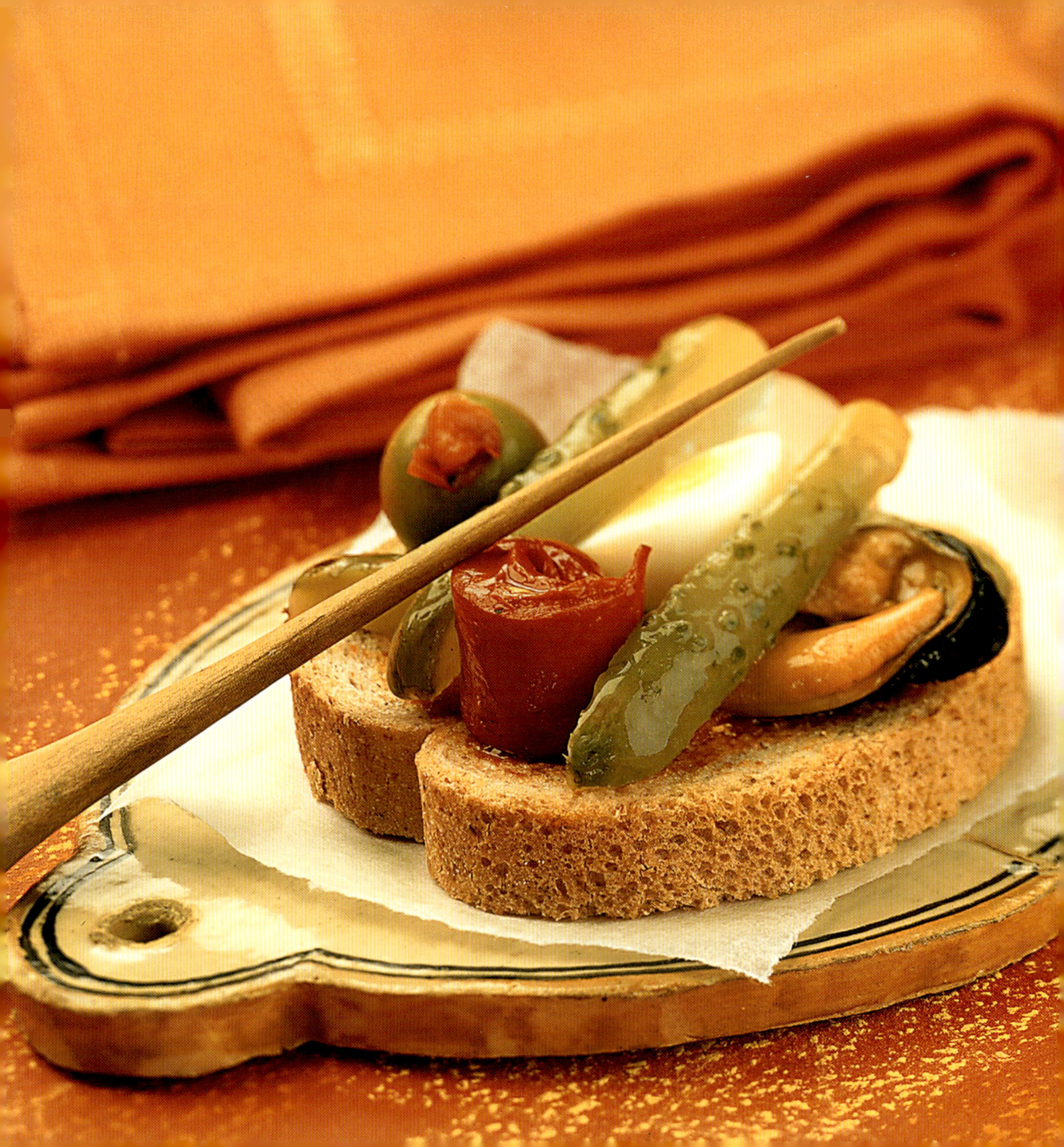

Préparation [10–15 minutes]

Couper le pain en biais de façon à obtenir de longues tranches.

Faire revenir l'oignon jusqu'à ce qu'il devienne transparent. Ajouter ensuite l'ail sans le faire roussir.

Couper les petits fromages en deux.

Placer l'oignon revenu sur le pain avec un peu de son huile de cuisson et le recouvrir de deux moitiés de fromage.

Passer au four à 160° quelques minutes afin de ramollir le fromage.

Présentation : disposer les raisins par-dess

Ingrédients

Pain de type chapata (sorte de pain de campagne plat et allongé) 6 tranches
Petits fromages de chèvre 6
Oignon, haché 1
Gousses d'ail, hachées 2
Huile d'olive 3 cuillerées à soupe
Raisins secs de Malaga

Fromage de chèvre sur lit d'oignons

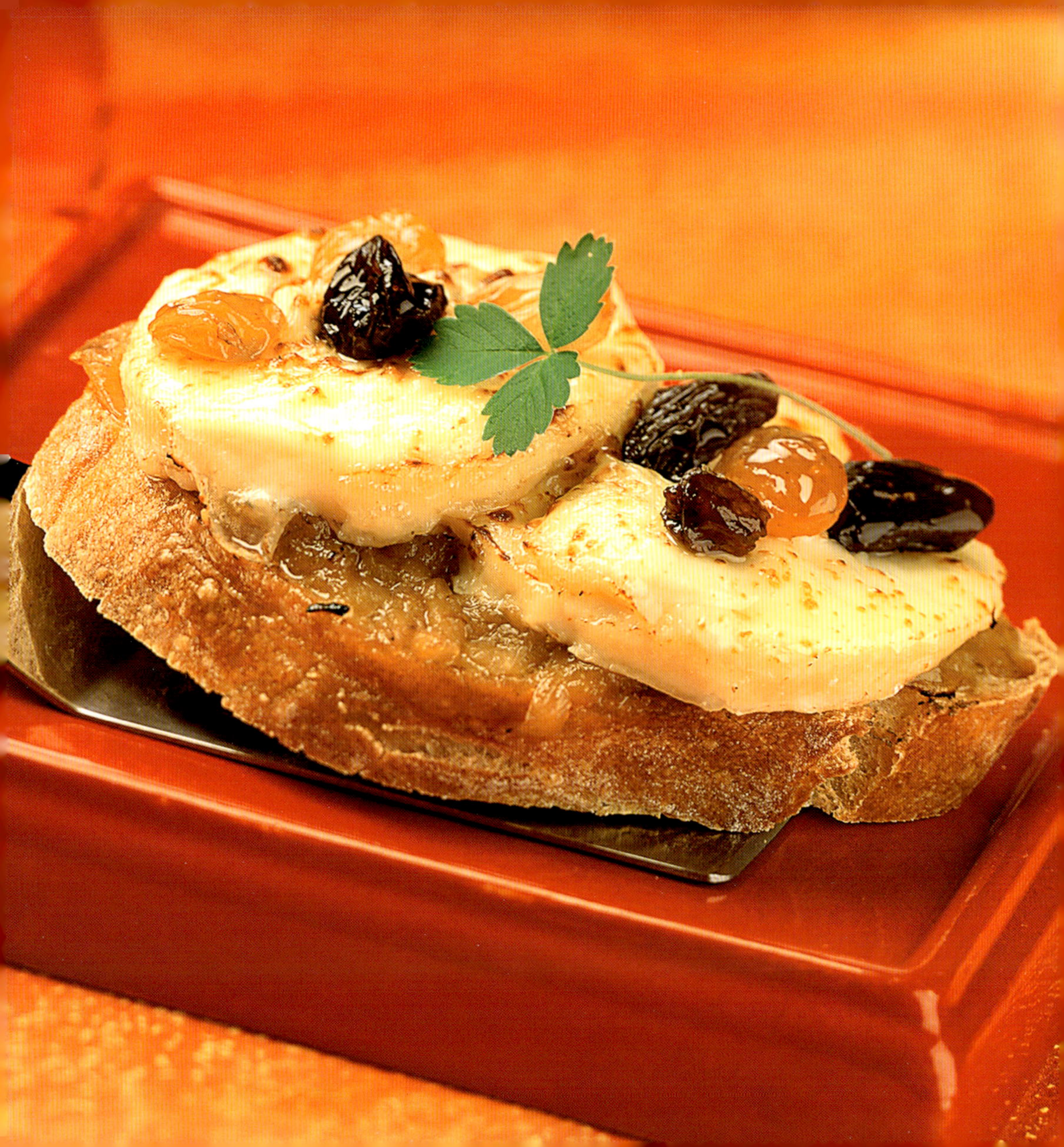

Préparation [10–15 minutes]

Couper le pain en cercles de la taille de la tomate.

Détailler celle-ci en rondelles très fines.

Partager les fromages de chèvre en trois tranches chacun.

Mélanger le pimentón doux à la chapelure.

Pour finir, tremper les petits fromages dans l'oeuf et la chapelure et les faire frire.

Présentation : couvrir le pain d'une rondelle de tomate, saupoudrer de sucre et arroser d'une cuillerée à café d'huile. Déposer, pour finir, les petits fromages frits et décorer de cornichons.

Ingrédients

Pain de mie 6 tranches
Tomate mûre et charnue 1
Huile d'olive vierge 6 cuillerées à café
Petits fromages de chèvre 2
Chapelure 80 g
Pimentón doux (paprika) 2 cuillerées à soupe
Une pincée de sucre
OEufs pour l'enrobage 2
Cornichons au vinaigre 3

Fromage de chèvre frit

Sur le pain

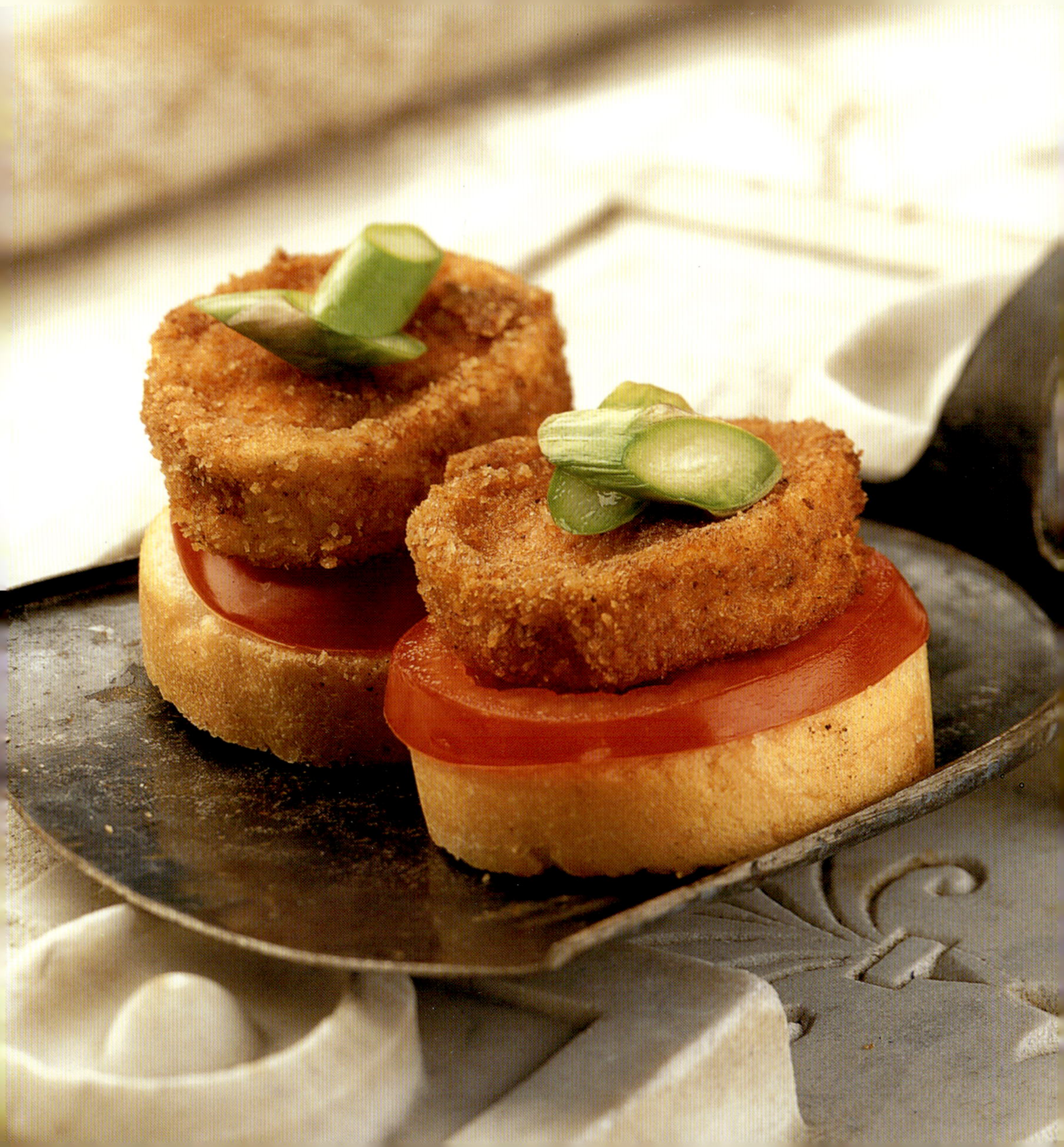

Préparation [5–10 minutes]

Couper le pain en tranches rondes que l'on fera griller.

Couper les figues en quatre en forme de fleur.

Enduire le pain d'huile puis tartiner de fromage. Y déposer le jambon et les figues.

Conseil : prévoir plus de figues que la quantité indiquée, car il arrive que certaines d'entre elles s'abîment quand on les coupe.

Ingrédients

Pain de mie 6 tranches
Huile d'olive vierge 6 cuillerées à soupe
Fromage à tartiner 100 g
Jambon en tranches très fines 100 g
Figues 6

Fromage, figues et jambon de bellota (jambon cru de porc nourri au gland)

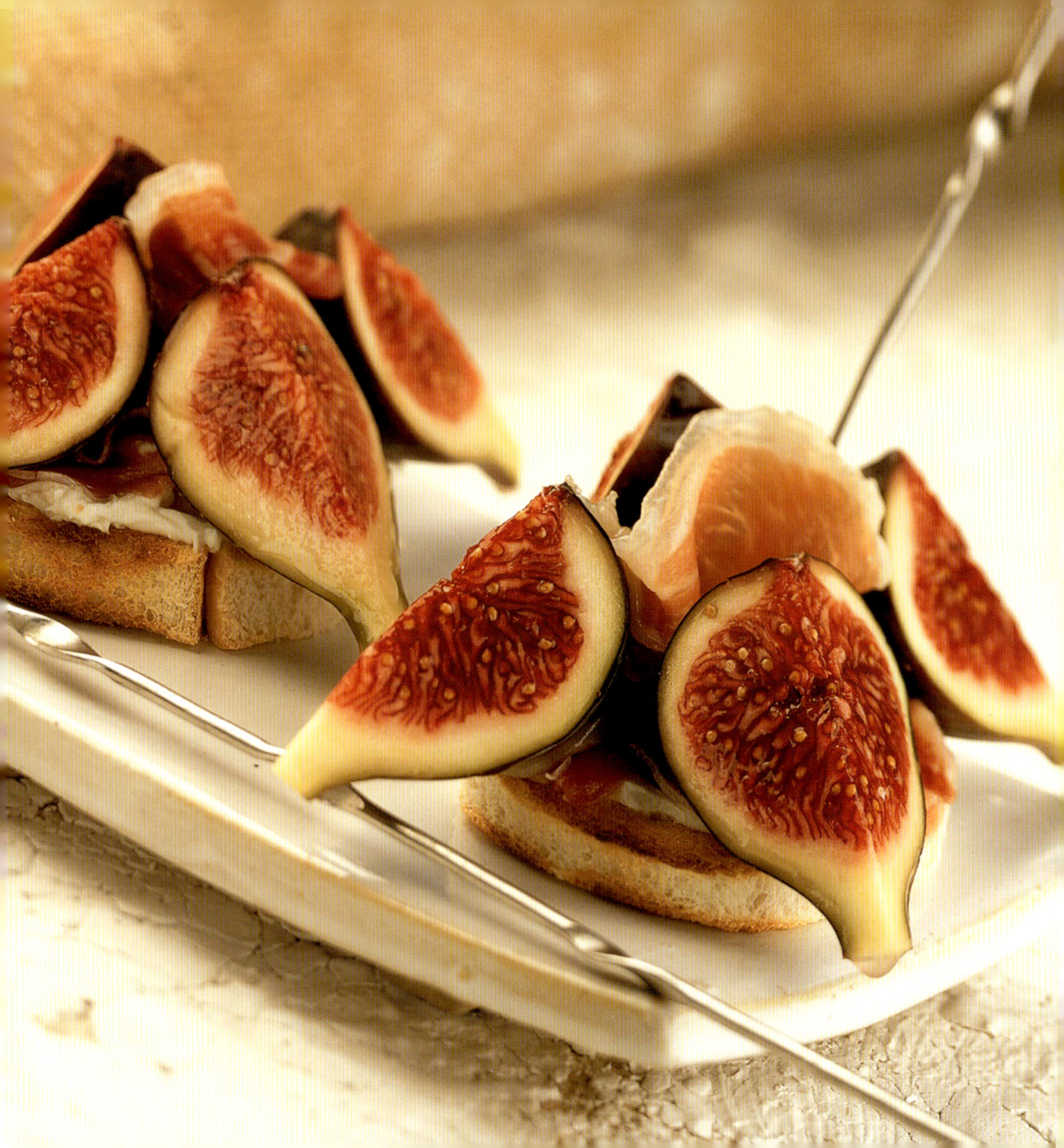

Préparation [10–15 minutes]

Couper le pain en biais pour obtenir des tranches allongées.

Acheter un fromage torta del Casar bien moelleux et enlever la croûte du dessus à l'aide d'un couteau, découvrant ainsi la partie crémeuse du fromage.

Tartiner le pain de soubressade et de 2 ou 3 cuillerées de crème de fromage.

Faire gratiner 2 minutes, le temps que le fromage fonde et que les tartines dorent légèrement.

Ingrédients

Pain de type chapata (sorte de pain de campagne, plat et allongé) 6 tartines
Soubressade 6 tranches
Fromage du type torta del Casar 1

Gratin de soubressade et torta del Casar

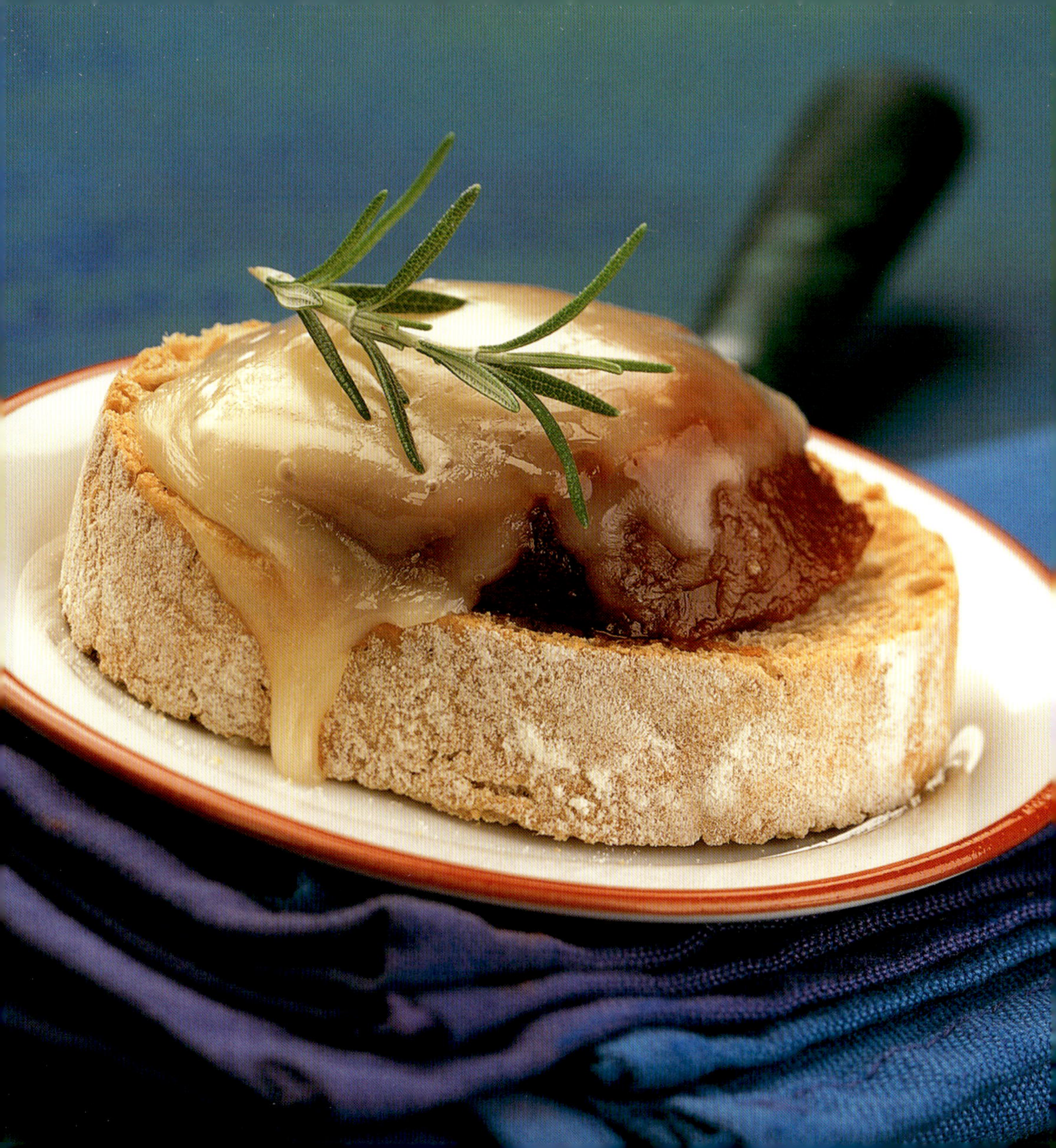

Préparation [5–10 minutes]

Couper le pain en biais de façon à obtenir des tranches plus longues et pouvoir leur donner la forme du fromage.

Verser quelques gouttes d'huile sur chacune des tranches et les recouvrir de 6 portions triangulaires découpées dans le brie.

Mettre au four à 200° pendant 3 ou 4 minutes.

Présentation : décorer de petites branches de romarin.

Ingrédients

Brie 500 g
Pain de type chapata (sorte de pain de campagne, plat et allongé)
Huile d'olive à 0,4° 6 cuillerées à café
Romarin 6 brins

Tapa de brie

Sur le pain

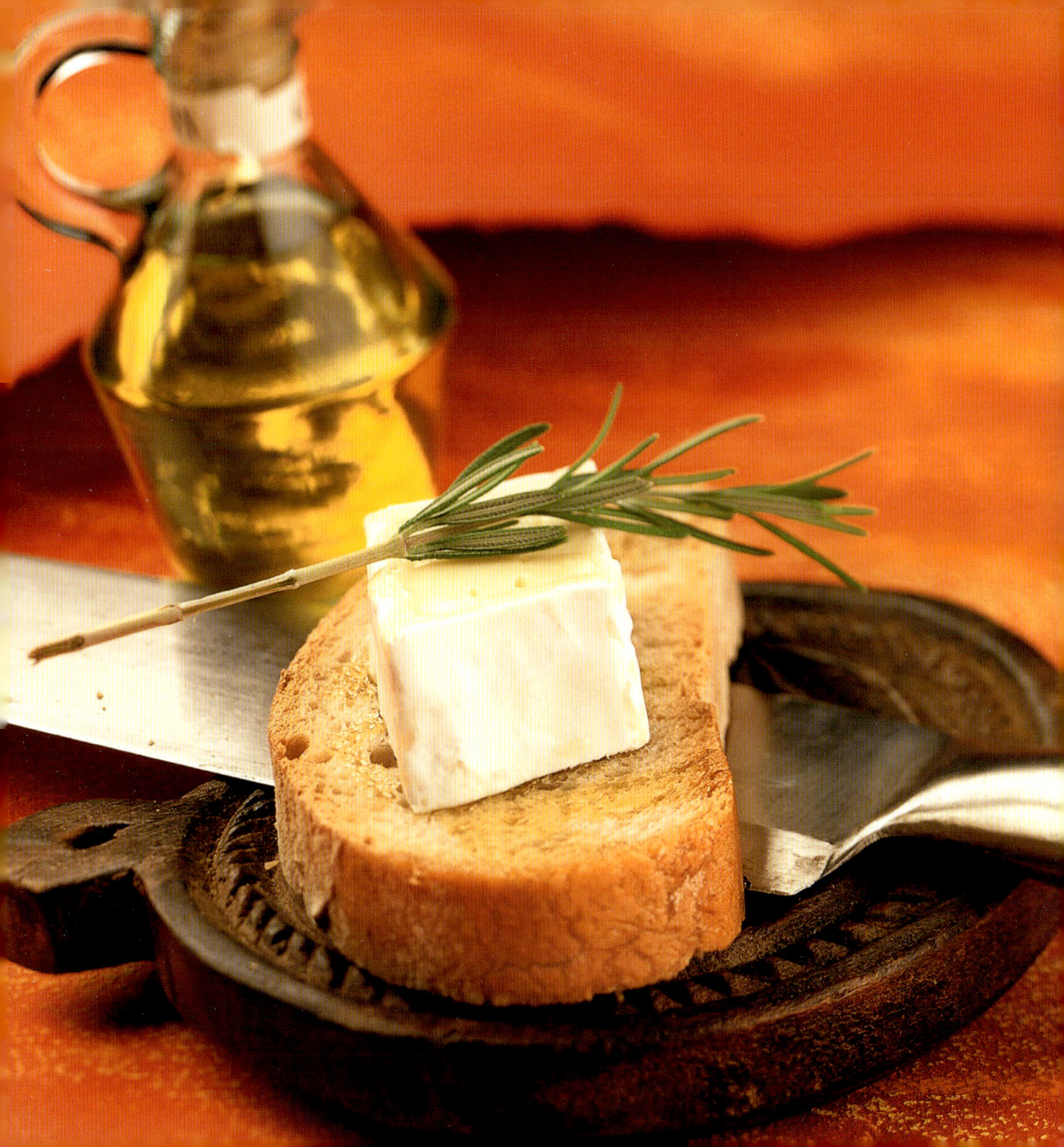

Préparation [10–15 minutes]

Crème de fromage : ramollir les fromages pour pouvoir les malaxer facilement avec le beurre et la crème fraîche.

Garder 12 noix pour la décoration et mixer le reste dans un robot. Ajouter
aux fromages. Mettre à refroidir au réfrigérateur.

Présentation : répartir la crème sur les tranches de pain et décorer avec les noix entières et l'estragon.

Ingrédients

Pain 6 tranches
Roquefor 100 g
Fromage à tartiner du type Filadelfia 50 g
Beurre tendre 100 g
Noix 100 g
Crème fraîche 2 cuillerées à soupe
Brins d'estragon

Tapa de fromage aux noix

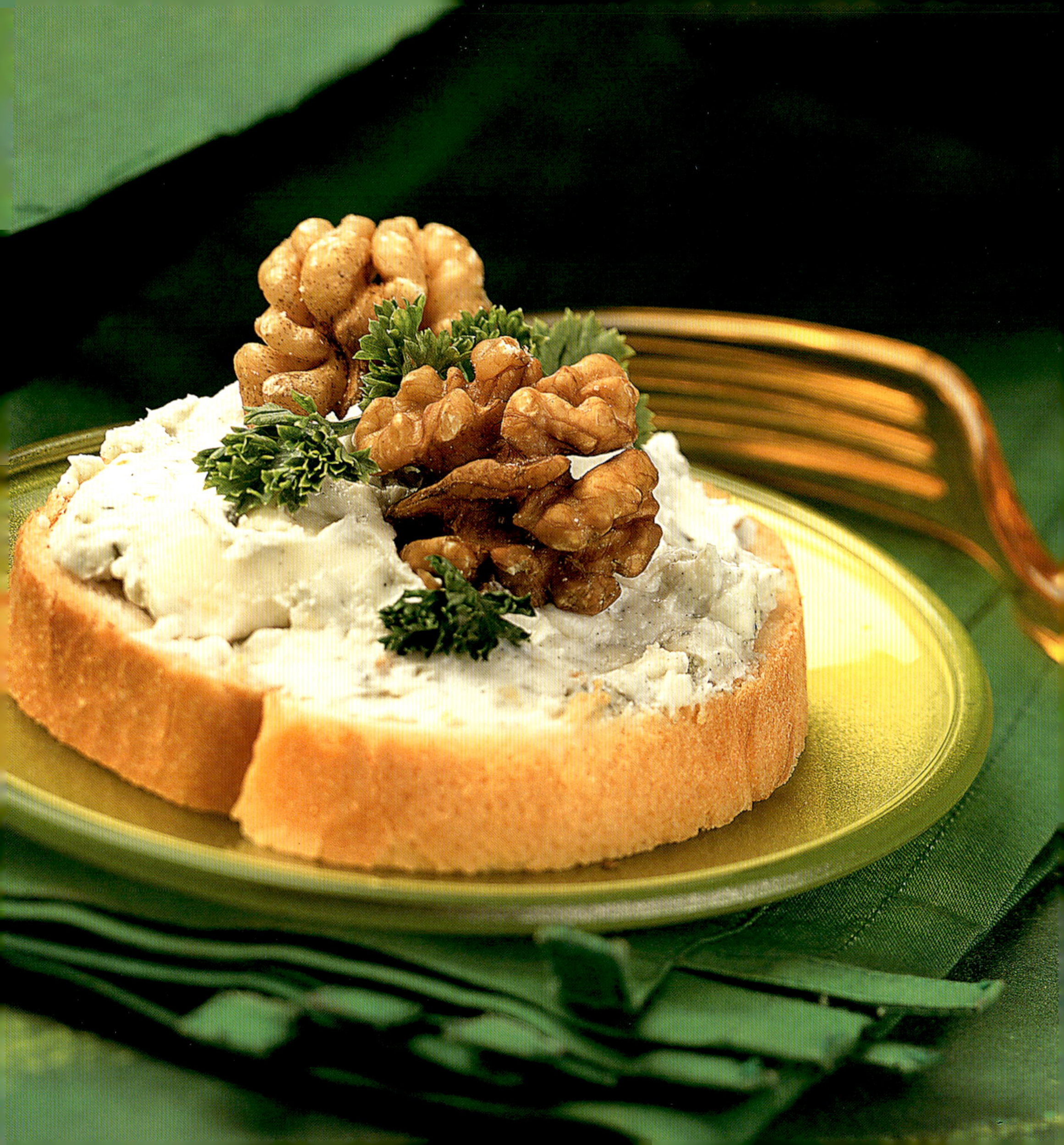

Dynamisme et commodité sont réunis dans cette forme libre de présentation où on peut envisager toutes sortes de supports, ustensiles ou l'absence de ceux-ci.

Les panés, les pâtes feuilletées, les brochettes, les tartelettes, les vol-au-vent ou les beignets sont des emballages élégants et colorés pour les tapas de facile préparation.

Les 100 meilleures tapas
à votre façon

Préparation [30–35 minutes]

Farce : décortiquer les queues des crevettes et les faire revenir dans un peu d'huile. Réserver.

Champignons : choisir les champignons les plus gros pour les farcir et creuser légèrement l'intérieur du chapeau.

Faire revenir l'ail haché, parsemer de persil et remplir l'intérieur des champignons avec ce mélange.

Arroser avec le restant d'huile.

Faire cuire au four préchauffé à 160°, pendant 20 minutes.

Présentation : sortir les champignons du four et ajouter les lamelles de jambon et les crevettes sautées.

Ingrédients

Champignons de culture 6
Queues de grosses crevettes surgelées 6
Lamelles de jambon ibérique 50 g
Gousses d'ail hachées 3
Huile d'olive 15 cl
Persil ciselé

Champignons de Paris farcis aux crevettes et au jambon

À votre façon

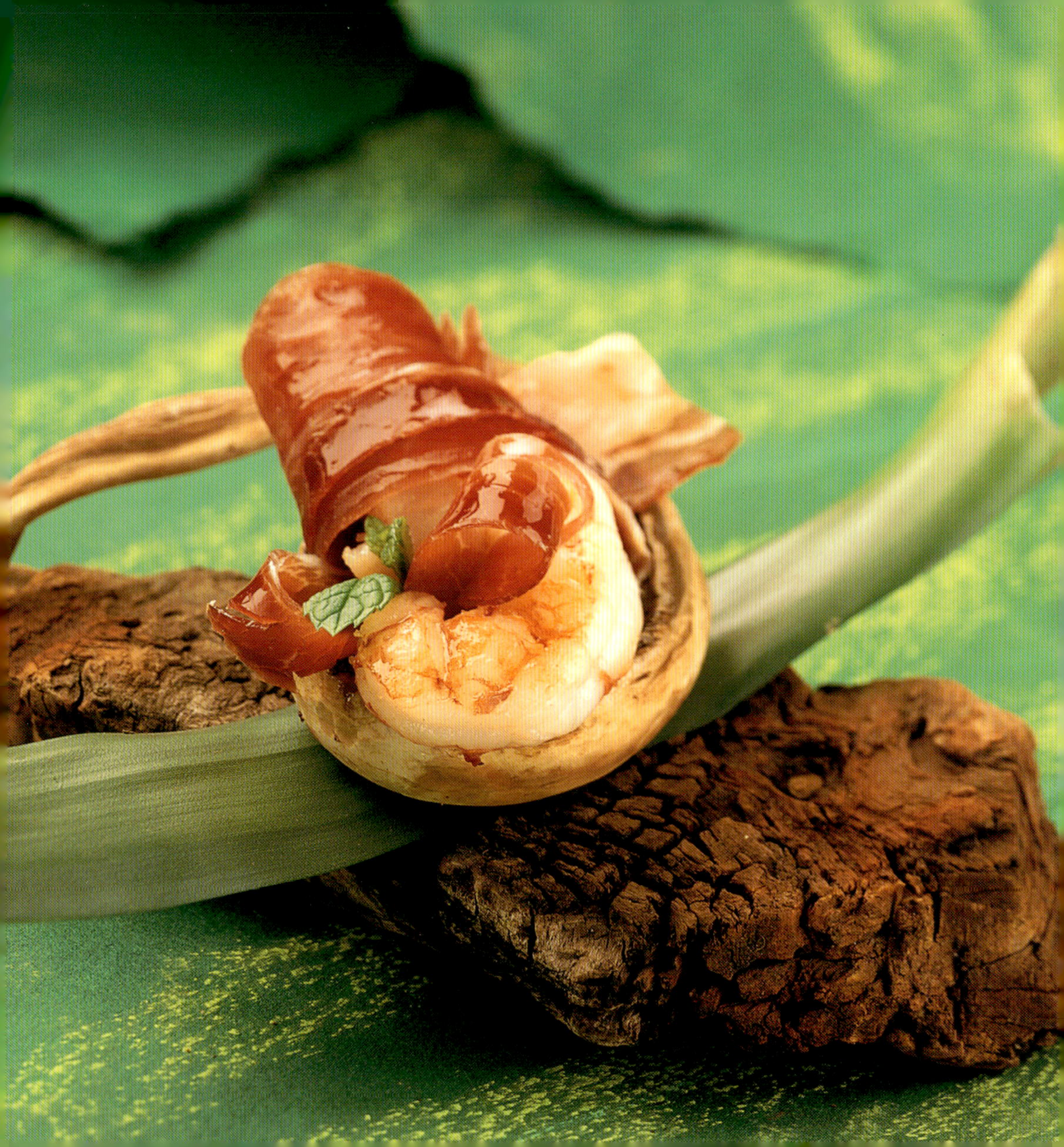

Préparation [30–35 minutes]

Confectionner la sauce béchamel avec 50 g de farine et les ingrédients de la recette dans les proportions appropriées.

Retirer la peau du chorizo, le hacher finement et l'incorporer à la béchamel. Faire cuire pendant une minute.

Faire cuire les oeufs dans de l'eau salée pendant 15 minutes, les refroidir sous le robinet et les écaler.

Couper les oeufs en deux, retirer le jaune et le hacher.

Farce : mélanger les jaunes à la béchamel au chorizo.

Remplir les blancs de ce mélange en leur donnant une forme bombée.

Les rouler dans la farine et dans l'oeuf battu et faire frire dans une grande quantité d'huile chaude.

Ingrédients

OEufs 6
Chorizo 100 g
Sauce béchamel (p. 219) avec 50 g de farine
OEufs durs 2
Farine
Chapelure
Huile d'olive en grande quantité pour la friture

OEufs durs farcis en beignet

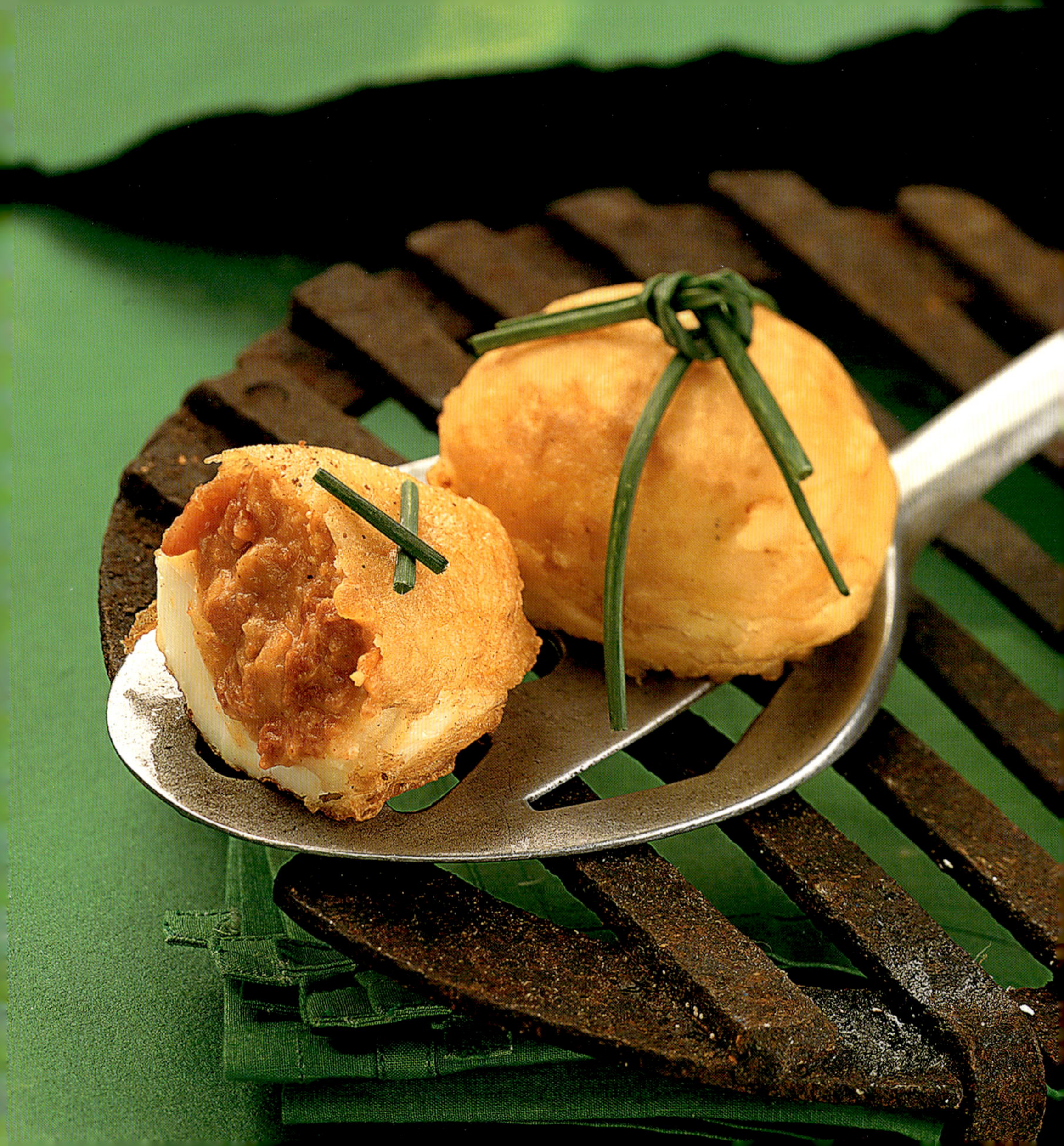

Préparation [20–25 minutes]

Laver et racler les coquilles des moules. Les faire ouvrir à la vapeur. Couvrir et lorsque l'eau arrive à ébullition, attendre que les coquilles s'ouvrent. Vider les moules lorsqu'elles sont cuites. Réserver les coquilles.

Sauce : faire fondre le beurre avec une cuillerée à soupe d'huile et faire revenir la civette hachée. Lorsque celle-ci devient translucide, ajouter la farine. Ajouter ensuite le vin et le lait jusqu'à obtenir une crème épaisse. Assaisonner.

Ajouter les moules, les laisser cuire quelques secondes dans la sauce, puis les mixer au robot et remplir les coquilles de ce mélange chaud.

Une fois refroidies, les passer dans l'oeuf et la chapelure et les faire frire.

Ingrédients

Moules 20
Beurre 50 g
Huile d'olive à 0,4° 1 cuillerée à soupe
Civette hachée 1/2
Farine 50 g
Lait 30 cl
Vin blanc 1 cuillerée à soupe
Sel
Poivre

Moules farcies frites (Tigres)

À votre façon

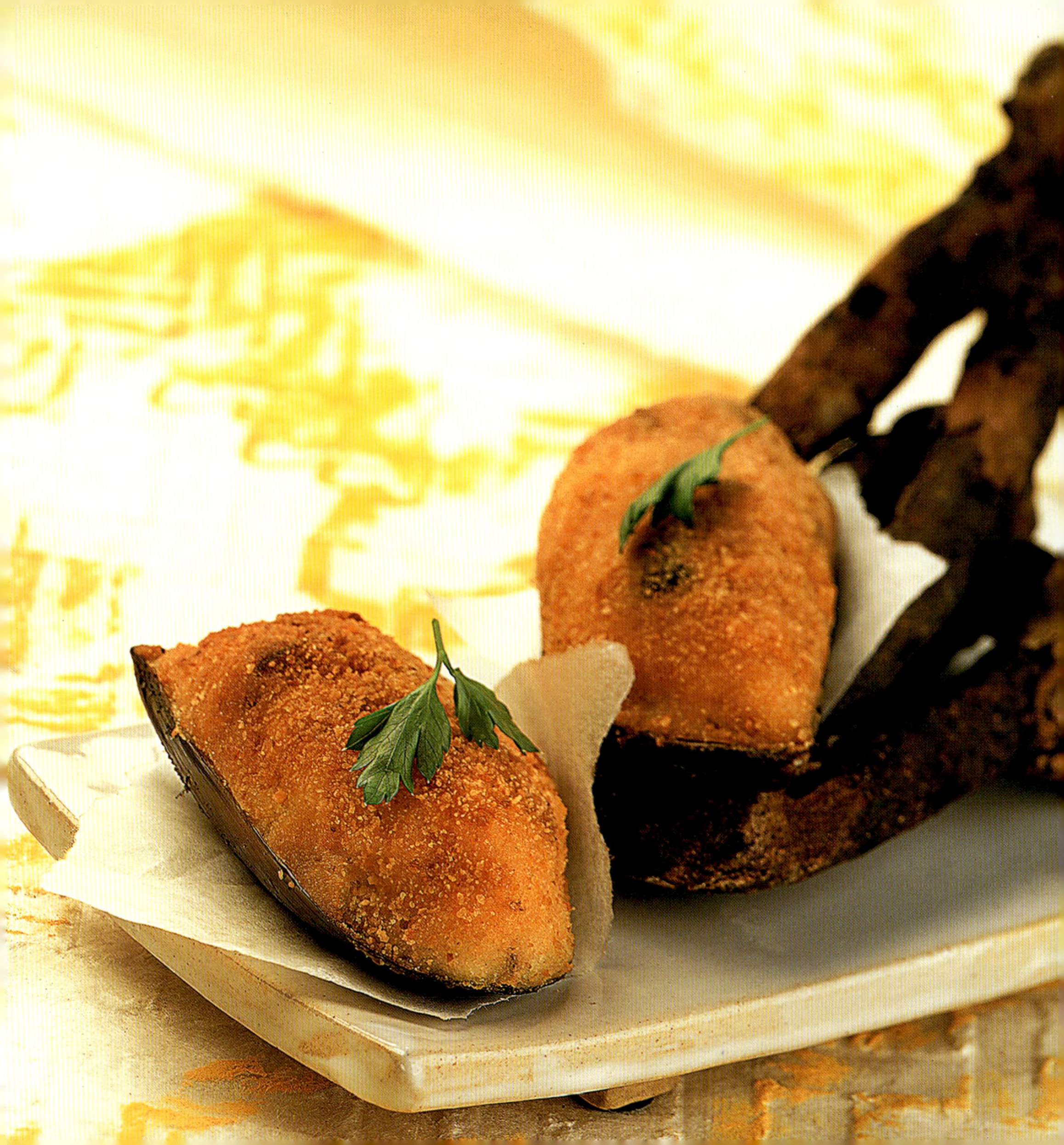

Préparation [20–25 minutes]

Faire chauffer l'eau avec le laurier et le sel. Lorsqu'elle parvient à ébullition, y plonger les crevettes pendant 2 minutes et demie. Elles doivent être à moitié cuites.

Retirer la tête des crevettes et les décortiquer, en ne laissant que la queue.

La pâte : mélanger la farine avec la levure, ajouter les oeufs battus, le sel, l'huile et le lait, en remuant jusqu'à obtenir une pâte homogène.

Enrober chaque crevette de pâte en laissant dépasser la queue et faire frire immédiatement. L'huile ne doit pas être trop chaude, l'extérieur roussirait excessivement et l'intérieur resterait cru.

Remarque: le temps de cuisson des crevettes dépend du poids de la pièce. Celles utilisées dans cette recette pèsent 25 grammes, soit 20 pièces pour 500 g.

Ingrédients

Crevettes 500 g
Eau 2 l
Sel marin 2 cuillerées à soupe
Laurier 2 feuilles
Sel

Pâte:
Farine 250 g
OEufs 2
Lait 15 cl
Huile 2 cuillerées à soupe
Levure en poudre Royal 1 cuillerée à café
Sel fin 1 cuillerée à café
Huile en grande quantité **pour la friture**

Crevettes à la gabardina

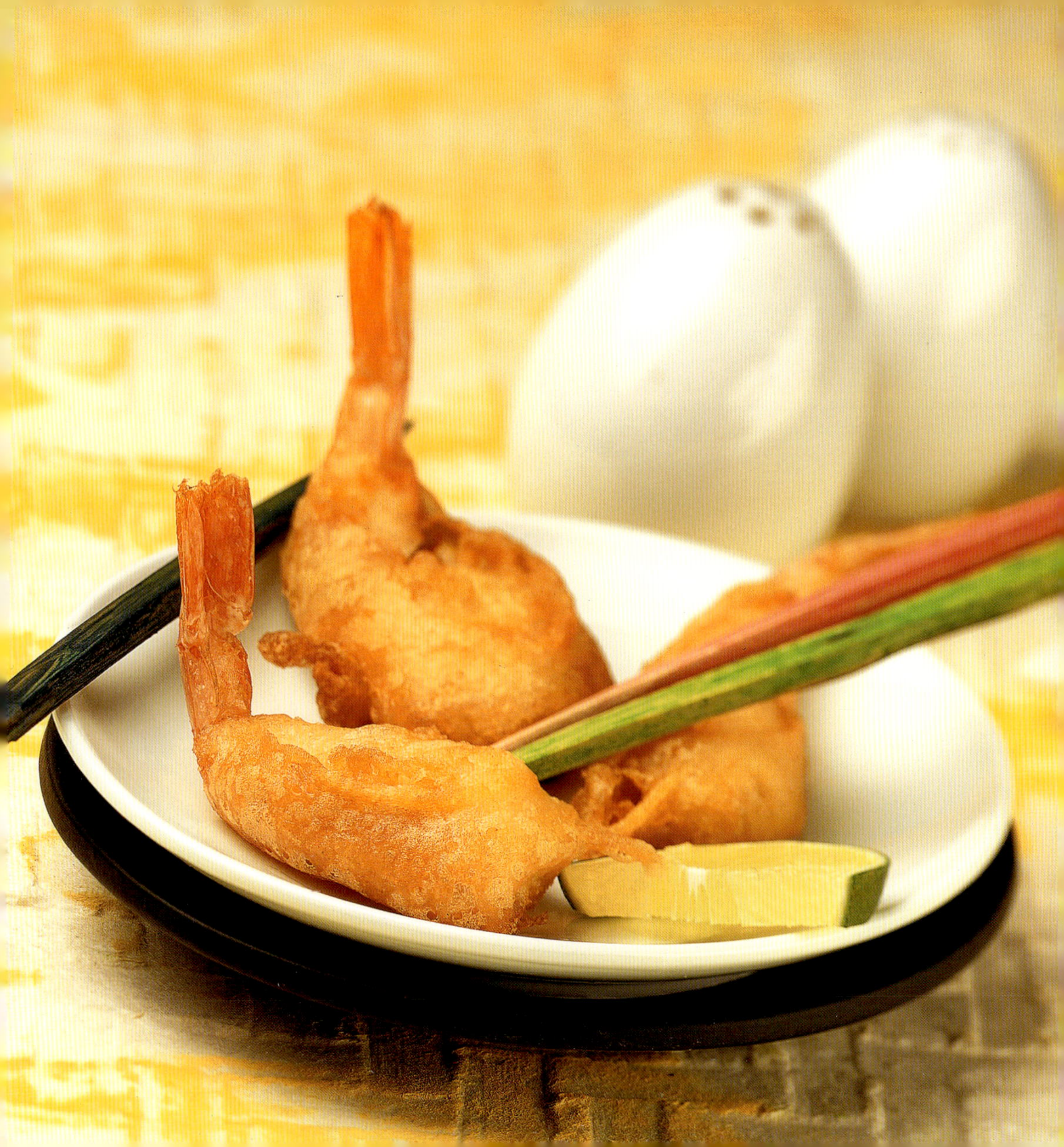

Préparation [15–20 minutes]

Préparer la marinade en mélangeant tous les ingrédients.

Dégraisser et dénerver le filet, le couper en cubes, puis le plonger dans la marinade pendant 2 heures.

Présentation : enfiler les cubes de viande sur des brochettes en bois, en comptant 3 cubes sur chaque brochette. Faire revenir rapidement dans l'huile.

Ingrédients

Filet de porc (300 g) 1

Marinade :
Oignon en lamelles 1/2
Gousses d'ail hachées 2
Laurier hachée 1 feuille
Herbes aromatiques 1 cuillerée à soupe
Pimentón (paprika) fort 2 cuillerées à soupe
Sauce de soja 1 cuillerée à soupe
Vinaigre de xérès 10 cl
Huile d'olive 1 verre
Sel
Poivre fraîchement moulu

Brochette de filet de porc ibérique mariné

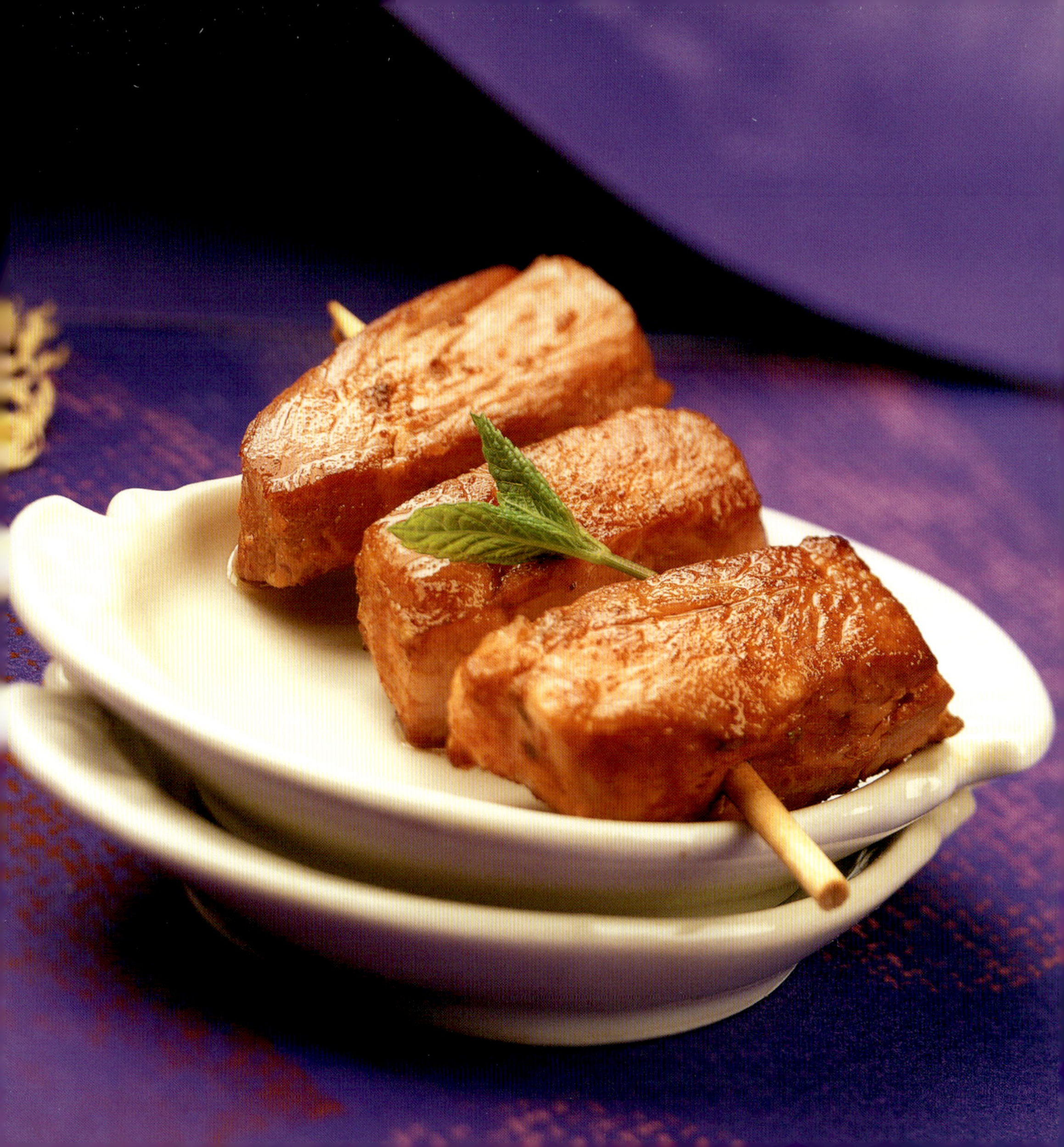

Préparation [30–35 minutes]

Désosser les côtelettes. Les saler et les faire revenir dans l'huile. La viande doit rester rosée.

Préparer la béchamel suivant la recette, en utilisant 60 g de farine au lieu de 30.

Plonger les côtelettes l'une après l'autre dans la béchamel chaude, et laisser refroidir sur une plaque graissée. Passer les côtelettes refroidies dans la farine, les oeufs et la chapelure, puis les faire dorer dans un bain de friture.

Ingrédients

Côtelettes d'agneau 6
Sauce béchamel (voir recette p. 219)

Enrobage :
OEufs battus
Farine
Chapelure

Côtelettes d'agneau à la béchamel

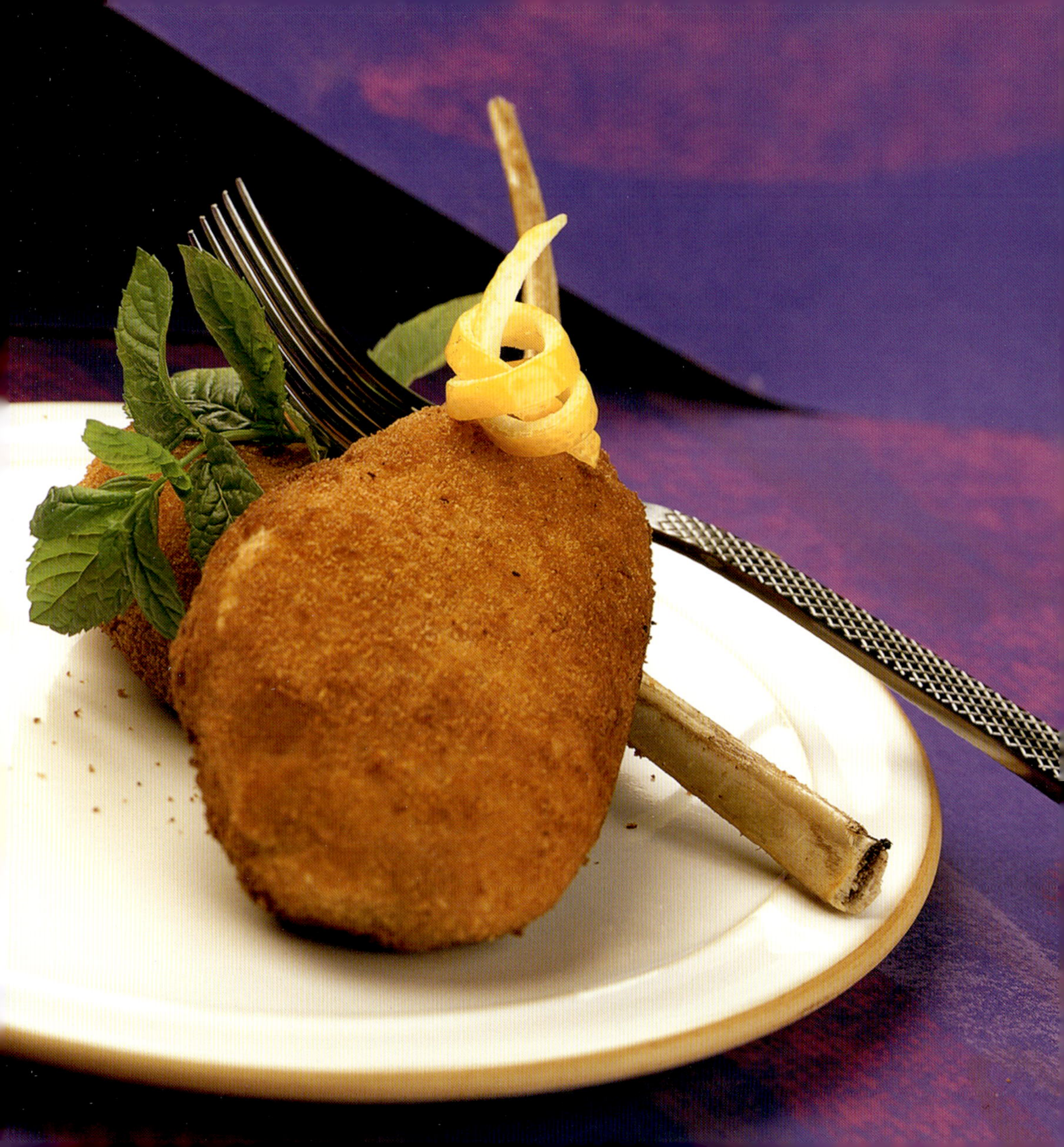

Préparation [15–20 minutes]

Ingrédients

Passer la viande au mixeur et y incorporer la sauce tomate et la sauce Perrins. Relever à sa convenance en ajoutant quelques gouttes de Tabasco. Saler.

Etaler la pâte et former des ronds de 7 cm de diamètre. Répartir la garniture sur ceux-ci et les replier en les soudant avec un peu d'oeuf battu. Dessiner des stries sur les bords à l'aide d'une fourchette.

Faire frire dans beaucoup d'huile.

Remarque : la pâte peut être faite à l'avance, mais les friands doivent être frits dès qu'ils ont été garnis.

Pâte feuilletée congelée ou pâte à friands du commerce ou faite maison (voir recette p. 226)
Viande rôtie ou cuite 200 g
Sauce tomate (p. 220) 10 cl
Quelques gouttes de sauce Worcestershire (Perrins)
Quelque gouttes de Tabasco (facultatif)
OEuf battu 1
Sel

Friands à la viande

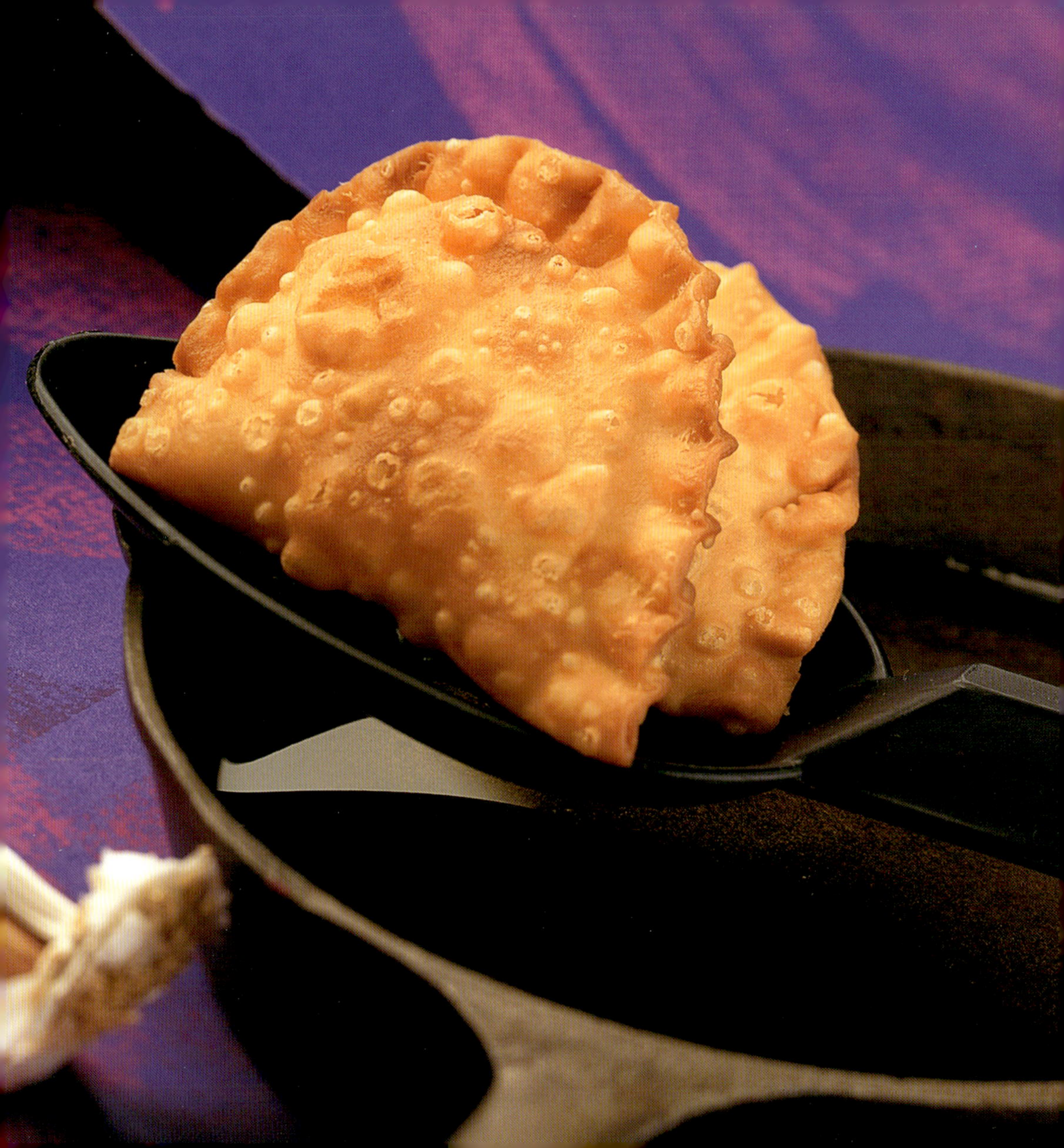

Préparation [20–25 minutes]

Couper les pousses d'ail au milieu de la tige et les découper en languettes de 3 cm en conservant uniquement la partie blanche.

Faire revenir dans de l'huile à la poêle jusqu'à ce qu'elles soient tendres. Assaisonner lorsqu'elles sont cuites.

Battre les oeufs, ajouter une pincée de sel et les mélanger avec la crème fraîche.

Verser le mélange dans la poêle avec les pousses d'ail.

Remuer jusqu'à ce que les oeufs se figent et que le mélange prenne une consistance crémeuse.

Présentation : servir cette préparation sur les tartelettes.

Ingrédients

Pousses d'ail tendres 100
OEufs 4
Crème fraîche 2 cuillerées à soupe
Sel
Huile 3 cuillerées à soupe
Tartelettes de pâte brisée prête à l'emploi ou confectionnée selon recette p. 227 6

OEufs brouillés aux pousses d'ail

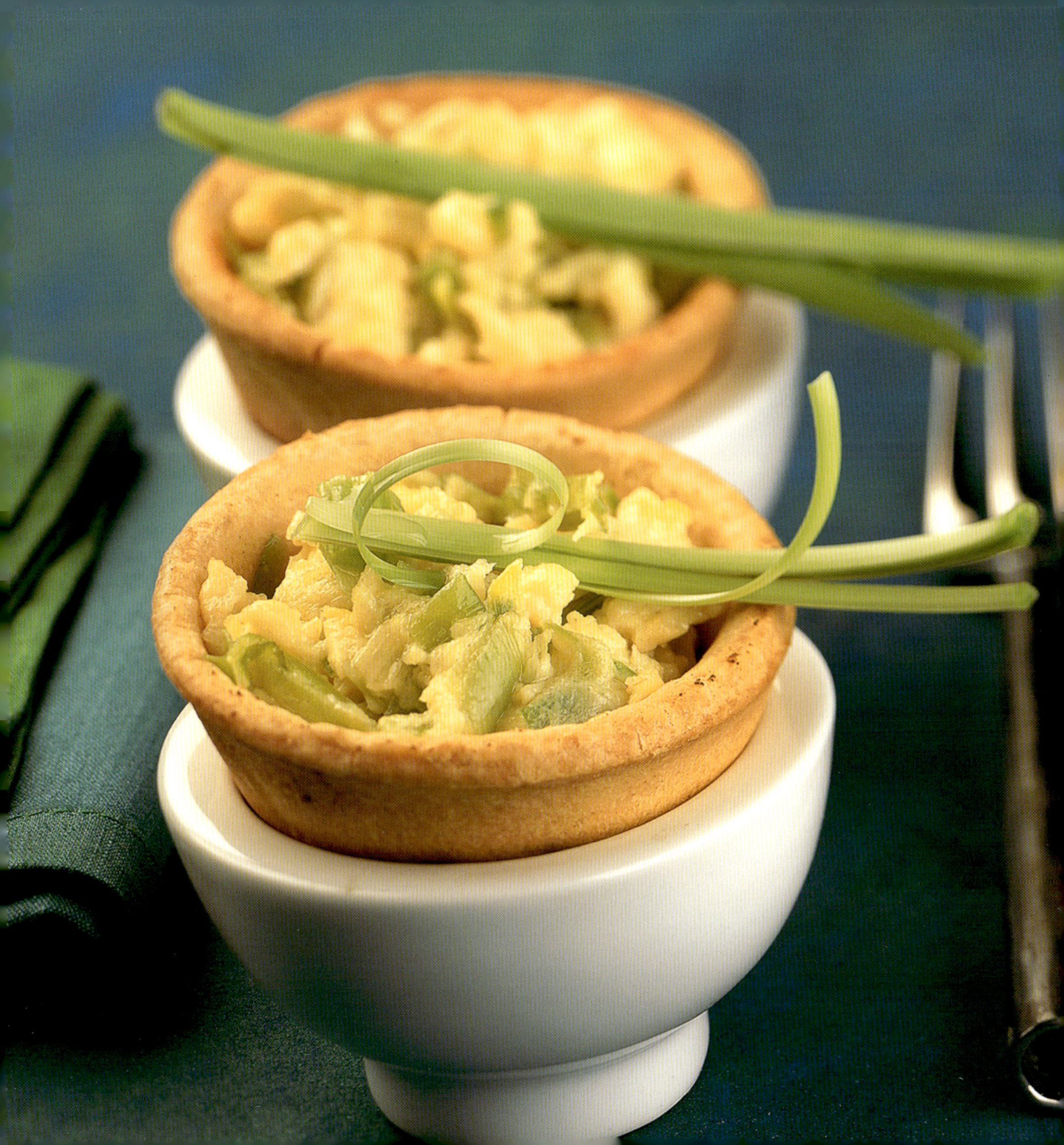

Préparation [35–40 minutes]

Piquer les saucisses pour éviter qu'elles n'éclatent à la cuisson et les mettre à bouillir dans le vin.

Laisser refroidir complètement et les enduire de moutarde.

Etaler légèrement la pâte et la couper en bandes d'une taille inférieure à celle des saucisses.

Enrouler les saucisses dans la pâte, souder les bords avec l'oeuf et les badigeonner avec celui-ci. Passer au four à 180° pendant 20-25 minutes.

Présentation : décorer avec des poivrons de Guernica.

Remarque : on peut également utiliser d'autres sortes de charcuterie comme des petits chorizos pour cocktail ou des chistorras (sorte de saucisse basque).

Ingrédients

Petites saucisses 12
Rouleau de pâte feuilletée surgelée 1
Moutarde douce
Vin blanc 50 cl
OEuf battu 1

Feuilletés à la saucisse

À votre façon

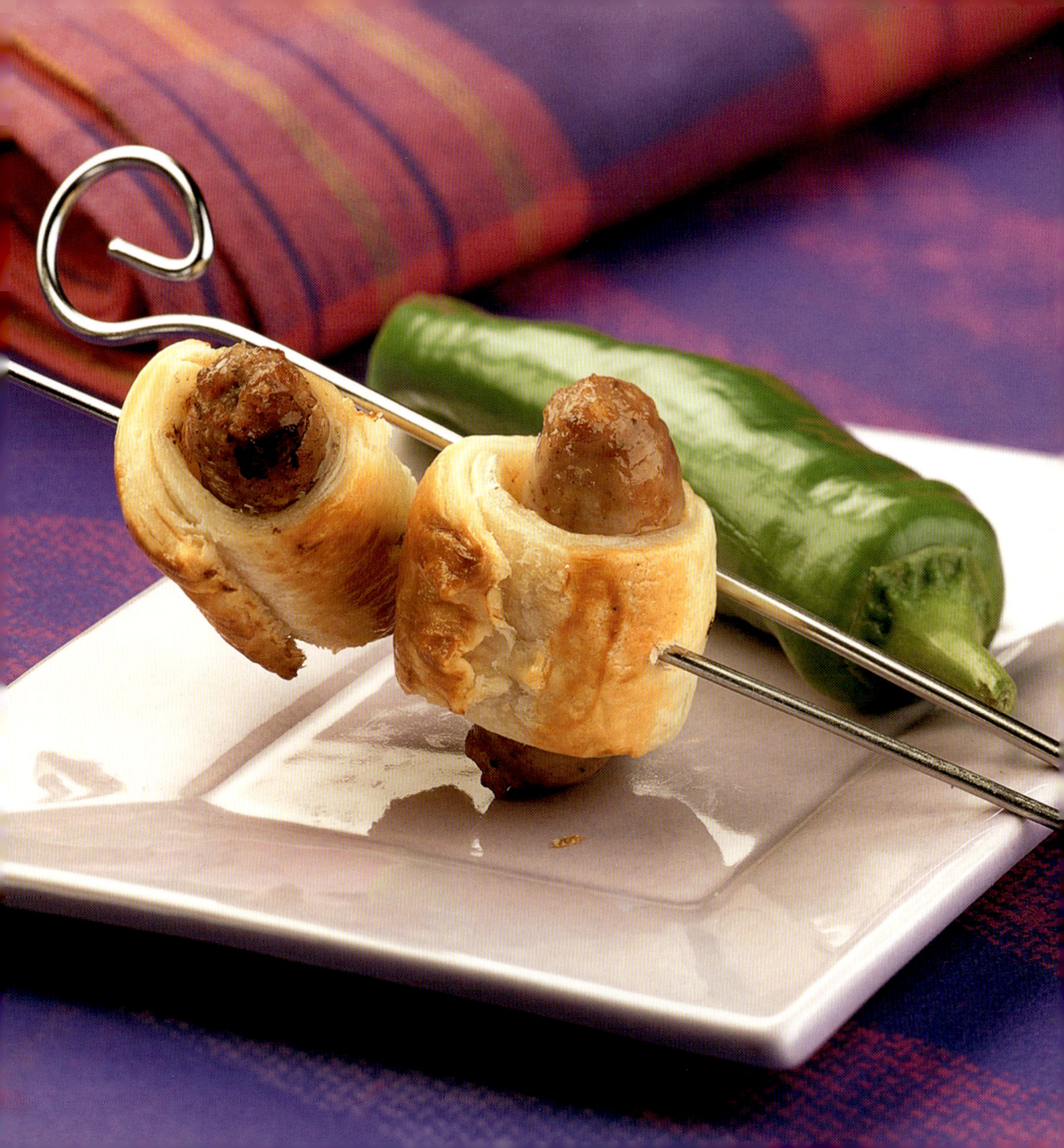

Préparation [15–20 minutes]

Faire chauffer la crème fraîche avec le fromage crémeux et le beurre. Amener à ébullition et y jeter les flocons de purée et le fromage fort. Remuer sans s'arrêter en maintenant sur le feu, de façon à obtenir une purée épaisse.

Etaler une tranche de jambon et la tartiner de fromage et d'un peu de purée chaude. Enrouler et fixer à l'aide de deux bâtonnets.

Une fois la purée refroidie, enrober les flûtes d'oeuf et de chapelure. Faire frire dans beaucoup d'huile.

Ingrédients

Jambon blanc 6 tranches fines
Crème de gruyère 6 portions
Crème fraîche 10 cl
Beurre 50 g
Fromage crémeux fort 2 cuillerées à soupe
Flocons de purée de pommes de terre 1 cuillerée à soupe

Pour l'enrobage :
OEufs 2
Chapelure
Huile d'olive de friture

Petites flûtes au jambon et au fromage

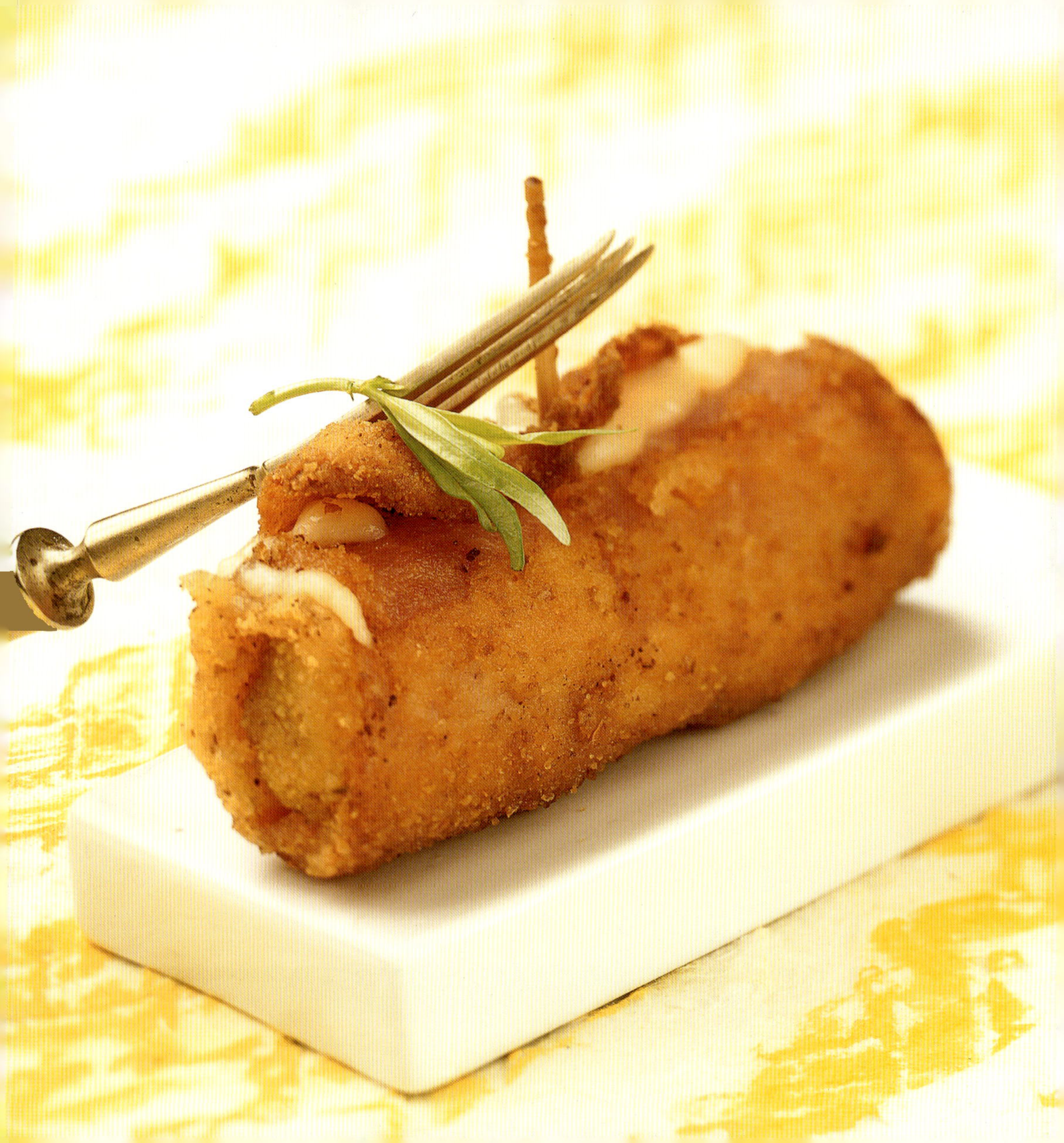

Préparation [15–20 minutes]

Préparer une béchamel avec 60 g de farine et les autres ingrédients en quantité proportionnelle. Incorporer le poulet et le jambon, bien mélanger. Amener à ébullition, puis laisser refroidir complètement en couvrant avec un papier film collé à la surface pour éviter la formation d'une peau.

Allonger la pâte à l'aide de deux cuillères pour façonner les croquettes.

Passer dans l'oeuf battu, puis dans la chapelure. Les remodeler. Les plonger dans l'huile à 170°.

Remarque : les quantités de farine et de lait sont approximatives, la farine absorbant plus ou moins de liquide selon son degré d'humidité. Quoiqu'il en soit, la béchamel doit avoir une consistance épaisse.

Ingrédients

Sauce béchamel (p. 219)
Poulet rôti ou cuit 150 g
Jambon 30 g
Sel
Noix de muscade

Croquettes au poulet et au jambon

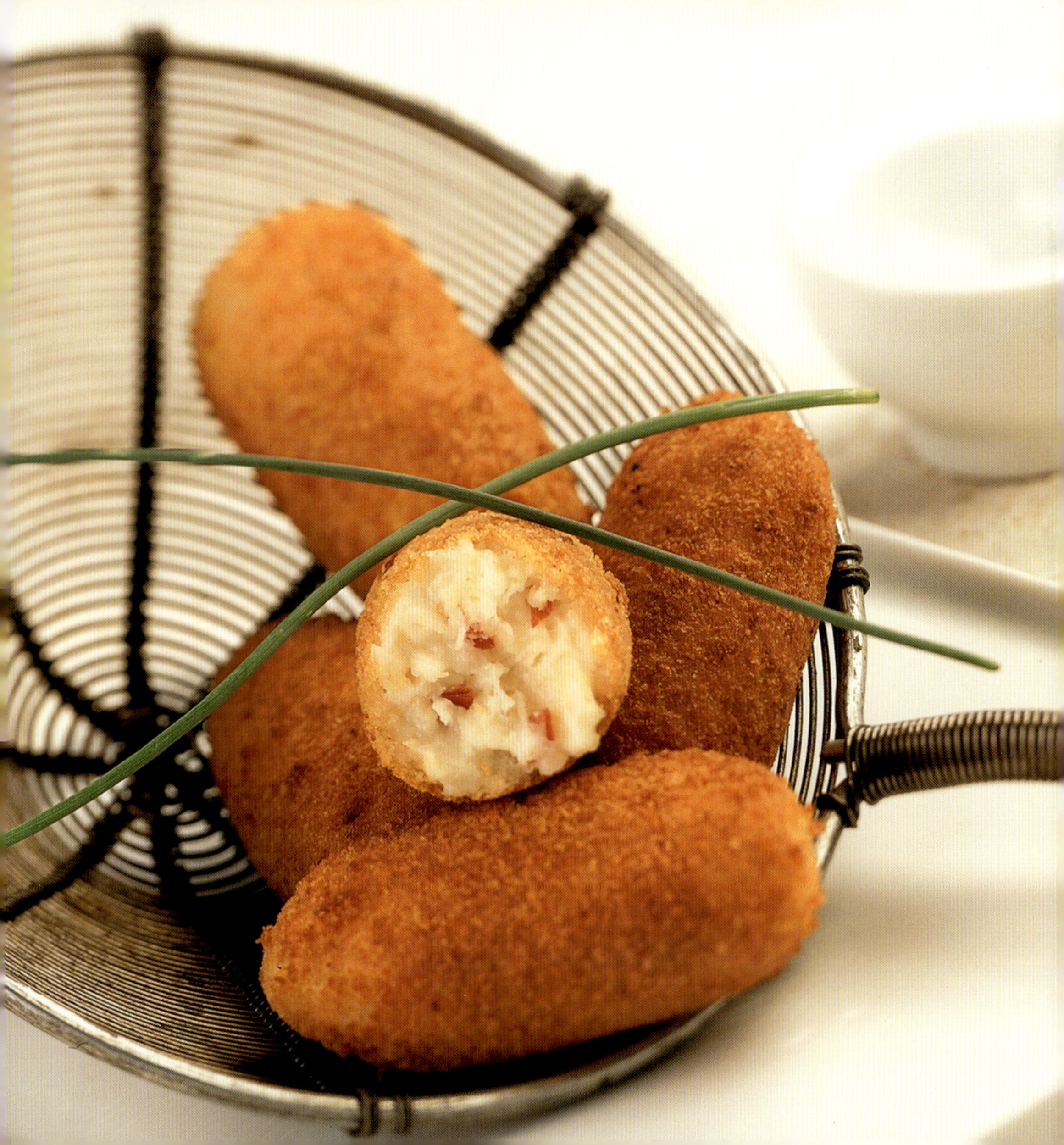

Préparation [30–35 minutes]

Oter la croûte du pain et découper 4 carrés dans chaque tranche.

Préparer la béchamel avec 50 g de farine et les autres ingrédients dans les proportions indiquées par la recette.

Une fois terminée, laisser tiédir et mêler à cette sauce les jaunes d'oeuf et le fromage râpé. Remuer soigneusement.

Monter les blancs en neige et les incorporer délicatement à la béchamel.

Tartiner le pain avec la crème en formant un petit dôme. Faire frire dans une grande quantité d'huile. Consommer sans attendre.

Ingrédients

Sauce béchamel (p. 219) préparée avec 50 g **de farine**
Gruyère râpé 100 g
OEufs 2, **blancs et jaunes séparés**
Pain de mie 4 tranches
Grande quantité d'huile

Tapa au fromage en friture

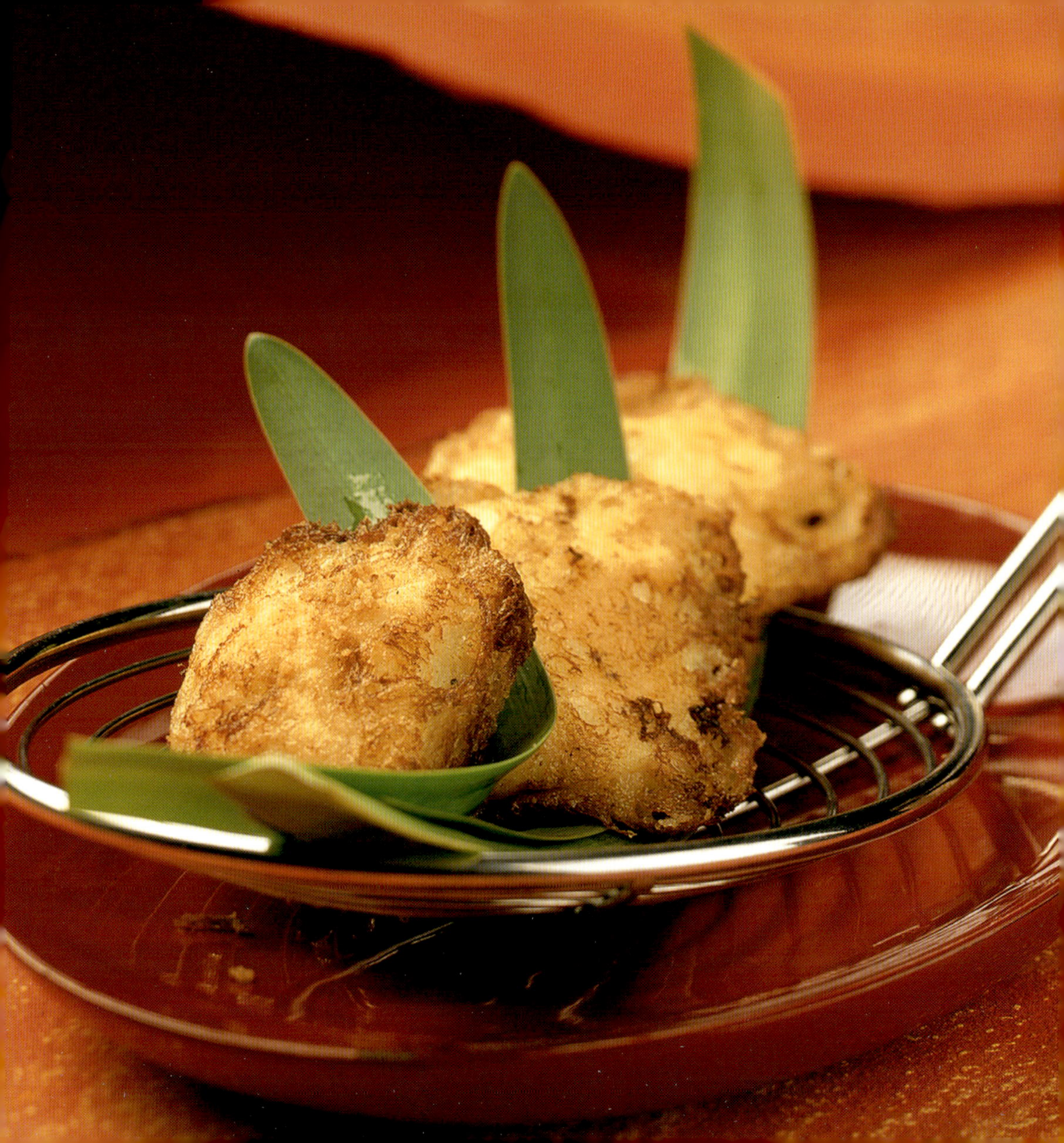

Préparation [15–20 minutes]

Ingrédients

Mettre la morue à tremper pendant 24 heures, en changeant l'eau à six reprises. La faire cuire dans de l'eau froide. Juste avant l'ébullition, sortir la morue de l'eau. Retirer les arêtes et la couper en morceaux réguliers.

Préparer la pâte à beignet juste avant de les faire frire, pour les déguster chauds.

Faire chauffer l'huile dans une grande poêle. Mouiller chaque morceau de morue et l'imprégner de pâte à beignet, puis faire frire jusqu'à ce que la pâte soit cuite à l'intérieur.

Darne de morue salée 3/4 kg
Pâte à beignet selon recette p. 225
Huile en grande quantité

Beignets de morue

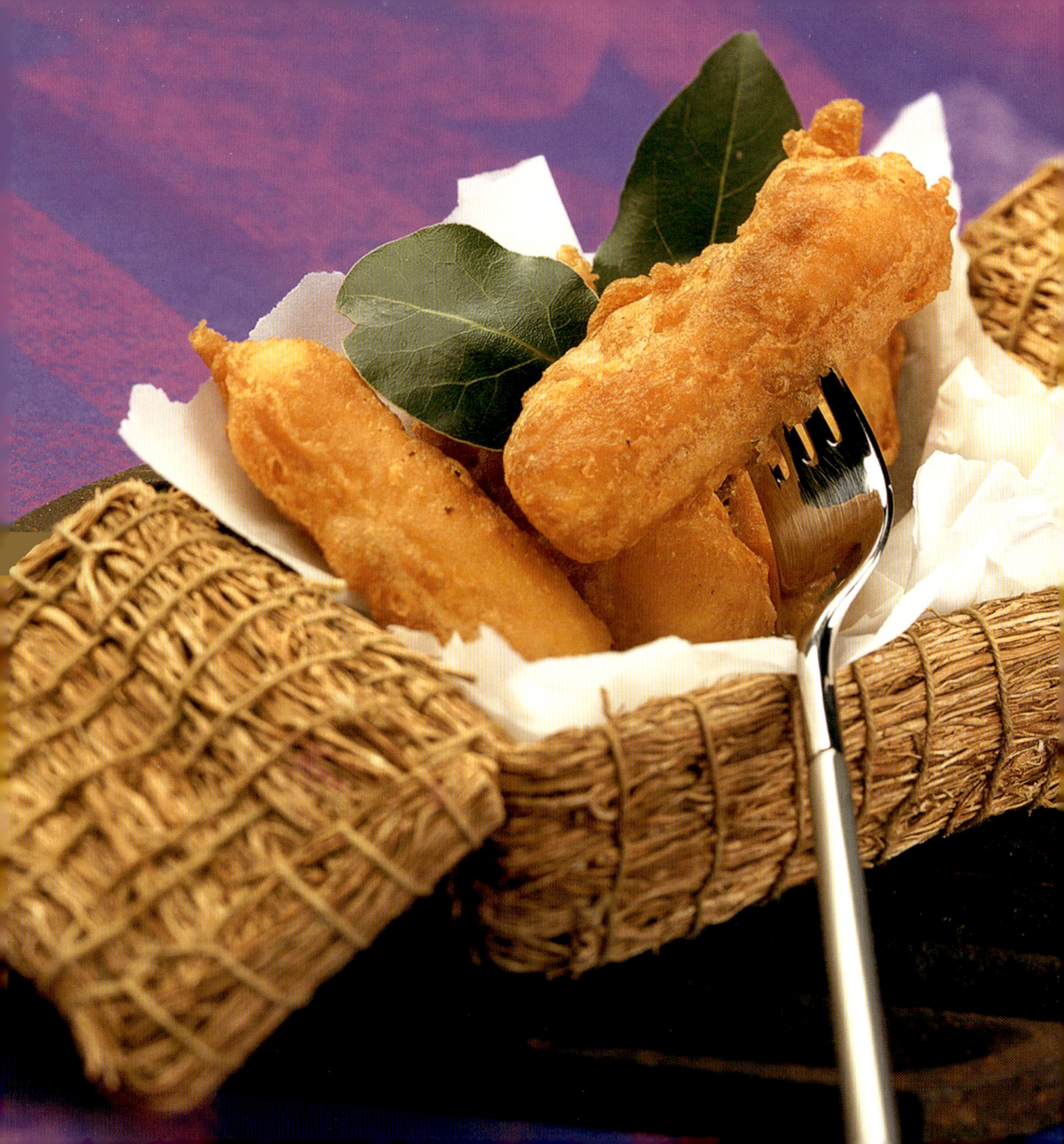

Préparation [30–35 minutes]

Ingrédients

Beignets : procéder de la même façon que dans la recette, mais en utilisant la moitié des ingrédients.

Une fois la pâte préparée, la verser dans une poche munie d'une douille de 1/2 cm de diamètre.

Façonner de petits bâtonnets d'environ 6 centimètres de long sur une plaque recouverte de papier végétal graissé. Cuire au four à 180° pendant 20 minutes.

Garniture : couper les pointes des asperges à la dimension des beignets. La mayonnaise sera faite à la main ou achetée dans le commerce.

Présentation : ouvrir les beignets avec un couteau bien aiguisé et les garnir de mayonnaise et de pointes d'asperges.

Pâte à beignet (voir recette p.225)
Asperges 12
Mayonnaise (voir recette p.223)

Barquettes fourrées aux asperges

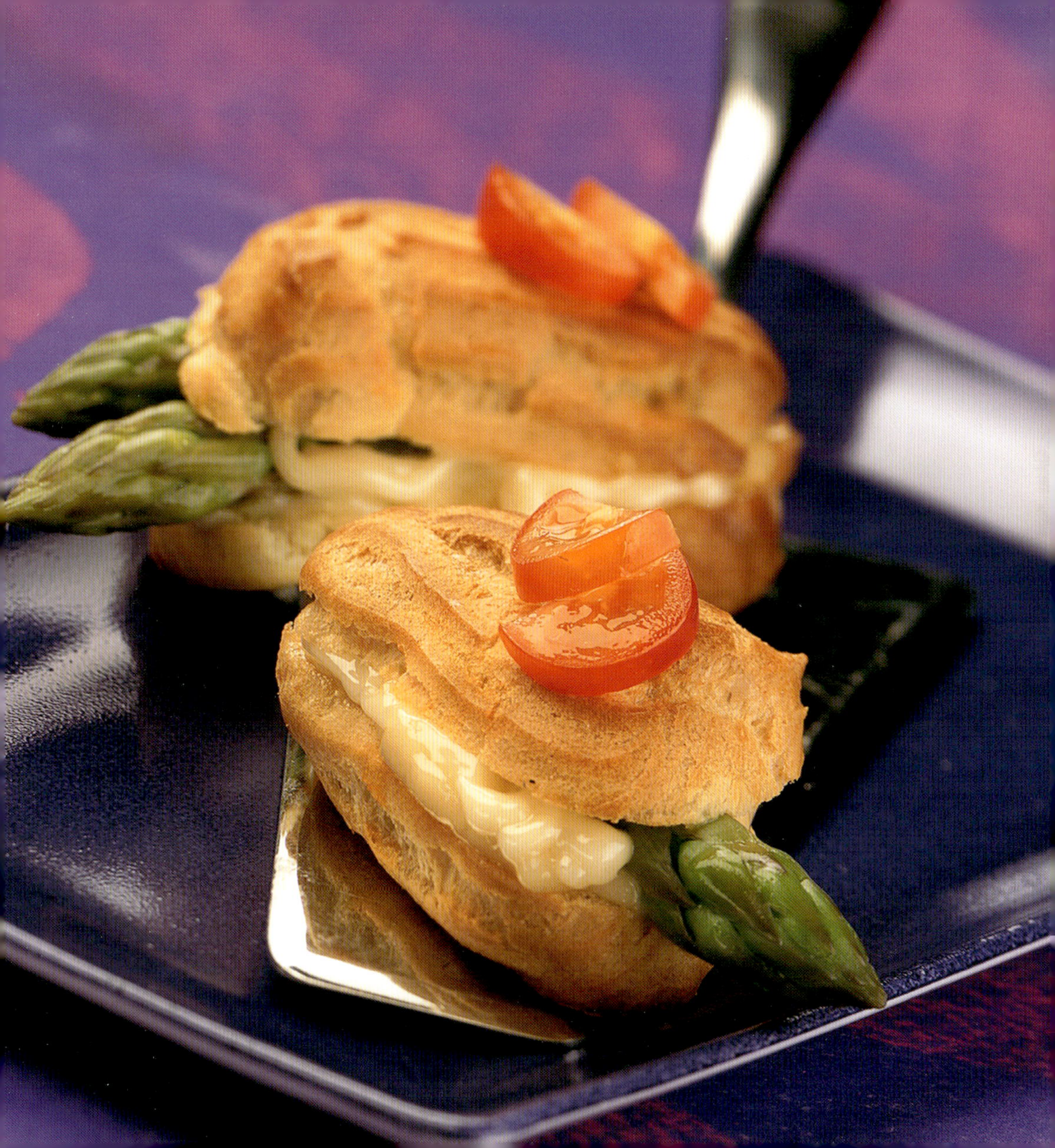

Préparation [10–15 minutes]

Retirer la peau des sardines en les raclant doucement avec un couteau et retirer l'arête centrale. On obtient ainsi des filets propres.

Plonger la tomate dans de l'eau bouillante pendant 3 minutes et l'éplucher. Découper la pulpe en petits dés. o Hacher l'oignon très finement.

Présentation : ouvrir les petits pains en deux et les arroser de quelques gouttes d'huile des sardines et de sauce tomate.

Garnir les petits pains de tomate et d'oignon hachés et de filets de sardine.

Ingrédients

Petits pains au lait allongés 6
Sardines à l'huile d'olive en boîte 6
Sauce tomate 12 cuillerées à café
Oignon finement, haché 1/2
Tomate 1

Bouchées de sardine à l'huile d'olive

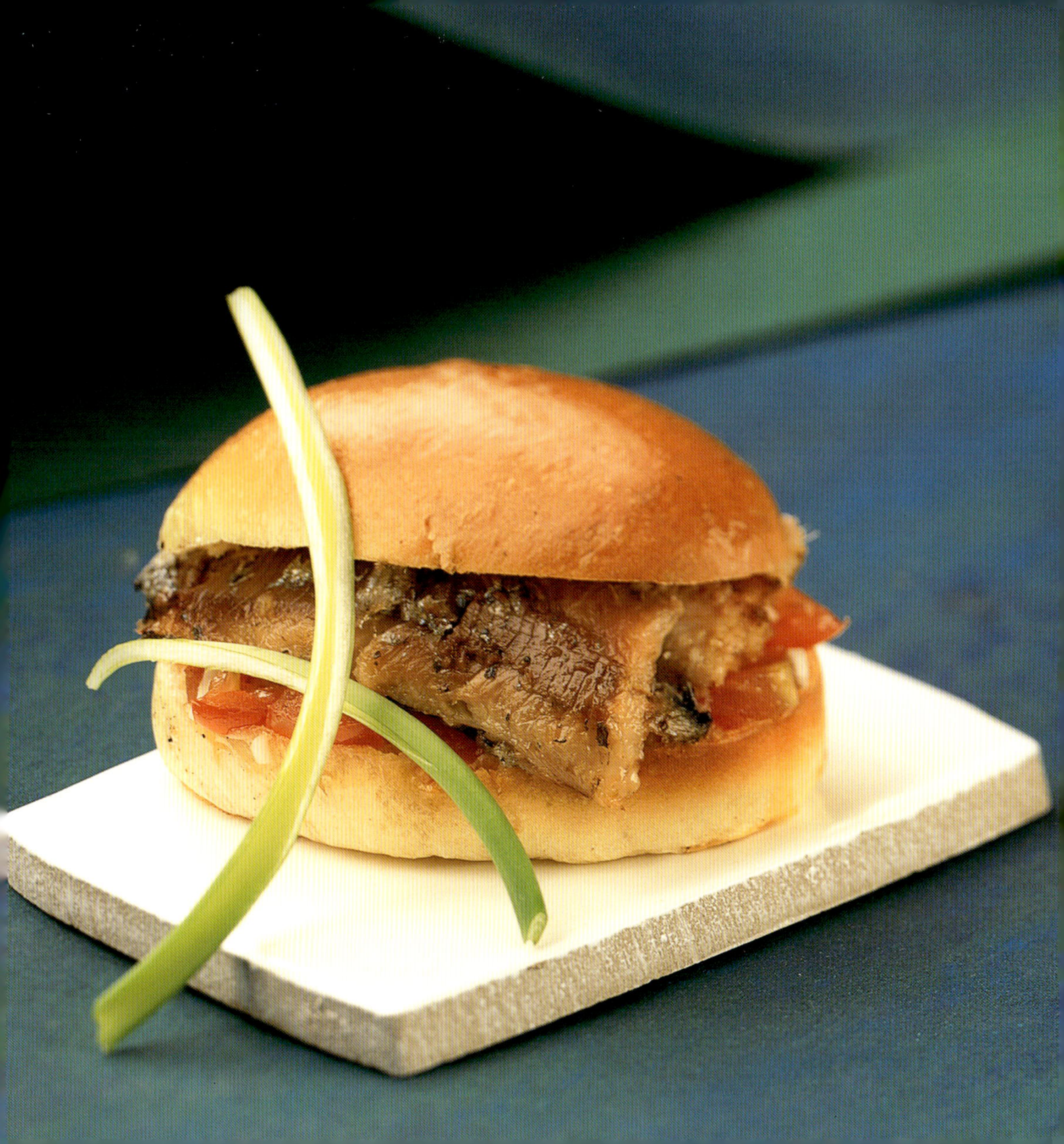

Préparation [20–25 minutes]

Oter le chapeau des champignons et les laver sous le robinet sans trop les laisser s'imbiber d'eau.

Les couper en lamelles et les réserver à couvert pour éviter une oxydation ou un changement de couleur.

Faire revenir le bacon dans un mélange de beurre et d'huile jusqu'à ce qu'il devienne croustillant, puis ajouter l'oignon.

Au bout de 5 minutes, ajouter les champignons, couvrir et laisser mijoter doucement.

Sauce : verser à froid la crème fraîche sur la farine en remuant soigneusement et laisser cuire. Porter à ébullition, puis incorporer la soupe aux oignons et la sauce Perrins sans cesser de remuer.

Laisser cuire 5 minutes, puis mélanger aux champignons sautés.

Présentation : remplir les 6 tartelettes de ce mélange.

Ingrédients

Tartelettes de pâte brisée surgelée ou confectionnée selon la recette p. 227 6
Champignons de Paris 500 g
Oignon finement haché 1/2
Bacon finement haché 50 g
Soupe à l'oignon en sachet 2 cuillerées à soupe
Farine 1 cuillerée à soupe
Crème fraîche 25 cl
Sauce Worcestershire (Perrins) 1 cuillerée à café
Beurre 75 g
Huile d'olive 2 cuillerées à soupe
Sel

Tartelettes de champignons à la crème

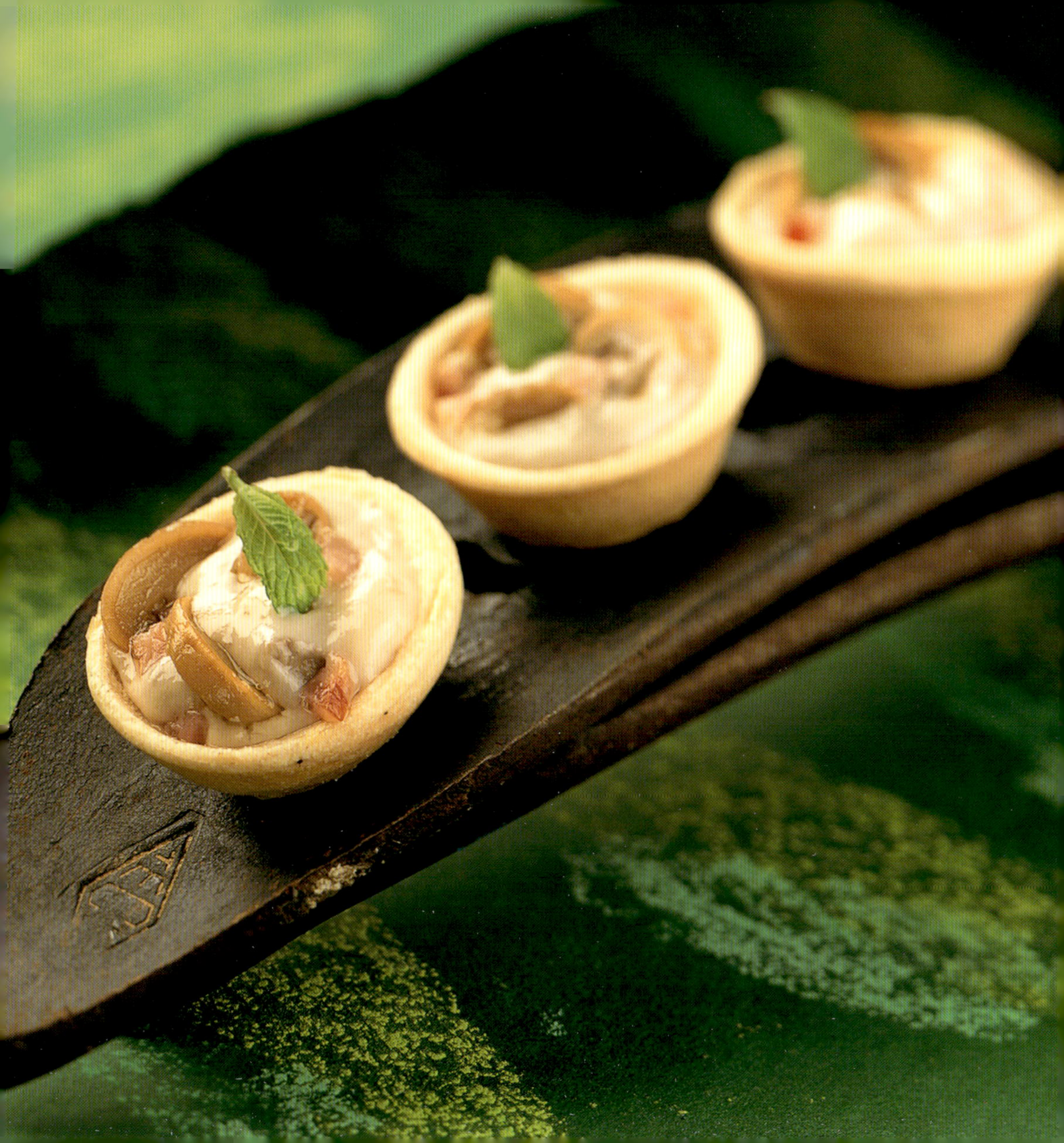

Préparation [15–20 minutes]

Faire cuire les carottes en même temps que les petits pois et ajouter les pommes de terre et le sel au bout de 15 minutes.

Une fois refroidis, mélanger les légumes à la mayonnaise petit à petit, de façon à ne pas trop les imprégner.

Présentation: répartir le mélange dans les 6 tartelettes.

Remarque : si l'on utilise de la betterave, la faire cuire à la cocotte minute pendant 20 minutes en gardant la peau et la tige.

Une fois refroidie, la peler et la couper en petits dés. On peut également utiliser des betteraves en conserve ou sous vide.

Ingrédients

Tartelettes de pâte brisée du commerce ou confectionnée selon la recette p. 227 6
Pommes de terre pelées et coupées en dés 200 g
Petits pois écossés 250 g
Betterave (facultatif) 250 g
Carottes nettoyées et coupées en cubes 250 g
Mayonnaise en conserve ou faite maison selon la recette p. 223 25 cl
Sel et poivre

Tartelettes de salade russe

À votre façon

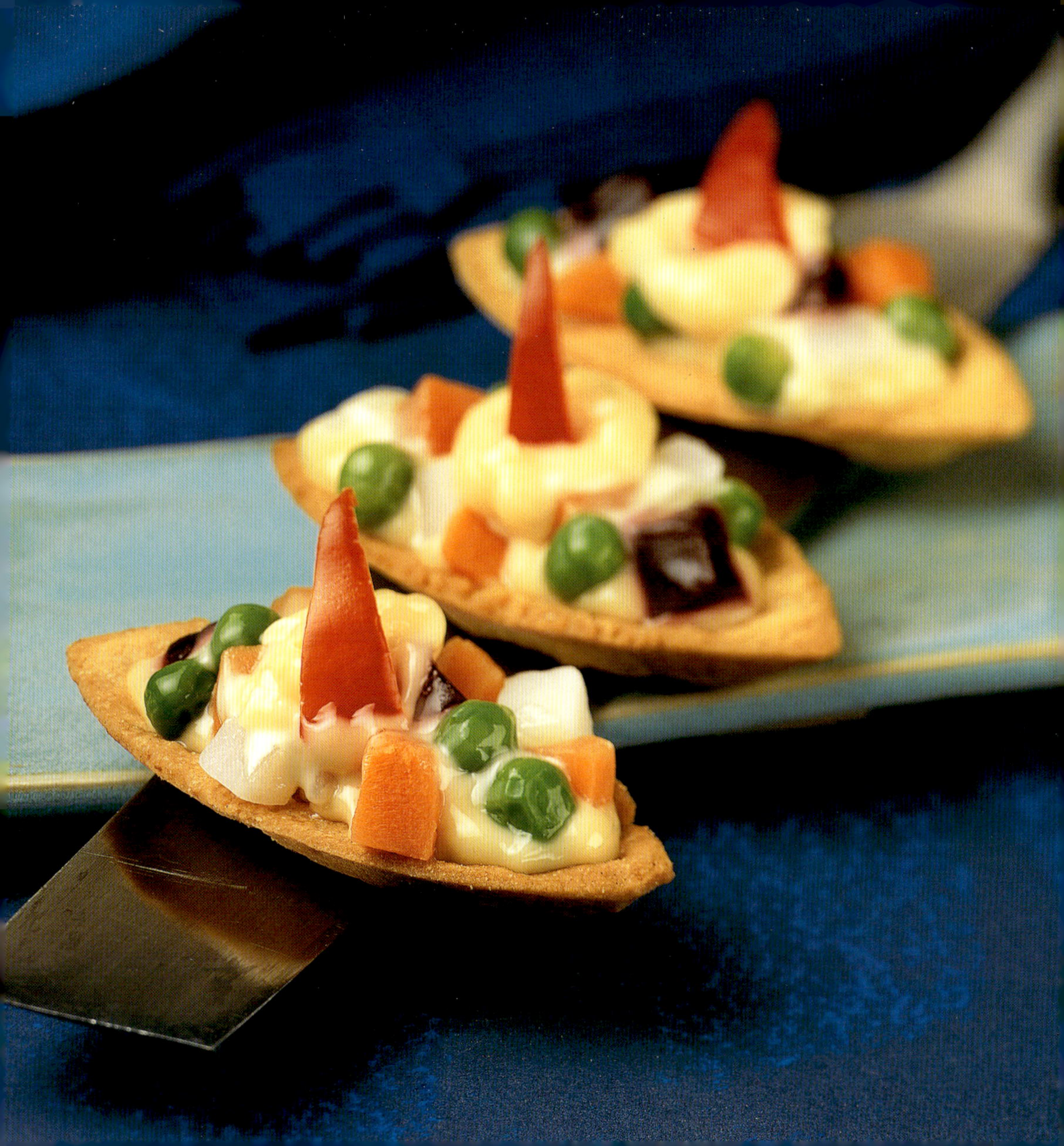

Préparation [10–15 minutes]

Préparer tout d'abord les tartelettes. Aussi bien pour la pâte surgelée que faite maison, l'étaler soigneusement pour former une abaisse fine. Une fois cuites, laisser refroidir les tartelettes, puis les démouler.

Placer les civelles légèrement salées dans un plat creux. Faire frire séparément l'ail et les piments dans une poêle. Lorsque l'huile commence à frissonner, la verser sur les civelles et remuer pour qu'elles s'imprègnent bien d'huile. Celles-ci doivent être juteuses.

Présentation : répartir les civelles sur les tartelettes et servir très chaud

Ingrédients

Tartelettes de pâte brisée achetée dans le commerce ou faite maison (p. 227) 6
Civelles 200 g
Huile d'olive 20 cl
Gousses d'ail hachées 3
Piments coupés en petits morceaux 2
Sel (très peu)

Tartelettes aux civelles

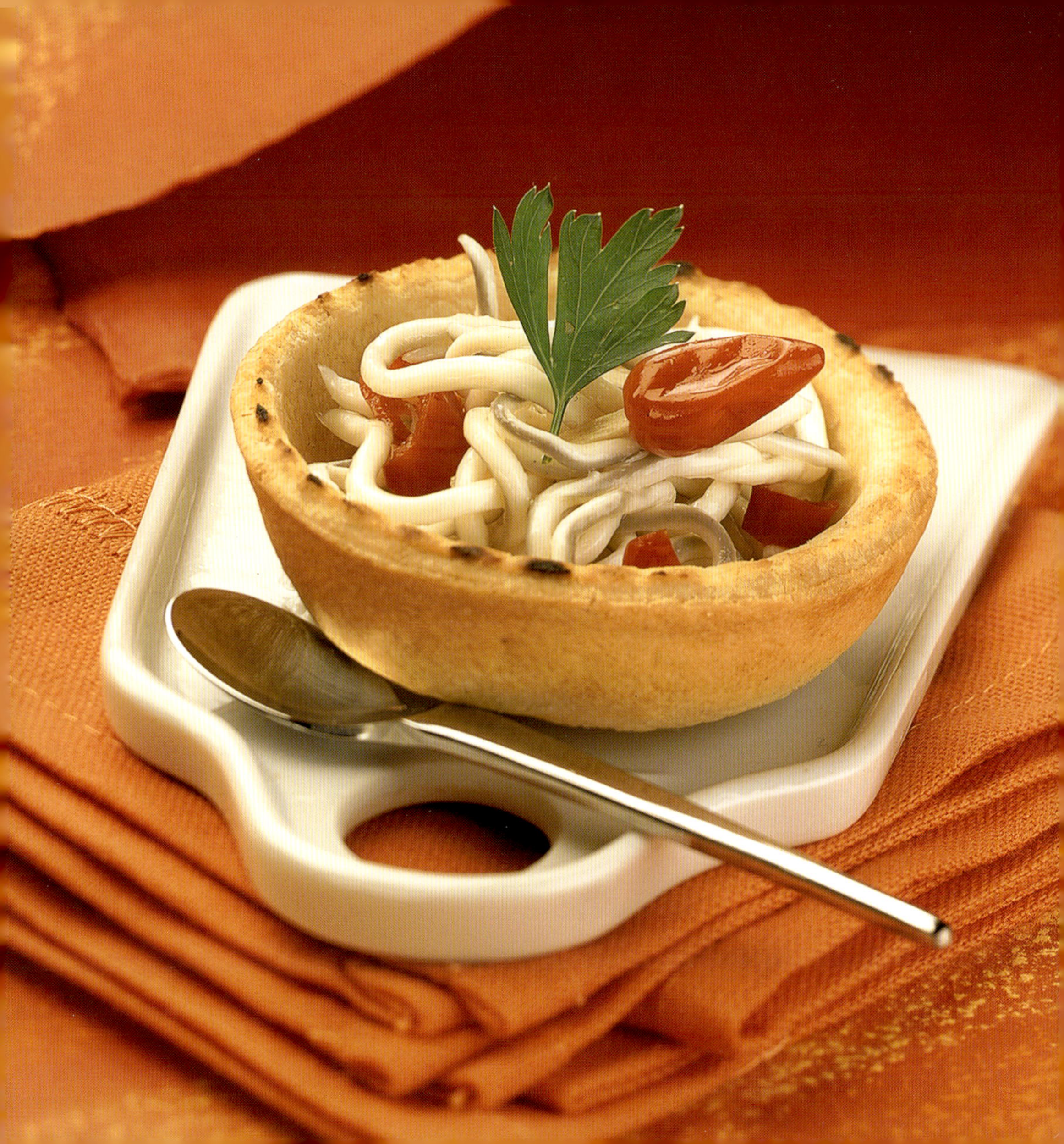

Préparation [10–15 minutes]

Ingrédients

Placer le hachis dans une poêle chaude à sec et laisser jusqu'à cuisson complète en remuant.

Présentation : étaler la farce très chaude sur le pain et servir.

Remarque : c'est avec du hachis de porc tout prêt que l'on confectionne les chorizos. Dans de nombreuses régions de Castille, on peut le trouver en vrac. Sinon, on peut le préparer en achetant du chorizo frais non séché et en sortant la viande du boyau.

Hachis de porc ou 1 kg de chorizo frais 500 g
Pain de type chapata (sorte de pain de campagne plat et allongé) 6 tranches

Canapés de chorizo émietté

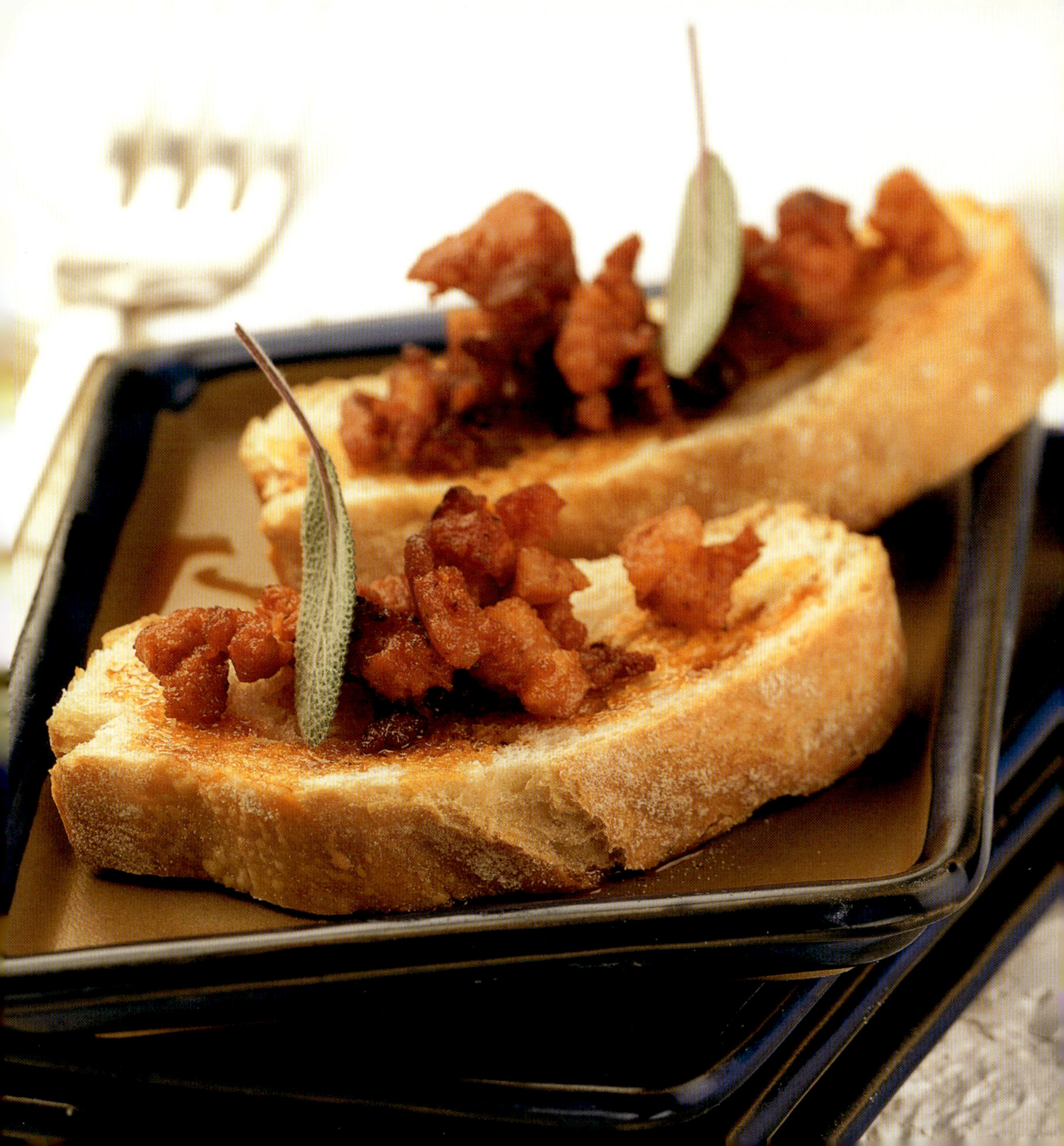

Préparation [10–15 minutes]

Crème de fromage : laisser les fromages et le beurre à température ambiante, ils seront ainsi plus malléables. Les mélanger en remuant vigoureusement de façon à obtenir une crème homogène.

Poireaux : les couper en tranches minces dans le sens de la longueur, puis tailler de fines lamelles que l'on fera dorer pour les rendre bien croustillantes.

Présentation : garnir les beignets déjà préparés avec la crème de fromage et les ranger dans un plat rond. Décorer de lamelles de poireau frit.

Ingrédients

Beignets selon recette p. 225
Poireaux 2

Crème de fromage :
Roquefort ou de bleu des Asturies 100 g
Beurre 50 g
Fromage à tartiner du type Filadelfia 100 g

Beignets au fromage

À votre façon

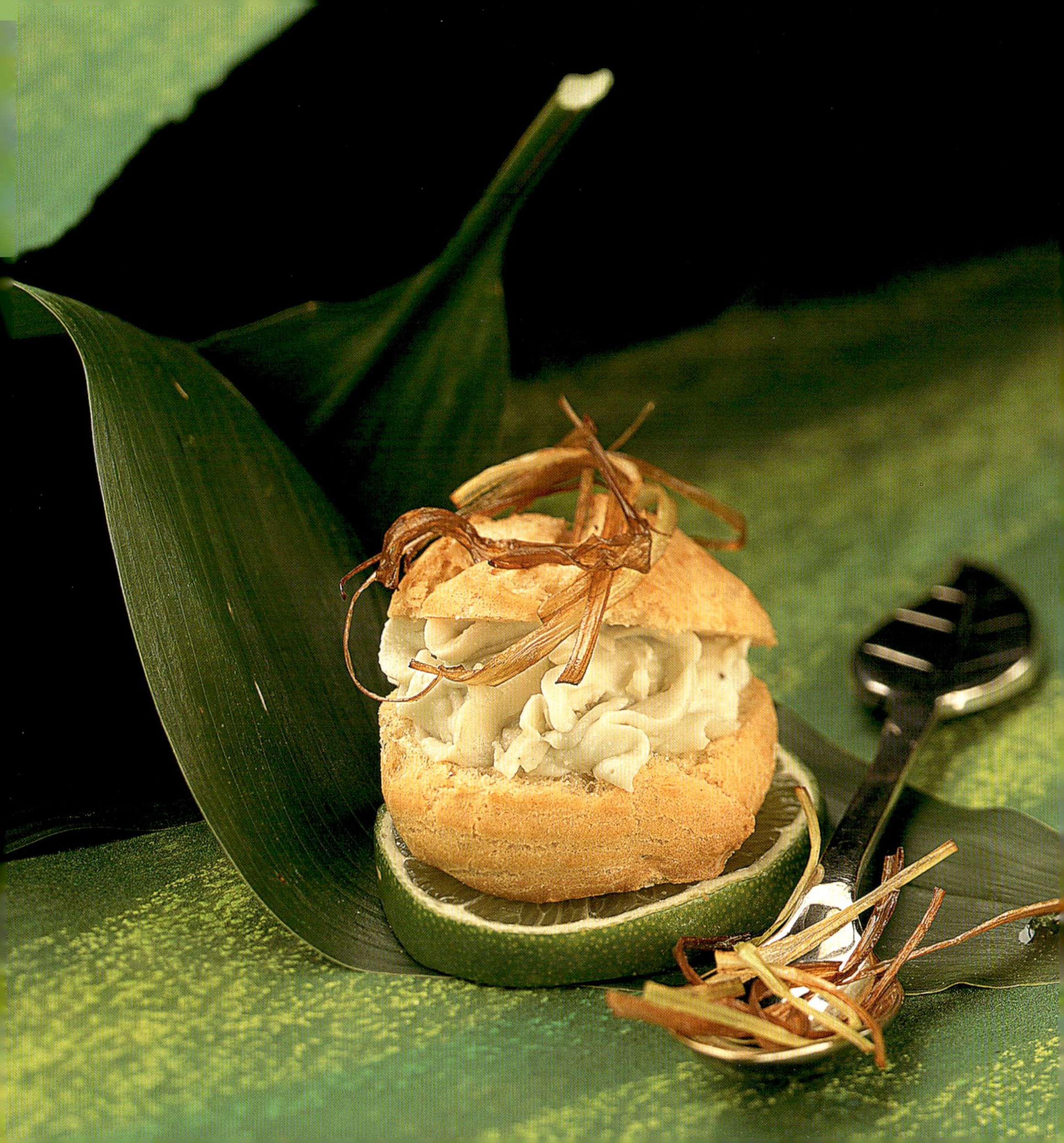

Préparation [30–35 minutes]

Dénoyauter les olives et les hacher le plus finement possible.

Débarrasser les sardines de leur peau et enlever l'arête centrale. Les hacher.

Faire cuire les oeufs 12 minutes dans l'eau salée et les écaler sous l'eau froide. Garder uniquement les blancs et les écraser.

Mélanger les olives avec les sardines et une ou deux cuillerées à soupe d'huile, en remuant soigneusement de façon à obtenir une pâte homogène. On peut utiliser un robot électrique.

Touche finale : répartir le mélange olives-sardines dans les 12 tartelettes et décorer de petits tas de blanc d'oeuf dur haché.

Ingrédients

Tartelettes de pâte feuilletée du commerce ou faite maison selon la recette p. 227 12
Olives noires 150 gr
OEufs durs 2
Sardines à l'huile d'olive en boîte 85 gr
Huile d'olive 2 cuillerées à soupe

Tartelettes aux olives noires et aux sardines

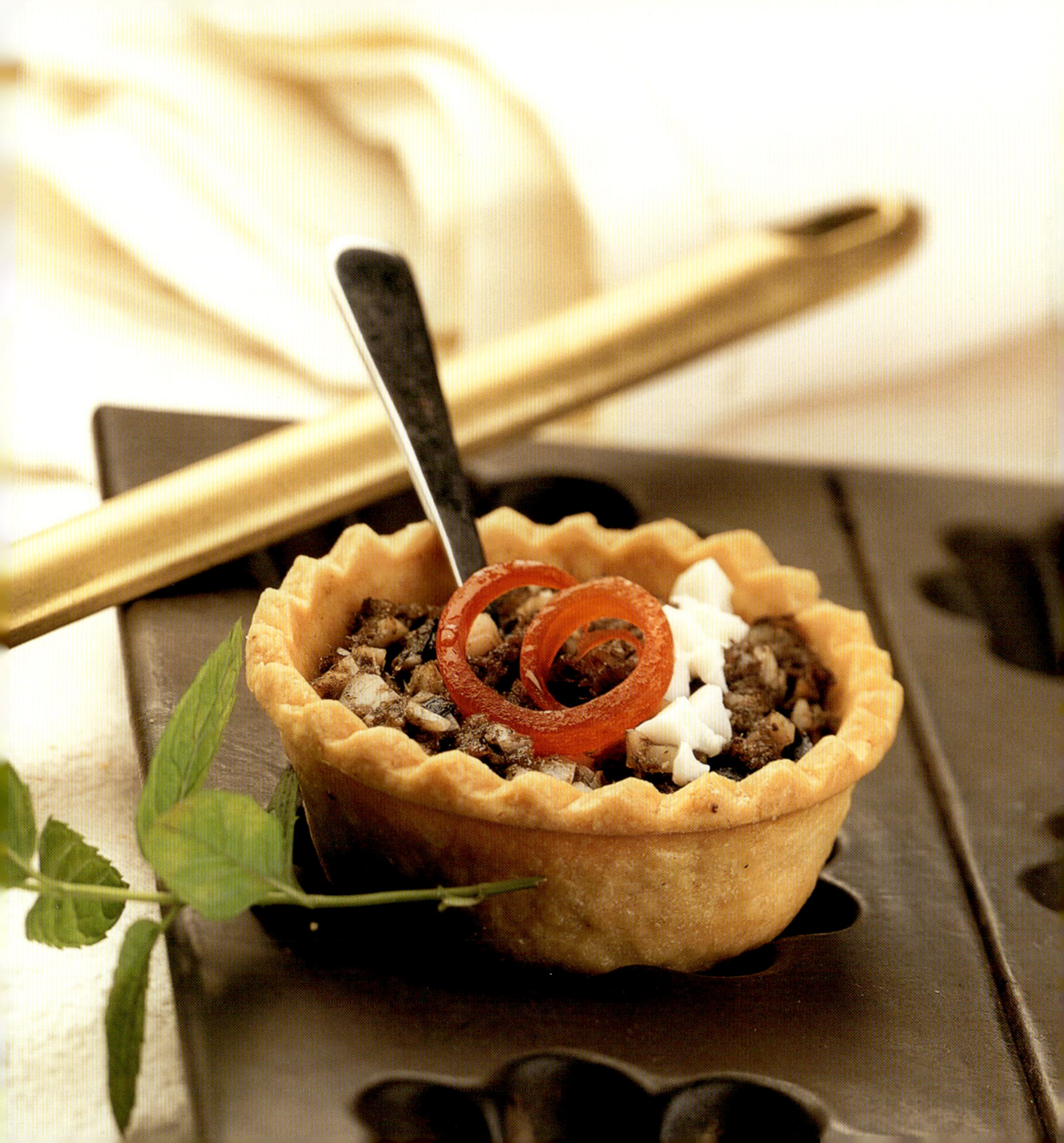

Préparation [10–15 minutes]

Choisir le support à garnir de fromage selon la préférence. Si on décide de confectionner les tartelettes, suivre la recette de la pâte brisée (p. 227).

Les vol-au-vent se trouvent dans les magasins spécialisés et doivent être réchauffés quelques minutes au four.

Remplir les tartelettes ou les vol-au-vent avec le fromage en le faisant déborder.

Si l'on utilise du pain, tartiner les tranches de fromage. Enfin, mettre au four à 160° et sortir quand le fromage commence à fondre. Cela demandera environ 2 minutes.

Ingrédients

Choisir pour garnir :
Vol-au-vent 6 ou Tartelettes 6 ou tranches de pain 6
Fromage *torta del Casar* 1

Vol-au-vent chaud au *torta del Casar*

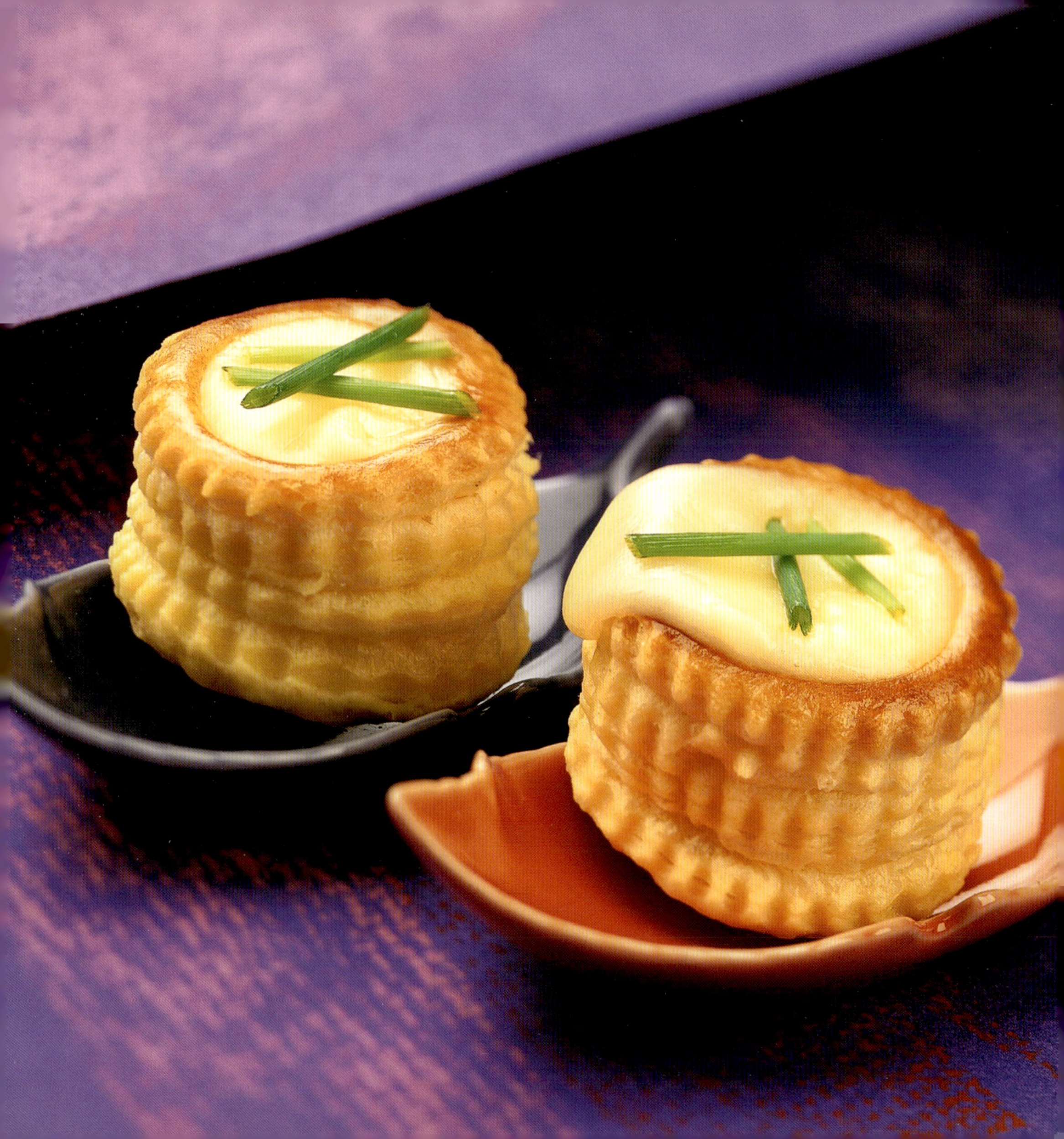

Préparation [5–10 minutes] **Ingrédients**

Partager le melon en deux et couper chaque moitié en trois tranches.

Melon jaune 1
Jambon 100 g

Les débarrasser soigneusement des pépins et les détailler en cubes de 2,5 cm.

Tailler le jambon en tranches très fines à la dimension de chaque morceau de melon.

Présentation : envelopper les cubes de melon avec le jambon et les enfiler sur un pic de métal ou de bois .

Melon au jambon

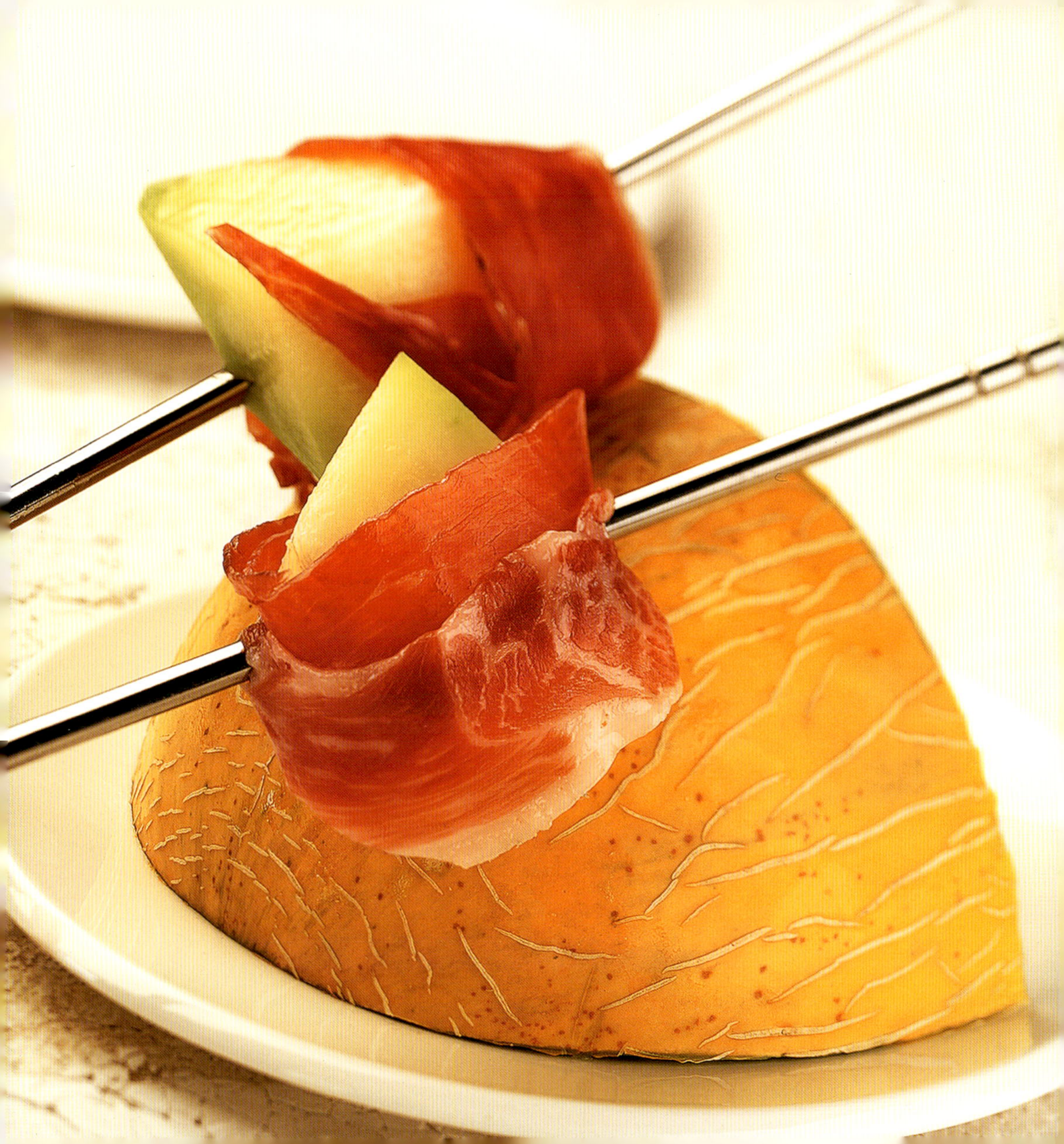

La meilleure manière de présenter les tapas est façonnant vous-même le support, la farce ou la garniture. Une touche à votre goût qui va ajouter une valeur traditionnelle et personnelle à vos plats.

Les 100 meilleures tapas

sauces et pâtes

Préparation [15–20 minutes]

Battre les oeufs au mixeur ou au fouet électrique. Hacher l'ail après avoir retiré le germe intérieur. Ajouter l'huile, tout d'abord goutte à goutte, puis incorporer l'ail et continuer de mixer sans s'arrêter. Lorsque la mayonnaise a pris, on peut ajouter l'huile en petits filets et continuer de mixer jusqu'à ce qu'elle soit terminée. Délayer en ajoutant le vinaigre et l'eau.

Assaisonner et émulsionner de nouveau pendant quelques minutes.

Ingrédients

OEufs 2
Huile d'olive à 0,4º 25 cl
Eau 2 cuillerées à soupe
Vinaigre de vin rouge 1 cuillerée à soupe
Gousses d'ail hachées 2
Sel
Une pincée de sucre

Aïoli

Préparation [15–20 minutes]

Faire bouillir le lait.

Verser l'huile dans une casserole à fond antiadhésif et y faire revenir la farine. Ajouter le lait graduellement en battant le mélange au fouet et en attendant que le mélange épaississe avant de rajouter du lait.

Lorsque le mélange a la consistance d'une crème, assaisonner avec de la noix de muscade et du sel.

Ingrédients

Huile d'olive à 0,4º 40 cl ou 50 g de beurre
Farine 30 g
Lait 50 cl
Sel
Noix de muscade

Sauce béchamel

Sauce tomate espagnole

Préparation [120–130 minutes]

Faire revenir l'oignon dans l'huile, saler et sucrer. Lorsque l'oignon devient translucide, ajouter l'ail, les tomates et le laurier. Ecraser les tomates avec une écumoire pendant la cuisson. Cette sauce doit cuire doucement pendant deux heures. Après la cuisson, passer au tamis ou au presse-purée.

Remarque : ne pas mixer au robot électrique.

Ingrédients

Huile d'olive 20 cl
Oignons hachés (250 g approx.) 3
Gousse d'ail hachée 1
Tomates mûres coupées en morceaux 1 kg
Feuille de laurier (facultatif) 1
Sel
Sucre

Préparation [20–25 minutes]

Faire une mayonnaise. Ajouter le yaourt onctueux, la moutarde, le sel, le sucre et le poivre moulu. Remuer jusqu'à obtenir une crème homogène. Incorporer l'oeuf dur haché et l'aneth.

Ingrédients

Mayonnaise selon recette (p. 223) 20 cl
OEuf dur haché 1
Moutarde douce du type Savora 1 cuillerée à soupe
Yaourt onctueux 2 cuillerées à soupe
Sucre 1 cuillerée à soupe
Aneth ciselé 1 cuillerée à soupe
Sel
Poivre

Sauce pour poisson fumé

Préparation [10–15 minutes]

Ajouter les autres ingrédients à la mayonnaise et mixer pendant deux minutes.

Remarque : cette sauce peut être confectionnée avec de la mayonnaise maison ou en conserve. Dans le deuxième cas, on ajoutera deux cuillerées à soupe de crème fraîche aux ingrédients mentionnés.

Ingrédients

Mayonnaise selon recette (p. 223) 25 cl
Ketchup 2 cuillerées à soupe
Brandy 1 cuillerée à soupe
Sucre 1 cuillerée à café
Sel

Sauce rose

Préparation [10–15 minutes]

Placer les oeufs dans le bol du mixeur et ajouter l'huile goutte à goutte sans cesser de mixer. Lorsque la mayonnaise a pris, on peut ajouter l'huile en petits filets et continuer de mixer jusqu'à ce qu'elle soit terminée. Ajouter alors l'eau et le vinaigre, saler et poivrer. Emulsionner de nouveau pendant quelques minutes.

Remarque : bien laver les oeufs avant de les écaler. Par temps frais, on peut conserver cette sauce une semaine au réfrigérateur dans un bocal en verre fermé.

Ingrédients

OEufs entiers 2
Huile d'olive à 0,4º 50 cl
Vinaigre de xérès 1 cuillerée à café
Eau 2 cuillerées à soupe
Sel
Poivre
Une pincée de sucre

Ustensiles :
robot électrique

Mayonnaise

Pâte à crêpes

Préparation [10–15 minutes]

Placer tous les ingrédients dans le bol du mixeur. Bien malaxer et laisser reposer la pâte obtenue pendant une heure au réfrigérateur. Faire chauffer une poêle graissée avec un coton imprégné d'huile. Lorsqu'elle est bien chaude, la retirer du feu et verser une cuillerée de pâte en tournant la poêle pour étaler la pâte. Remettre la poêle sur le feu jusqu'à ce que la pâte soit figée. Retourner et faire cuire de l'autre côté. Recommencer l'opération jusqu'à terminer la pâte.

Remarque : les crêpes peuvent être préparées plusieurs jours à l'avance et congelées empilées, après avoir placé une feuille de papier d'aluminium entre chaque crêpe.

Ingrédients

Farine (12-14 crêpes) 125 g
OEufs 2
Lait entier 25 cl
Huile d'olive pour friture
Sel

Ustensiles :

Une petite poêle de 7 cm de diamètre et un robot électrique.

Sauces et pâtes

Préparation [30–40 minutes]

Faire chauffer l'eau avec le beurre et le sel. Lorsque l'eau commence à bouillir, verser la farine d'un seul coup. Baisser le feu et remuer jusqu'à obtenir une boule qui se détache des parois de la casserole. Plus cette pâte sera sèche, plus les beignets gonfleront. Laisser refroidir un peu et ajouter les oeufs un par un, en attendant que le premier soit bien mélangé à la pâte pour ajouter le deuxième, et ainsi de suite jusqu'au dernier. Préchauffer le four à 180° pendant 15 minutes. Graisser la plaque et disposer la pâte sous forme de petites boules suffisamment séparées pour qu'elles ne collent pas les unes aux autres en gonflant. Faire cuire au four 20 minutes. Sortir un beignet du four pour vérifier s'il est bien sec à l'intérieur. S'il est humide, il retombera au sortir du four. Dans ce cas, laisser cuire un peu plus longtemps. Laisser refroidir et conserver dans une boîte bien fermée.

Ingrédients

Eau 25 cl
Beurre 75 g
Farine 125 g
OEufs 4
Sel

Pâte à beignets

Préparation [15–20 minutes]

Mélanger les ingrédients liquides et assaisonner généreusement. Ajouter la farine en pétrissant avec les mains jusqu'à obtenir une pâte souple. Laisser reposer la pâte pendant une heure. Saupoudrer le plan de travail de farine et étaler la pâte à l'aide d'un rouleau à pâtisserie, pour obtenir une abaisse très fine. Former des disques de pâte d'environ 7 centimètres. Pour les utiliser, les remplir et les faire frire dans beaucoup d'huile.

Remarque : les chaussons déjà préparés sont très pratiques. On peut également utiliser de la pâte feuilletée étalée très finement.

Ingrédients

Huile d'olive 3 cuillerées à soupe rases
Lait 3 cuillerées à soupe rases
Vin rouge 3 cuillerées à soupe rases
Farine approx. 95 g
Sel

Pâte à chausson

Sauces et pâtes

Préparation [20–25 minutes]

Verser la farine dans un grand bol. Faire large un creux au centre et y lacer le beurre, préalablement assoupli pour obtenir une consistance de pommade, le jaune d'oeuf, l'eau tiède et le sel. Mélanger ces ingrédients avec les doigts et ajouter peu à peu la farine jusqu'à obtenir une pâte qu'il faudra manipuler le moins possible. Laisser reposer de une à douze heures. Après avoir saupoudré le plan de travail de farine, étaler la pâte à l'aide du rouleau à pâtisserie en décrivant un cercle à partir du centre. Graisser les moules et les foncer avec la pâte. Pour éviter la formation de poches d'air, piquer la pâte avec une fourchette et placer une boulette de papier d'aluminium. Laisser reposer de nouveau au congélateur environ 10 minutes. Mettre au four pendant 15 à 25 minutes à 180°. Surveiller la cuisson et sortir du four lorsque la pâte est légèrement dorée.

Remarque : on trouve dans le commerce de la pâte surgelée que l'on pourra utiliser pour éviter le temps de préparation. Cependant, le résultat ne sera jamais le même, car les pâtes maison confectionnées avec des matières grasses naturelles sont toujours plus savoureuses.

Ingrédients

Farine 250 g
Beurre 125 g
Jaune d'oeuf 1
Eau 3 cuillerées à soupe
Sel

Ustensiles :
Moules individuels

Pâte brisée

Index alphabétique

Les 100 meilleures tapas de la cuisine espagnole

Aïoli, 218
Anchois farcis aux poivrons, 82
Anchois frais au vinaigre et sardines, 116
Anchois marinés, 110
Assiette de Jabugo, 90
Assortiment d'escabèches, 154
Aubergines au fromage, 62
Barquettes fourrées aux asperges, 196
Beignets au fromage, 208
Beignets de morue, 194
Bonite marinée à l'huile d'olive, 114
Bouchées de sardine à l'huile d'olive, 198
Boulettes de viande, 44
Brochette de filet de porc ibérique mariné, 178
Canapé de chorizo de Pamplona, 134
Canapés de chorizo émietté, 206
Cassolette de pois chiches, d'épinards et de morue, 26
Champignons de Paris farcis aux crevettes et au jambon, 170
Chausson galicien, 96
Chipirons aux oignons, 84
Chistorra au fromage gratinée, 28
Clovisses à la marinière, 54
Côtelettes d'agneau à la béchamel, 180
Crème froide à l'ail et aux raisins, 10
Crêpes fourrées à la salade de poulet, 94
Crêpes fourrées de sauce béchamel aux champignons, 64
Crêpes garnies d'oeufs brouillés aux poivrons, 74
Crevettes à l'ail, 42
Crevettes à la gabardina, 176
Croquettes au poulet et au jambon, 190
Echine de porc marinée aux pommes caramélisées, 138
Escalibada, 66
Feuilletés à la saucisse, 186
Fèves à la catalane, 14
Fideuá, 36
Filet mignon de porc ibérique au fromage bleu, 148
Filet mignon de porc ibérique sauce aux poivrons, 146
Foie de canard au confit d'oignons, 136
Foie de morue aux oeufs de saumon, 120
Foie gras, d'avocat et de magret de canard, 152
Friands à la viande, 182
Friture de colin, 122
Friture mixte andalouse, 86

Fromage de chèvre frit, 158
Fromage de chèvre sur lit d'oignons, 156
Fromage, figues et jambon de bellota, 160
Gaspacho, 12
Gratin de champignons et de crevettes, 126
Gratin de soubressade et torta del Casar, 162
Joues de morue, 56
Marmitako, 30
Mayonnaise, 223
Melon au jambon, 214
Miettes au jambon et au chorizo, 52
Morcilla de Burgos au poivron vert, 142
Morcilla de Burgos aux pommes, 140
Morue fumée farcie à la piperade, 112
Moules farcies frites (Tigres), 174
OEufs brisés aux pommes de terre, 38
OEufs brouillés aux pousses d'ail, 184
OEufs durs farcis en beignet, 172
OEufs farcis au thon, 106
Omelette aux courgettes, 108
Omelette de poivrons piquillo et de morue, 78
Omelette de pommes de terre, 76
Omelette multicolore, 80
Paella aux légumes, 18
Paella, 16
Pain à la tomate, ail et persil, 100
Pâte à beignets, 225
Pâte à chausson, 226
Pâte à crêpes, 224
Pâte brisée, 227
Petites flûtes au jambon et au fromage, 188
Petits calmars dans leur encre, 40
Petits oignons glacés à la mousse de foies de volaille, 150
Poivrons farcis à la morcilla, 58
Poivrons farcis au crabe et aux gambons, 102
Poivrons piquillo farcis à la morue, 72
Poivrons rouges et ventrèche, 104
Pommes de terre à l'aïoli, 70
Pommes de terre à la brava, 68
Poulet à l'aïoli, 48
Poulpe à la galicienne, 88
Queue de boeuf, 50
Ragoût d'agneau, 46
Ratatouille, 22
Rosbif à la moutarde verte, 144
Salade de fruits de mer sauce rose, 124
Salade de fruits de mer, 118

Salade glacée cordouane, 20
Salmorejo, 24
Salpicón de fruits de mer, 32
Sauce béchamel, 219
Sauce pour poisson fumé, 221
Sauce rose, 222
Sauce tomate espagnole, 220
Tapa au fromage en friture, 192
Tapa de brie, 164
Tapa de fromage aux noix, 166
Tapa de pommes de terre et de saumon fumé, 128
Tapa de sardines et de moules, 132
Tapa de saumon et d'asperges sauvages, 130
Tarte à la soubressade, 92
Tartelettes aux civelles, 204
Tartelettes aux olives noires et aux sardines, 210
Tartelettes de champignons à la crème, 200
Tartelettes de salade russe, 202
Tripes à la madrilène, 34
Vol-au-vent chaud au torta del Casar, 212

Nous voulons remercier la collaboration fournie par María Van den Eynde qui a fait possible cette édition.

Éditeur : Editorial Palacios y Museos, 2014
Coordination éditoriale : Editorial Palacios y Museos
                              Anabel Hernández
Texte : Esperanza Luca de Tena
Traduction : Polisemia, S.L.
               Salud Mª Jarilla Bravo
Photographies : Cristina Rivarola
Stylisme : Roser Domingo
            Cuca Roses
Photographie de la couverture : Gastromedia, SL
Conception : Antonio Ochoa de Zabalegui
                Ángel Merlo
Maquette : Ángel Merlo
Imprimerie : Brizzolis

© de cette édition, Editorial Palacios y Museos, 2014
© des images, Cristina Rivarola
© pour l'image de la couverture, Gastromedia, SL

ISBN : 978-84-8003-663-4 (1ª ed. 3ª imp.)
DL : M-5692-2014
Imprimé en Espagne

Tous droits réservés. La reproduction totale ou partielle de cet ouvrage par un quelconque moyen photographique ou mécanique sans l'accord écrit préalable de l'éditeur est interdite.